◎ 国家社科基金重大项目

"开放经济条件下我国虚拟经济运行安全法律保障研究"

（批准号：14ZDB148）成果

◎ 重庆市"十四五"重点出版物出版规划项目

虚拟经济有限发展法学理论视角下的证券法律制度变革

周昌发　　苟学珍◎著

重庆大学出版社

图书在版编目(CIP)数据

虚拟经济有限发展法学理论视角下的证券法律制度变
革／周昌发，苟学珍著. -- 重庆：重庆大学出版社，
2023.5
（虚拟经济运行安全法律保障研究丛书）
ISBN 978-7-5689-3960-7

Ⅰ.①虚…　Ⅱ.①周…②苟…　Ⅲ.①虚拟经济—关
系—证券法—法律制度—体制改革—研究—中国　Ⅳ.
①D922.287.4

中国国家版本馆 CIP 数据核字（2023）第 095935 号

虚拟经济有限发展法学理论视角下的证券法律制度变革
XUNI JINGJI YOUXIAN FAZHAN FAXUE LILUN
SHIJIAO XIA DE ZHENGQUAN FALÜ ZHIDU BIANGE

周昌发　苟学珍　著
策划编辑:孙英姿　张慧梓　许 璐
责任编辑:张锦涛　　版式设计:许 璐
责任校对:刘志刚　　责任印制:张 策
*
重庆大学出版社出版发行
出版人:饶帮华
社址:重庆市沙坪坝区大学城西路 21 号
邮编:401331
电话:(023) 88617190　88617185(中小学)
传真:(023) 88617186　88617166
网址:http://www.cqup.com.cn
邮箱:fxk@ cqup.com.cn（营销中心）
全国新华书店经销
重庆升光电力印务有限公司印刷
*
开本:720mm×1020mm　1/16　印张:20.75　字数:290 千
2023 年 5 月第 1 版　　2023 年 5 月第 1 次印刷
ISBN 978-7-5689-3960-7　定价:128.00 元

作者简介

————————

　　周昌发,云南镇雄人,法学博士,云南大学法学院副教授,硕士生导师,中国法学会银行法学研究会理事,中国法学会财税法学研究会理事,昆明仲裁委员会仲裁员,重庆大学虚拟经济法治研究中心研究人员。

　　苟学珍,甘肃宕昌人,法学博士,西安交通大学法学院助理教授,重庆大学虚拟经济法治研究中心研究人员。

总　序

必然是长期孕育的，但必然总是需要偶然来点亮的。

20世纪与21世纪之交，由中国一些土生土长的经济学家如刘骏民、成思危教授所创制的"虚拟经济"概念，尤其是将传统市场经济重新解读为"实体经济与虚拟经济二元格局"的学说，像夜空中划过的一道亮光，照亮了许多人的眼睛。虚拟经济理念自此便在中国的大地上逐渐兴起。可惜隔行如隔山，与大多数行外人一样，当时的我知之甚少，更谈不上明了其中所蕴含的时代意义了。

在博士论文选题时，考虑到硕士学的是民法，博士学的是经济法，我便准备在经济法基本理论方面下些功夫，试图寻找一个能跨越民法与经济法，类似于"贯通民法与经济法的人性精神"之类的选题，要将民法与经济法的共生互补以及这两者对人类经济社会发展的不可或缺，彻底地研究一番，以弥合两个学科间长期的对立，缓和学者们喋喋不休的争论。就在即将确定题目之前，好友杨泽延与卢代富来家小坐，听了我的想法后，反倒建议我最好务实一些，先从具体问题着手，选一个既以民法规则为基础又以经济法国家干预手段为寄托的题目，比如"证券内幕交易法律规制问题研究"，以后再侯机扩大研究范围，进而深耕经济法的基本理论。

或许是太出乎意料了，这一题目竟然直戳我的心窝。突然，我想起来了：1992年我正读硕士，其时中国股市刚建立不久，普通百姓还一头雾水，我却受人仓促相邀,懵懵懂懂地参加了《中国股票债券买卖与法律实务》的编写。莫非两位好友的这个题目,恰好将我潜意识中留存的有关股票、债券的一点点余烬给重新点燃?我几天睡不着觉,天天跑书店和图书馆,去追寻带有"内幕交易"的所有纸张与文字,还特意托好友卢云豹夫妇联系台湾的亲朋帮忙查寻相关资料。最后,提交给导师李昌麒教授审核的题目自然就是"内幕交易及其法律控制研究"了。好在,该选题不仅得到了恩师的首肯,还获得了国家社科基金项目的资助,论文也顺利通过了答辩,并被评为重庆市优秀博士论文,获重庆市第四届优秀社科成果二等奖。

2002 年博士论文业已完成,但一些超越该论文范围的根本性问题却持续困扰着我。直到有一天,当"虚拟经济"这四个字不经意地溜进眼帘时,我的眼睛竟然放出光来。由于证券是最典型的虚拟经济交易品,因而它不能不让我怦然心动,甚至也让我豁然开朗——似乎那些缠绕在我心中多年的许多困惑瞬间冰消雪融。我觉得太亲切了,相见恨晚,激动之余再也止不住去搜集有关虚拟经济的论著。尽管经济学中的数学计算、模型推演等很难看懂,但这并不妨碍我从其论说的字里行间去领悟那背后所隐含的意蕴,于是义无反顾地埋头研习。

什么是虚拟经济? 一个人基于投资获得了一个公司的投资凭证——股票,钱物投进公司让公司花去了,可持有股票的这个人,因某种原因不想继续当股东分红利,而别的投资者恰好又看好这家公司的前景想挤进投资者行列,当这两人进行了该股票的买卖时,他们就完成了一次虚拟经济交易。实践中,能作为虚拟经济交易品的,除股票外,还有债券、期货、保险及其他金融衍生工具。当这些偶发的、个别的交易一旦普遍化、标准化和电子化,虚拟经济市场之繁荣与发达也就再也无法阻挡了。

之所以说它"虚拟",是与传统实体经济的商品交换相对而言的:因为包含劳动价值的财产已移转给公司占用了,此处用以交换的股票,本身是不包含人类劳动价值的——说到底,它仅仅是记录投资的证明或符号而已。也就是说,从旨在实现劳动价值与获得使用价值的传统商品交换演变到纯粹没有价值的"符号交换",这就意味着市场已经从实体经济迈向了虚拟经济。

本来,传统市场经济是以实体经济为主的经济,在这样的经济格局中,虚拟经济不过是实体经济的副产品,也是实体经济运行所借用的一种工具。但令人惊奇的是,20世纪末中国的一些经济学家发现虚拟经济的发展速度已经超越了实体经济,且其规模足以与实体经济相媲美。也就是说,市场经济已经由原来的实体经济独霸天下,不知不觉地进入了实体经济与虚拟经济平分秋色的"二元经济时代"。

在现代市场经济体系中,虚拟经济确实有其积极作用,它可以促进实体经济的飞速发展,甚至有"现代经济的中枢""现代经济的核心""市场经济的'发动机'"等美誉。不过,虚拟经济背后也潜藏着巨大的风险:在人类历史上发生的历次金融危机中,人们已经真切地感受到了它给实体经济带来的反制、威胁,甚至破坏。

徜徉于这崭新的经济学理论之中,累却快乐着。到2007年,以"虚拟经济概念"及"二元经济时代"审视我国的经济法及其理论,我完成了《虚拟经济及其法律制度研究》一书的写作。此时恰逢北京大学吴志攀教授组织出版"国际金融法论丛",吴教授阅过书稿之后,当即同意将其纳入他的丛书,恩师李昌麒教授也欣然命笔为该书作序,最后由北京大学出版社付梓出版。就我本人而言,该书只是一个法学学者学习经济学并思考经济法的一些体会,它未必深刻,却是国内将虚拟经济理念引入经济法领域并对经济法的体系结构和变革方向做出新的解读的第一部法学著作。特别是该书提出的"虚拟经济立法的核心价值是安全"的论述,不幸被次年波及全球的美国次贷危机所反证,也使得这本书多少露出了些许光华。也许是出于这些原因吧,在2009年的评奖中,该书获得教育部优秀人文社科成果三等奖和重庆市第六届优秀社科成果二等奖。乘此东风,我又组织团队申报了教育部人文社科规划项目"中国预防与遏制金融危机对策研究——以虚拟经济安全法律制度建设为视角",领着一群朝气蓬勃、年轻有为的博士,于 2012 年完成书稿,并由重庆大学出版社出版发行。

然而,实践是向前的,也是超越既有理论预设的。随着改革开放的不断推进,虚拟经济也飞速发展。在创造经济奇迹的同时,我国经济也出现了更加纷繁复杂的问题和矛盾。其中虚拟经济的"脱实向虚"及其与实体经济之间的冲突,衍生出了现代市场经济发展中一个全新的、具有重大时代意义的命题——虚拟经济治理及其法治化。但作为一个经济学上与实体经济相对的概念,即使在经济学界也未获得普遍认可的情形下,寄望于法学界的广泛了解与大量投入,暂时是不太现实的。也就是说,将其引入法学界容易,但要得到法学学者们的广泛认同,并调动法学学术资源对其展开研究,还需要更为漫长的时间和更为艰难的历程。虚拟经济安全运行的法治化治理,至今仍然是经济学界和法学界远未解决的重大历史课题。

在前几年的研究项目申报中,尽管由母校西南政法大学资助并由法律出版社出版的拙著《人性经济法论》已经获得了教育部优秀人文社科成果二等奖,但在民法学与经济法学的争论尚未了结而民法学已然成为显学的年代,要获准经济法基本理论方面的选题依然是困难重重。因接连受挫,不免有些怅然若失。于是,我索性决定放弃中小项目的申报,直接冲击国家社科基金重大项目。物色选题时,约请几位博士生一同前来商讨,提出的建议选题有好几个,且都很有价值,只是未能让我动心。最后当一位博士生提出"开放经济条件下我国虚拟经济运行安全法律保障研究"这一选题建议时,我顿觉像当年偶遇"虚拟经济"这几个字时一样地怦然心动。我拍着桌子跳了起来,挥着这个题目,激动地用方言大声说:"啥都甭说了! 就是他娃娃了!"意思是:什么都别说了,就认定这个宝贝疙瘩了!

在商请合作者的过程中,北京大学的彭冰教授、中国人民大学的朱大旗教授、中国政法大学的刘少军教授、华东政法大学的吴弘教授、武汉大学的冯果教授对此选题很是赞同,欣然同意作为子课题负责人参与项目的申报。

在课题的进程中,他们不仅参与论证、发表前期成果,自始至终给予支持,彭冰教授和冯果教授还建议,推荐年轻人出任主研,将子课题负责人让位给重庆大学杨署东教授和靳文辉教授。

不仅如此,在之后的研究中,许许多多校内外的专家学者都给予了我们无私的支持和帮助。像北京大学的吴志攀教授,中国政法大学的时建中教授,华东政法大学的顾功耘教授,西南政法大学的李昌麒教授、谭启平教授、岳彩申教授、盛学军教授和叶明教授,西北政法大学的强力教授,中国人民大学的涂永前教授,西南财经大学的高晋康教授,重庆大学的冉光和教授、刘星教授、刘渝琳教授、周孝华教授和黄英君教授等等,都为课题的论证、前期成果的产出和课题的推进与完成,做出了重要贡献。

当然,在研究进程中,我自己的团队,甚至法学院经济法学科的博士生和硕士生们,自课题立项以来,都不同程度地参与了课题研究的工作,还发表了一些阶段性成果;而来自社会各界的众多朋友,也都以各种方式关心课题的进展,给予了我们热情的鼓励与帮助……在此,我们谨向参与、关心和支持过本课题研究的所有人,表达最诚挚的谢意!

谁知课题获批后不久,身体就和我开了一个小小的玩笑,是家人的呵护、亲友的关爱、弟子们的陪伴,让我对未来充满了信心。不过,课题多少还是受了些影响,曾一度进展缓慢。然而,团队的力量是巨大的:课题组里的资深专家就是定海神针,而课题组中活跃着的一批充满活力并在学术界崭露头角的年轻教授和博士,则勇挑重担、冲锋陷阵,成了课题研究的主力。

早在之前的课题申报过程中,写作班子就将申请书打造成了一份内容扎实、逻辑严谨、格式规范的文件,近 20 万字,不是专著却胜似专著;在课题研究的推进中,每当遇到各种困难和烦恼时,课题成员们总是互相鼓励,互相支持,使我们的研究能够持续,我们的理论能够得到校正;特别是在近几年最终成果的打造过程中,本丛书十部著作的作者们,不畏艰辛,秉承"上对得起重大项目,下对得起学术良心"的信念,克服重重困难,使得丛书最终得以出炉。这十多位年轻作者的才华与风采,也尽藏于本丛书的简牍之中。

本丛书十部著作并不是简单的罗列或拼凑,而是有其自身的内在逻辑,也就是说有一根红线贯穿始终。为了找到这根红线,课题组花了好几年的时间。我们认为,既然虚拟经济是虚拟的,它就必然带有人设的性质。正如没有人为预先设定且为游戏者公认并一体遵行的游戏规则就没有游戏一样,虚拟经济的运行需要规则先行。同时从治理的角度来看,即使游戏有了内在的规则,也还需要游戏的外部法律边界及法律监督:如游戏不得触犯禁赌法令,游戏不得扰民,游戏不得损害他人利益和社会公共利益等。尤其是虚拟经济呈现出的"弱寄生性""离心规律""高风险性""风险传导性"等,明确无误地表明其"有利有弊"的"双刃剑"特质,决定了追求公平正义的法律肩负着为其提供内部规则和外部边界的艰巨使命。具体而言,虚拟经济赋予法律的天职,就在于通过法律制度的设计,为虚拟经济的运行设定"限度",铺设"轨道",装置"红绿灯",进而为虚拟经济运行安全设定交通规则,作为虚拟经济运行、虚拟经济监管和虚拟经济司法的制度支撑。

基于上述基本认知,我们认为:所谓虚拟经济有限发展法学理论,是指根据虚拟经济自身运行规律,从法律自身的宗旨和价值出发,主张法律在保障虚拟经济发展的同时,为预防与克服其负面效应,保障其运行安全和可持续发展,而将其置于法律约束下的安全范围内运行的一种法学思想。

这一理论虽然是以虚拟经济运行的"双刃剑"规律和体现法律公平正义基本要求的安全价值为基础提出来的,但我们认为,它主要还是从法学,特别是从经济法学国家适度干预理论的角度提出来的,因而与纯粹的经济学理论有着明显的不同。不过,最大的疑问还不在此处。在研究过程中,一些热切关心我们课题的学者常常忍不住提出这样的疑问:为什么实体经济不需要"有限发展"而虚拟经济却要"有限发展"呢? 这是问题的关键。对此,我们的回答主要有三条:其一,人类社会的基本生活(如衣食住行及娱乐)毕竟只能仰赖实体经济,实体经济提供的产品和服务,除了受生产力水平的约束和人类需求的制约外,就其品种、数量和质量来说,根本就不存在"有限发展"的问题。仅此一点,虚拟经济就难以望其项背。其二,虚拟经济毕竟是寄生于实体经济的,不论其寄生性的强弱如何,最终还是决定了它不能野蛮生长以至于自毁其所寄生的根基。其三,实体经济伴随人类的始终,而虚拟经济则是一种历史现象,它仅仅是实体经济发展到一定阶段的产物,而且其产生以后并不一定能与实体经济"白头偕老"。

虚拟经济有限发展法学理论的确立,让我们找到了解题的一把金钥匙。它昭示着这样一个最基本的道理:我们在草原上发现了一匹自由驰骋的骏马,但我们只有给这匹骏马套上缰绳,它才会把我们驮向我们想要去的"诗和远方"。

然而,学术是严谨、苛刻而精细的,也有它自身相对固化了的"八股"定式。要说清楚这一理论的来龙去脉、前因后果、内在机理、外部表征、政策制约、法律规范、理论影响和实践效果,就要以学术的方式加以展开和表达。本丛书的十部著作正是这种展开和表达的具象:它们以"虚拟经济有限发展法学理论"为主线,按其内在逻辑展开——总体为"1+9"模式,即 1 个总纲,9 个专题。而这"1+9"模式具体又可分为以下相互关联的四个板块:

板块一也就是"1+9"中的"1",即《虚拟经济有限发展法学理论总说》,它既是整个研究的总纲,即总设计图或者总路线指引图,也是对整个研究成果的全面提炼和总结。不过,这一总纲与后面的九部专著各有分工,各有侧重,各有特色,虽构成一个系统,却不能相互取代。板块二是"虚拟经济有限发展法学理论及其证成",旨在立论和证明,包括《虚拟经济有限发展法学理论及其根源》《虚拟经济立法的历史演进:从自由放任到有限发展》和《近现代经济危机中虚拟经济立法的过与功——虚拟经济有限发展法学理论的例证》三部著作。它们分别从立论及其理论解析、历史归纳和典型案例证明的角度,提出并证明虚拟经济有限发展法学理论。板块三的主旨是"虚拟经济有限发展法学理论指引下的观念变革",主要包括《虚拟经济安全的法律塑造》《虚拟经济有限发展法学理论的法律表达:立法模式与体系建构》《虚拟经济运行安全法律制度的立法后评估:以中国为样本》三部著作。其特点在于,它既是虚拟经济有限发展法学理论的应用,又是虚拟经济有限发展法学理论的进一步证明,是介于理论证成与实践应用之间的一个板块,对我国虚拟经济立法的价值、原则、模式、体系及立法质量的提升与检测,具有重要的指导意义。板块四是虚拟经济有限发展法学理论的具体运用,包括《虚拟经济有限发展法学理论视角下的银行法律制度变革》《虚拟经济有限发展法学理论视角下的证券法律制度变革》《虚拟经济有限发展法学理论视角下的期货法律制度变革》三部著作,试图以此三个典型领域为例,揭示虚拟经济有限发展法学理论在银行、证券和期货立法方面的具体映射与应用。

这四个板块之间的关系,可参考下图:

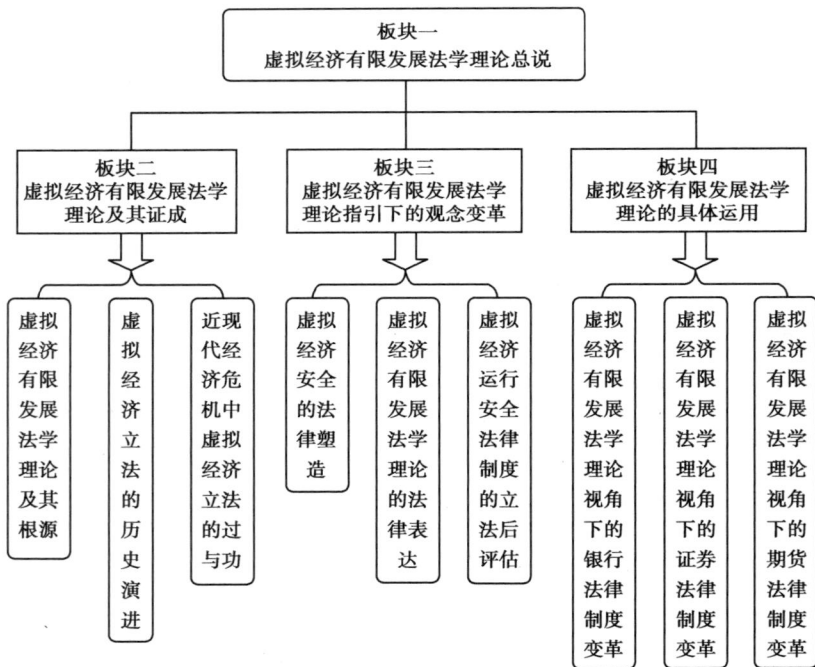

虚拟经济有限发展法学理论的论证与展开思路图

国家社科基金重大项目这一名称本身就体现出了它的分量。能在这一序列中获得"开放经济条件下我国虚拟经济运行安全法律保障研究"这一项目,既是偶然也是必然;既让我们有些激动和自豪,也让我们深感责任和压力。这几年,我们尽力做了,而且按"重大"之分量,踏踏实实地做了。至于成不成功,是否达到重大,就有待理论的佐证和实践的检验了。

我们处于一个大变革的时代,旧的事物陆续悄然退场,新的事物又在不知不觉中挤进我们的生活,甚至渐渐成为社会生活的一种主流。虚拟经济正是在这一历史巨变中膨胀,不断挣脱传统实体经济的束缚,而与实体经济分庭抗礼的。更有甚者,甚至到了反过来挟持、绑架、威胁实体经济的地步。正是这种二元经济格局的形成及两者之间的长期博弈和激烈冲突,给世界经济的发展以及各国政府的经济治理提出了前所未有的挑战。据我本人的揣测,在未来的几十甚至上百年里,如何看待和治理虚拟经济,不仅是中国面临的一大难题,也是世界面临的一大难题。

好在,越来越多的人正在逐渐看清虚拟经济脱实向虚的天性及其负面效应和可能的危害,有先见之明者已经着手强化监管、变革法治,竭尽趋利避害之能事,力图让虚拟经济助力实体经济,增进人民福祉。前几年我国着力扼制虚拟经济"脱实向虚",这几年我国高层对虚拟经济采取既更开放又更注重其监管的策略,即可看作是"虚拟经济有限发展法学理论"在实践中得到的初步印证。

世界上没有尽善尽美的东西,也没有绝对的真理和最后的真理,学术上存在不足就是学术本身可能自带的一种"秉性"。例如,本研究中原预想的交叉学科知识的运用,现在看来还很不成熟;有的问题,如保险及其他一些金融衍生品也未能辟专题来讨论等等,都是短时间内很难弥补起来的不足,需寄望于后续研究中的努力了。

我向来认为,学术的魅力不仅体现在努力创新的过程之中,更体现在学界从未停歇过的争辩、质疑和批判之中。任何致力于社会科学研究的学者,所提出的观点或理论,都不可能是尽善尽美的,而学术正是在这种不完美之中求得点滴的进步，从而得以蹒跚前行的。为此，我们热忱欢迎学界诸君提出批评与指正。

虚拟经济概念及市场经济"二元格局"理论的提出，看似偶然，却是必然。它拨云见日，让人们突然看清了自己所生活的这个时代的"庐山真面目"。然而，其意义可能被我们的社会公众严重地低估了。就我的感受而言，它带来的思想冲击与震撼，当不亚于 20 世纪 80 年代托夫勒掀起的《第三次浪潮》，也不亚于当下人们热议的区块链、人工智能、大数据以及元宇宙等。而法律，特别是始终站在市场经济历史洪流风口浪尖的经济法，随着经济理念及经济格局的不断变迁而不断革新，一定是势不可挡，也一定是不可逆转的。

我仍然坚信，必然是长期孕育的，但必然总是需要偶然来点亮的。

胡光志

2022 年 12 月 10 日

前　言

————

　　证券业作为虚拟经济的典型代表,毫无例外地具有虚拟经济"双刃剑"的基本属性。虚拟经济的积极作用与可能产生的危害,在证券领域表现得尤为明显。证券业天然就具有扩张性、流动性、风险性和世界性的特点,如不加控制而让其自然生长的话,很容易造成重大的系统性金融风险,影响虚拟经济乃至整个国家的经济安全和可持续发展。特别是在开放经济条件下,证券市场的逐步有序对外开放,为我国证券业高质量发展创造了机遇,同时也增加了各种不确定性,进一步加剧了风险。在虚拟经济有限发展法学理论视角下,维系证券业安全、可持续发展的基本途径就是实现证券业的有限发展。证券业的有限发展,在保障证券市场自身安全的同时,也左右着整个虚拟经济运行的安全。实现证券业有限发展的手段或方式很多,但法律制度的作用却是其他任何方式无法替代的。无数鲜活的历史事实证明,证券业的安全运行离不开法制的促进、保障和规范。基于虚拟经济有限发展法学理论来源于实践并致力于指导实践、以问题为导向的特征,以虚拟经济有限发展法学理论为指导的一系列法律制度设计,可以维持良好的证券市场秩序,防范证券市场风险,保障证券投资者的权益,促进和保障证券业的安全、高效发展。

　　虚拟经济有限发展法学理论视角下,证券法律制度的主要功能在于为证券业的有限发展设定出限度、铺设出安全运行的"轨道"、设计出指示的

"信号灯"。借助安全、秩序等法律规范之价值意涵，为证券市场的安全运行构筑良好的法律环境；通过发挥法律的强制、指引、评价、教育等规范作用和社会作用来促进证券业的安全与可持续发展。为此，本书以虚拟经济有限发展法学理论为依据，对我国现行证券法律制度进行了系统梳理，试图检视出其中不利于证券业有限发展的问题，并提出相应的变革方案，为证券业的有限发展提供法律保障，实现证券业的安全、高效发展。

本书从证券业的产生、发展及其法律制度需求、虚拟经济属性等方面介绍了证券业的基本面向；重点论述了证券业与虚拟经济有限发展法学理论的耦合。在二者耦合部分，简要介绍了虚拟经济有限发展法学理论，指出证券业与虚拟经济有限发展法学理论的契合之处，论证了证券业践行有限发展法学理论的必然性，提出有限发展法学理论作为一种法学思想，在证券领域的作用主要体现在指导证券业立法价值的设定、指导立法对证券业发展设定合理的边界、为证券业安全与高效发展提供强制性制度约束。

然后以虚拟经济有限发展法学理论为根本遵循，结合证券业的特征，先提出衡量证券业是否有限发展的五项标准，即：①现行法律制度是否关注证券业规模与实体经济的匹配；②现行法律制度是否构建了完善的证券业监管体制机制；③现行法律制度是否有利于保障投资者合法权益的实现；④现行法律制度是否明确规定政府干预证券市场的权责利；⑤现行法律制度是否厘清安全与效率、防范与控制间的关系。在此基础上，以这五项标准为参照，对我国现行证券法律制度进行系统性梳理，总结其中有助于落实证券业有限发展的经验，充分肯定我国现行证券法律制度有助于实现证券业安全、有限发展的同时，在宏观上指出现行证券法律制度中缺乏有限发展的理念、目标和原则，并分别从证券经营机构法律制度、证券交易（广义）法律制度、证券业危机预警和防治法律制度、证券投资者保护（含监管制度）制度四个方面，对照有限发展法学理论，发现其中可能存在的妨碍证券业有限发展的具体问题。

在前文指出现行证券法律制度中可能存在的妨碍证券业有限发展的具体问题后,为具体法律制度的变革提供一种原则性的指导。也就是在虚拟经济有限发展法学理论视角下,指出证券法律制度变革的基本原则。提出以安全保障原则(证券法律制度变革的首要目标)、利益保障原则(证券法律制度变革的价值指引)、"三公原则"(证券法律制度变革的核心要求)、依法审慎监管原则(证券法律制度变革的底线思维)四项基本原则作为证券法律制度变革的基本原则。以此指导、引领证券法律制度的变革,在宏观上为证券业的有限发展指明方向。

最后,以虚拟经济有限发展法学理论为根本遵循,以具体问题为导向,以法律制度变革的基本原则为价值引领,分别对证券经营机构法律制度、证券交易(广义)法律制度、证券业危机预警和防治法律制度、证券投资者保护(含监管制度)中存在的妨碍证券业有限发展的具体问题"对症下药",提出了法律制度变革的方向,并为具体法律制度的变革提出了相应的建议,使得变革后的证券法律制度整体上有助于证券业的安全、高效与可持续发展,进而发挥其"规范证券发行和交易行为,保护投资者的合法权益,维护社会经济秩序和社会公共利益,促进社会主义市场经济的发展"的作用。

周昌发

2023 年 3 月 28 日

目　录

引言　// 1

第一章　证券业的基本面向　// 5

第一节　证券业的产生、发展及其对法律制度的需求　// 5

一、证券业的产生与发展概述　// 5

二、证券业的法律环境与法律制度　// 8

第二节　证券业的虚拟经济属性及其对实体经济的价值　// 11

一、虚拟经济的内涵　// 11

二、证券业的虚拟经济属性　// 13

三、证券业之于实体经济的价值　// 15

第二章　证券业与虚拟经济有限发展法学理论的耦合　// 18

第一节　有限发展法学理论的内涵及要义　// 18

一、有限发展法学理论的内涵　// 19

二、有限发展法学理论的要义　// 20

第二节　证券业与有限发展法学理论的契合之处　// 25

一、有限发展法学理论是对证券业的实践经验总结　// 25

二、有限发展法学理论致力于对证券业弊病的克服　／／29

第三节　证券业践行有限发展法学理论的必然性　／／34

一、现实必然性：虚拟经济过度发展产生的危害　／／34

二、理论必然性：源自经济学和法学理论的支撑　／／41

第四节　有限发展法学理论对证券立法的导向性　／／49

一、指导证券业有限发展立法价值的设定　／／50

二、指导立法对证券业有限发展设定合理限度　／／54

第三章　有限发展法学理论视角下现行证券法律制度的
　　　　得与失　／／59

第一节　标准厘定：现行法律制度是否有助于落实有限
　　　　发展　／／59

一、现行法律制度是否关注证券业规模与实体经济的匹配　／／60

二、现行法律制度是否构建了完善的证券业监管体制机制　／／62

三、现行法律制度是否有利于保障投资者合法权益的实现　／／65

四、现行法律制度是否明确规定政府干预证券市场的权责利　／／67

五、现行法律制度是否厘清安全与效率、防范与控制间的关系　／／70

第二节　现状审视：证券法律制度供给现状的考察及
　　　　梳理　／／72

一、中国证券法律制度供给状况的总体梳理　／／73

二、证券经营机构法律制度的现状　／／76

三、证券交易法律制度的现状　／／78

四、证券业危机预警和防治法律制度现状　／／82

五、投资者保护法律制度现状　／／87

第三节　经验总结：现行证券业立法中有限发展法学理论的局部
　　　　体现　／／88

一、证券经营机构制度中有限发展法学理论的体现 // 89

二、证券交易法律制度中有限发展法学理论的体现 // 92

三、危机预警和防治制度中有限发展法学理论的体现 // 95

四、投资者保护法律制度中有限发展法学理论的体现 // 96

第四节 总体缺失:有限发展法学理论尚未有效指导现行证券
法制 // 98

一、现行证券法律制度供给中缺乏有限发展的理念 // 98

二、现行证券法律制度供给中缺乏有限发展的目标 // 100

三、现行证券法律制度供给中缺乏有限发展的原则 // 101

第四章 有限发展法学理论视角下现行证券法律制度的具体问题 // 103

第一节 证券经营机构法律制度中妨碍有限发展的主要
问题 // 103

一、证券经营机构准入管理制度中妨碍有限发展的问题 // 104

二、证券经营机构风险管理制度中妨碍有限发展的问题 // 104

三、证券经营机构监管制度中妨碍有限发展的问题 // 105

四、证券经营机构市场退出制度中妨碍有限发展的问题 // 106

第二节 证券交易法律制度中妨碍有限发展的主要
问题 // 106

一、证券发行法律制度中妨碍有限发展的问题 // 107

二、证券上市法律制度中妨碍有限发展的问题 // 109

三、证券交易(狭义)法律制度中妨碍有限发展的问题 // 111

四、信息披露法律制度中妨碍有限发展的问题 // 118

第三节 危机预警防治制度中妨碍有限发展的主要
问题 // 124

一、危机预警制度中妨碍有限发展的问题 // 124

二、危机控制制度中妨碍有限发展的问题 // 128

三、危机化解制度中妨碍有限发展的问题 // 129

第四节 投资者保护制度中妨碍有限发展的主要问题 // 131

一、证券业监管法律制度中妨碍有限发展的问题 // 132

二、证券违法犯罪惩治制度中妨碍有限发展的问题 // 137

三、投资者保护(狭义)法律制度中妨碍有限发展的问题 // 141

第五章 有限发展法学理论视角下证券法律制度变革的基本原则 // 144

第一节 安全保障原则:证券法律制度变革的首要目标 // 145

一、安全保障原则是有限发展法学理论的核心要义 // 145

二、安全保障原则是证券业有限发展的基本前提 // 147

第二节 利益保障原则:证券法律制度变革的价值指引 // 149

一、投资者利益保障:证券业有限发展的活水之源 // 150

二、经营者利益保障:证券业有限发展的动力机制 // 152

三、社会公共利益保障:证券业有限发展的理想图景 // 153

第三节 "三公"原则:证券法律制度变革的核心要求 // 155

一、公开原则及其制度供给 // 155

二、公正原则及其制度供给 // 158

三、公平原则及其制度供给 // 160

第四节 依法审慎监管原则:证券法律制度变革的底线
思维 // 162

一、适度监管原则及其制度供给 // 162

二、高效监管原则及其制度供给 // 164

三、审慎监管原则及其制度供给　// 166

第六章　有限发展法学理论视角下证券经营机构法律制度变革　// 168

第一节　有限发展法学理论视角下证券公司法律制度变革　// 169

一、证券公司市场准入管理法律制度方面的变革　// 169

二、证券公司风险管理法律制度方面的变革　// 171

三、证券公司监管及退出法律制度方面的变革　// 173

第二节　有限发展法学理论视角下证券服务机构法律制度变革　// 175

一、证券投资咨询机构监管法律制度变革　// 175

二、资信评级机构监管法律制度变革　// 177

三、证券登记结算机构法律制度变革　// 179

四、信息技术系统服务机构监管法律制度变革　// 181

第三节　有限发展法学理论视角下证券经营机构行为规制变革　// 182

一、报告行为规制及其变革　// 183

二、保证行为的规制及其变革　// 184

三、禁止行为的规制及其变革　// 187

第七章　有限发展法学理论视角下证券交易法律制度变革　// 193

第一节　有限发展法学理论视角下证券发行法律制度的变革　// 193

一、证券发行限制的必要性　// 194

二、证券发行制度变革的展望 //197

第二节 有限发展法学理论视角下证券上市法律制度的变革 //202

一、完善证券上市的基础性法律制度 //202

二、完善股票退市法律制度 //203

三、完善停牌与复牌法律制度 //205

四、完善债券上市法律制度 //206

第三节 有限发展法学理论视角下证券交易(狭义)法律制度的变革 //208

一、有限发展视角下交易场所法律制度的变革 //208

二、有限发展视角下证券交易限制规则的变革 //212

三、有限发展视角下不正当交易法律制度的变革 //213

第四节 有限发展法学理论视角下证券信息披露制度的变革 //216

一、强化信息披露监管的职能体系 //216

二、完善信息披露监管的制度体系 //217

三、完善证券信息披露的规则体系 //221

四、完善信息披露制度的配套机制 //222

第八章 有限发展法学理论视角下证券业危机预警防治制度变革 //226

第一节 有限发展法学理论视角下证券业危机预警制度变革 //227

一、完善证券危机预警指标体系 //227

二、设定科学的预警指标临界值 //229

三、建立证券危机预警反馈机制 //231

四、建立证券危机测试检查机制 // 232

第二节　有限发展法学理论视角下证券业危机控制制度
　　　　变革 // 233

一、证券业危机控制机制的完善及其制度供给 // 233

二、证券业危机处置机制的建立及其制度供给 // 236

三、国家级救市基金机制的建立及其制度供给 // 238

第三节　有限发展法学理论视角下证券业危机化解制度
　　　　变革 // 240

一、证券业危机化解法律制度供给及变革的总体思路 // 241

二、证券业危机化解法律制度供给及变革具体方向 // 242

三、金融审判机制化解证券业危机的法律制度供给 // 244

第九章　有限发展法学理论视角下证券业投资者保护制度
　　　　变革 // 247

第一节　有限发展法学理论视角下证券监管法律制度
　　　　变革 // 247

一、有限发展法学理论视角下他律监管的制度完善 // 248

二、有限发展法学理论视角下自律监管制度的变革 // 253

第二节　有限发展法学理论视角下证券违法犯罪惩治制度
　　　　变革 // 263

一、明确证券法律责任的价值取向与目标遵循 // 263

二、厘清法律责任间关系并构建责任一体化实现机制 // 265

三、完善具体法律责任内容并健全救济机制 // 267

第三节　有限发展法学理论视角下投资者保护具体制度
　　　　变革 // 268

一、投资者保护法律制度的体系化 // 269

二、投资者保护部分法律制度的优化   // 270

结 语   // 273

参考文献   // 280

引　言

　　作为与实体经济相对应的一种经济形态,虚拟经济根源于实体经济,是实体经济发展到一定阶段的产物,其存在和发展的主要意义便是为实体经济服务。虚拟经济具有充当资金供需桥梁以解决企业所需资金、发挥金融媒介作用以促进资本集中、扩大生产和经营规模、实现社会资源优化配置、变革分配方式进而保障经济持续发展、分散市场风险进而维护经济稳定、与实体经济一道进行财富积累等诸多的积极作用。[①] 与此同时,虚拟经济运行的独立性,又时刻显示出其脱离实体经济的"离心"趋向特征。虚拟经济的这种"弱寄生性",使得其在依赖实体经济的同时,必然时常与实体经济发生冲突或分离,加上虚拟经济自身的高风险性,使得其"双刃剑"属性表现得尤为充分,一旦放任虚拟经济过度发展,就会出现减少实体经济的资本供给、影响实体经济的运行秩序、加剧金融的脆弱性和不稳定性、诱发市场失灵甚至经济(金融)危机,特别是在开放经济条件下,不仅要面对内部积累的风险,还要面对外源性风险。因此,虚拟经济的发展就有必要受到一定的外在限制,而法律的正义追求、秩序维系、风险防范及安全价值,恰恰能够满足虚拟经济发展中的这种需求。

　　为保障开放和促进开放经济条件下我国虚拟经济的安全运行,课题组从多学科视角出发,在总结人类历史上虚拟经济运行规律、虚拟经济过度发

[①]　胡光志:《虚拟经济及其法律制度研究》,北京大学出版社,2007,第79-89页。

展与经济(金融)危机之间的关系、虚拟经济立法的历史演进、经济危机的法律应对等历史经验,结合开放经济背景下我国虚拟经济发展现状与问题的基础上,提出了"虚拟经济有限发展法学理论"。虚拟经济有限发展法学理论(为表述之便利,本书中多简称为"有限发展法学理论"),是指根据虚拟经济自身运行规律,从法律自身的宗旨和价值出发,主张法律在保障虚拟经济发展的同时,为预防与克服其负面效应,保障其运行安全和可持续发展,而将其置于法律约束下的安全范围内运行的一种法学思想。

证券业作为虚拟经济的典型代表,必然具有虚拟经济"双刃剑"的基本属性,虚拟经济的积极作用与可能产生的危害,在证券领域表现得较为明显。证券业天然就具有扩张性、流动性、风险性和世界性的特点,不控制其合理发展很容易造成重大的系统性金融风险,影响虚拟经济乃至整个国家经济的持续发展。而在开放经济条件下控制证券业合理发展的基本途径就是实现证券业的有限发展。可以说,证券业的有限发展,能从根本上保障虚拟经济的运行安全;反之,要保障虚拟经济的运行安全,就必须实现证券业的有限发展。

实现证券业有限发展的手段(方式)有很多,但法律制度的作用却是其他任何方式无法替代的。实践层面,无数鲜活的历史事实证明,虚拟经济的安全运行也离不开法制的促进、保障和规范作用,证券业概莫能外。理论层面,"法律的金融"理论认为"金融是依据法律构建的,不能独立于法律之外,法律作为金融科技运行的基本规范,不仅决定着金融科技的现存形态,也决定着金融科技未来发展的方向及风险发生、发展的可能性,金融风险发生有着法律上的根源"[1]。基于虚拟经济有限发展法学理论来源于实践并致力于指导实践的特征以及问题导向品格,以虚拟经济有限发展法学理论为指导

---

[1] 靳文辉:《法权理论视角下的金融科技及风险防范》,《厦门大学学报》(哲学社会科学版)2019年第2期,第5页。

的一系列法律制度设计,可以维持良好的证券市场秩序,防范证券市场风险,保障证券投资者的权益,促进证券业的有限发展。在虚拟经济有限发展法学理论视角下,法律制度的主要功能在于为证券业的有限发展设定出限度、铺设出安全的"轨道"、设计出安全运行的"轨道"、设计出指示的"信号灯"。借助自由、正义、安全、秩序等法律规范之价值意涵,为证券市场安全运行构筑良好的法律环境;通过发挥法律强制、指引、评价、教育等规范作用和社会作用来促进证券业的安全与可持续发展。

虚拟经济有限发展法学理论作为一种法学思想,在证券领域的作用主要体现在指导证券业立法价值的设定、指导立法对证券业发展设定合理的边界、为证券业安全与高效发展提供强制性制度约束。在虚拟经济有限发展法学理论视角下,衡量证券业是否有限发展的主要标准在于:现行法律制度是否关注证券业规模与实体经济的匹配,现行法律制度是否构建了完善的证券业监管体制机制,现行法律制度是否有利于保障投资者合法权益的实现,现行法律制度是否明确规定政府干预证券市场的权责利,现行法律制度是否厘清安全与效率、防范与控制间的关系。因此,证券业有限发展法律制度的供给及其变革,就需要以这五个方面作为基本参照,对现行法律制度进行系统性检视,总结现行法律制度中有助于落实证券业有限发展的经验,发现现行证券法律制度中可能存在妨碍证券业有限发展的问题,并对可能妨碍证券业有限发展的相关法律制度进行变革,使得其整体上有助于证券业的安全、高效与可持续发展,进而发挥其"规范证券发行和交易行为,保护投资者的合法权益,维护社会经济秩序和社会公共利益,促进社会主义市场经济的发展"的作用。①

就证券法律制度如何进一步实现有限发展而言,我们认为:首先,宏观

---

① 《中华人民共和国证券法》第一条。注:没有特别说明的情况下,文中所指《证券法》是于2020年3月1日起实施的新证券法。

上证券立法和法律实施中应该确立有限发展的理念,并以有限发展的思想指导具体法律制度变革。与此同时,证券法律制度的变革应该坚持安全保障原则(证券法律制度变革的首要目标)、利益保障原则(证券法律制度变革的价值指引)、"三公原则"(证券法律制度变革的核心要求)、依法审慎监管原则(证券法律制度变革的底线思维)四项基本原则。其次,中观上在证券业立法价值中融入有限发展的要求。在有限发展法学理论下,证券立法的秩序价值主要在于以法律形式建立和维护证券发行和交易的有序性;效益价值集中体现于证券业融资对实体经济发展的促进,能最大限度地满足多元主体的多重需求,有效保护投资者利益、社会公共利益和国家利益;公平价值需保障参与证券发行和交易活动的相关主体在法律地位上的平等性,在进入证券市场的机会平等性,以及从事证券业所追求结果的对称性,强调程序上的实质公平;安全价值主要体现在证券立法中通过强化监管、设定风险预警和防治制度等,对证券市场风险进行有效治理。最后,微观上指导立法为证券业有限发展设定合理的限度,为证券业安全与高效发展提供强制性制度约束。这些可能的限度和约束主要包括以服务实体经济发展为基本底线、在规模上强调虚拟经济的发展与实体经济相匹配、在价值上强调虚拟经济发展的实质公平、在范围上强调虚拟经济发展的边界及法律底线、确认国家干预证券市场的限度、建立有效的证券监管机制体制、保障证券交易安全和秩序、建立风险预警和防治制度。而这些限度和制度约束的具体实现,需要分别对证券经营机构法律制度、证券交易(广义)法律制度、证券业危机预警和防治法律制度、证券投资者保护(含监管制度)制度中存在的妨碍证券业有限发展的具体问题"对症下药"。

第一章　证券业的基本面向

证券业通常指从事证券发行和证券交易等服务的行业。从经济形态虚实二元的划分结构审视,证券业属于虚拟经济的典型代表。作为为证券投资活动服务的行业,证券业为企业发展筹措资金进而促进资源的合理配置,推动众多公司发展壮大,提供不同类别投资工具进而促进金融服务业发展、吸引外资等发挥着作用,证券业在现代经济体系,特别是虚拟经济体系中占据着极其重要的位置,正在成为经济快速发展的催化剂。

第一节　证券业的产生、发展及其对法律制度的需求

尽管不免有"老调重弹"的意味,但从基本的逻辑常识看,对证券法律制度进行研究的一个基本前提,便是对证券业的产生、发展及其与法律制度间关系等基本面向进行刻画。从全球视野审视,证券业并不是一个年轻的行业,从1602年荷兰的股票买卖开始,经过几个世纪的发展,总是繁荣与危机并存,在扮演推动金融产业发展角色的同时,也受到其在整个金融产业中地位与作用的限制,但其发展至今依然"风华正茂"。

一、证券业的产生与发展概述

在股票以及公司债券发行和交易基础上产生的证券业,通常被认为是通过证券市场而进行有价证券募集、发行、交易以及伴随着对其进行的管理

和监督所形成的一种金融行业,在虚拟经济体系中极其重要,有着自身独特的产生背景和发展历史。

(一)证券业的产生

从历史维度看,证券业是以信用制度的建立以及后续股份公司的出现为前提和基础而产生的。随着早期西方资本主义经济的逐渐发展,资本家个人所有制、个人直接支配生产的方式日渐难以适应经济发展和进一步扩大生产的需求,这就需要依赖并不断发展信用制度,在信用制度不断建立和发展的基础上,股份制和股票市场得以产生。① 其中,信用制度是证券业产生和发展的制度前提,而股份公司则为之提供了坚实的载体。

随着信息流动速度的加快,以及基于人们对交易的信心,信用的基本形式逐渐从高利贷形式走向了商业信用和资本信用阶段。其中商业信用主要以满足资本家利用商业票据或赊账方式进行商品交易的信用形式,而资本信用则主要是以货币形态的提供为基础的信用,是一种银行通过放贷功能在投资者和筹资者之间充当中介人的间接信用形式。人们信息能力的进一步提升,筹资者跳过银行直接面向社会公众募资成为可能,而这种信用形式一般被称为直接信用形式。这种直接资本信用需要一定的工具和载体存在和发展,于是便出现了股票和债券等金融工具。恰恰是股票和证券等金融工具的发行和流通,为证券市场的诞生提供了交易对象及交易方式。以此为据,信息流动速度进一步加快,信用制度更加完善,市场信心更加充足,更多的闲置货币(储蓄)和货币收入等转化为货币资本,"前赴后继"地投入证券市场。

与信用制度同样重要的是企业,企业及企业制度的演变史表明,正是企业这种实体经济的核心,孕育出了现代虚拟经济的核心——证券市场。② 股

---

① 李东方:《证券法学》,中国政法大学出版社,2007,第7页。
② 胡光志:《虚拟经济及其法律制度研究》,北京大学出版社,2007,第177页。

份公司的出现,弥补了有限公司的不足,并将有限公司的优势发挥到极致。不管是股东人数的变化还是股份制的实行,都使得公司可以最大程度地吸引公众参与投资,且为广大普通投资者提供了参与投资的可能,直接催生了现代虚拟经济的产生。概言之,股份公司的建立,产生了对股票、债券等金融工具的需求。而随着股票、债券发行和流通规模的日渐规模化、专业化,证券市场和与之对应的证券业便应运而生。

（二）证券业的发展

从世界范围内审视,证券业的发展大致经历了四个阶段[①],即 17 世纪初到 20 世纪 30 年代的第一阶段,这一阶段证券市场与整个经济活动一样,在政府"守夜人"角色下处于自由放任阶段,这一阶段以 20 世纪 30 年代资本主义世界的经济危机而告终;20 世纪 30 年代到 60 年代末的第二阶段,是对证券行业进行法律制度大量供给与规制的阶段;20 世纪 70 年代到 2008 年的第三阶段,为了适应经济自由化的新形势,各国都在一定程度上对原有的证券法律做了一定的调整和修改。最突出的特点是放松规制、加强监管;2008 年至今的第四阶段,2008 年爆发的次贷危机尽管不是从证券市场开始的,但对证券市场的发展及监管依然产生了重要的影响。

从我国证券业发展的 70 多年历程看,大致可分为初步探索（1949—1979）、快速发展（1980—2016）和新时代发展（2017—　）三个阶段。初步探索阶段主要包括证券交易所的建立以及发行公债;快速发展阶段主要包括股票发行、国债发行、企业债发行、监管机构设立、期货市场发展、上市公司培育、证券公司成长、投资者群体构建和对外开放等方面;新时代发展阶段主要包括加大证券市场对外开放力度、设立科创板、全面实行注册制、防范

---

① 有研究者将证券业的发展总结为三个阶段,即 17 世纪初到 20 世纪 30 年代,20 世纪 30 年代到 70 年代,20 世纪 70 年代至今。李东方:《证券法学》,中国政法大学出版社,2007,第 9 页。

系统性金融风险的底线思维、推进金融供给侧改革等。①

二、证券业的法律环境与法律制度

证券业的产生与发展不仅仅是经济运动的一种结果,同时也是社会、经济、法律、文化等交互作用的结晶。也就是说,证券业既是经济发展到一定阶段的产物,同时也是法律和社会发展到一定阶段的产物。② 从新制度经济学的视角看,制度及制度创新在经济增长中起着关键性的作用。与其他因素相比,制度是影响经济发展水平、经济增长率和经济增长速度的易变动性的更重要的因素。③ 与之相似,在证券业的产生和发展过程中,不同法律环境与法律制度也起着不同的作用。其中,证券业产生与发展的法律环境主要是那些构成证券业产生及发展的基本法律条件(制度条件),但这些法律(制度)本身可能并不以调整证券法律关系、规范证券业发展为目标;证券业运行的法律制度主要是那些直接以调整证券法律关系、规范证券发行和交易行为,保护投资者合法权益等为目标的法律制度。

(一)证券业产生与发展的法律环境

证券业产生与发展的法律环境,即证券业得以产生、发展的基础性法律制度。胡光志教授将虚拟经济运行的法律环境总结为产权法律制度、合同法律制度、货币与信用法律制度、现代企业法律制度四个方面,本书认同此分类方式。其中,产权制度是证券业得以产生和运行的首要法律前提。所有权是证券业的基石,而所有权权能的进一步分离则是证券业产生的直接原因,权能的分离导致了所有权的虚拟化。合同法律制度构成了虚拟资产

---

① 王国刚、郑联盛:《中国证券业 70 年:历程、成就和经验》,《学术研究》2019 年第 9 期,第 88-97 页。
② 胡光志:《虚拟经济及其法律制度研究》,北京大学出版社,2007,第 177 页。
③ 楼朝明:《制度在促进经济发展中的相对重要性》,《宁波大学学报》(人文科学版)2005 年第 4 期,第 123-128 页。

流动性的社会与法律制度基础。合同制度作为现代企业生存与发展的纽带,是证券业产生与发展的制度基础,特别是契约自由精神成了虚拟产品交易的法律前提,而合同制度中的诚实信用原则则成了证券业运行的基本保障。货币、信用法律制度是证券业产生与发展的必要条件,货币制度是证券业得以产生的催化剂,而信用制度则是社会化大生产的催化剂与现代大型公司的社会基础。现代企业法律制度属于证券业的重要制度条件。现代企业制度,特别是股份制度,直接改变了经济格局,催生了证券市场及证券业的产生与发展。①

（二）证券业运行与监管的法律制度

"法律的金融"理论认为,"金融是依据法律构建的,不能独立于法律之外,法律作为金融科技运行的基本规范,不仅决定着金融科技的现存形态,也决定着金融科技未来发展的方向及风险发生、发展的可能性,金融风险发生有着法律上的根源"②。证券业作为金融业的典型代表,其运行与监管必然需要相应的法律制度对之进行调整、规范。其中,证券业运行的法律制度,主要指那些以证券发行、交易及投资者保护为中心而形成的法律规范体系;证券业监管法律制度,主要指那些基于国家（政府）对证券市场进行干预而形成的证券监管法律制度,以及规范国家干预权的法律制度。

从证券业运行法律制度的构成看,主要包括证券主体法律制度、证券客体法律制度以及证券交易法律制度。首先,就证券主体法律制度而言,证券主体主要指那些参与证券市场交易活动的主体,包括证券发行主体、证券上市主体以及证券交易主体。与之相对应,证券主体法律制度也体现在这三个层面。证券发行主体法律制度主要规范主体能够发行证券,体现在公司

① 胡光志:《虚拟经济及其法律制度研究》,北京大学出版社,2007,第147-187页。
② 靳文辉:《法权理论视角下的金融科技及风险防范》,《厦门大学学报》（哲学社会科学版）2019年第2期,第1-11页。

债发行主体,如对发行主体范围、条件、资金投向条件等的规定;体现在股票发行主体如对发行主体资格的限制、设立发行条件的规定、新股发行条件的规定等方面。证券上市主体法律制度主要规定证券进入二级市场的条件及其法定程序等。证券交易主体法律制度主要指法律对一般证券交易主体以及特殊交易主体(如机构投资者、外国投资者等)资格及其禁止性规定等。其次,就证券客体法律制度而言,证券交易的客体事实上就是对交易对象的一种学理化描摹,因此,证券交易客体法律制度主要指对股票、公司债券、存托凭证,以及国务院依法认定的其他证券、政府债券、证券投资基金份额等①设定或证明法律事实和权利的凭证在法律上进行规范和限制。最后,就证券交易法律制度而言,证券交易法律制度就是对证券交易的原则、交易场所、交易方式、上市公司收购、信息公开以及禁止交易(如内幕交易、市场操纵)等交易行为和交易活动进行规范和限制的法律规范的总称。

从证券业监管法律制度的构成看,主要包括证券市场监管体制、监管主体设计制度、市场主体监管制度、市场服务监管制度、市场信息监管制度、市场交易行为监管制度、违法活动监管制度以及对国家证券市场干预进行限制的制度等。证券监管体制是指通过立法设立或认可的对证券进行监督、管理、控制与协调的整个体系与职责权限划分的制度,包括组织机构体系(如自律监管和监管机构的监管)、目标体系、功能体系以及运行机制等。②市场主体监管制度主要是针对监管者以及监管权的分配等。市场主体监管制度主要是针对市场的准入与退出等。证券发行、上市监管主要包括发行与上市的核准/注册制度、暂停与终止上市制度等的规定。信息披露监管制度主要包括对外公开信息的种类,以及公开信息的法律要求等做出规定的制度。证券违法行为监管制度主要是对证券违法行为及其种类、证券违法

---

① 《中华人民共和国证券法》第二条第1-2款。
② 刘新民:《中国证券法精要:原理与案例》,北京大学出版社,2013,第83页。

行为的监管机构及监管措施等做出规定的制度。证券市场风险监管制度主要是那些为解决市场根本稳定与安全问题的制度安排,如限量限价交易制度、涨跌停板制度、风险基金制度等。对国家干预权进行限制的制度,主要指防止证券市场干预中"政府失灵"以及"规制失灵"等相关制度。

第二节　证券业的虚拟经济属性及其对实体经济的价值

虚拟经济通常指在股票、债券、期货、金融衍生品等的交易活动中产生的一种经济形态,是一种客观存在并独立运行的以"虚拟化"为特征的经济形态,从经济虚实二元结构划分,证券业属于虚拟经济的典型代表。

一、虚拟经济的内涵

从传统经济理念的分化与马克思的"虚拟资本"到虚拟经济,虚拟经济的概念可追溯至马克思那里,但当时他并没有直接用"虚拟经济"一词,他认为虚拟资本是现实资本的纸制复本,自身没有任何价值,但它们以有价证券的形式存在,代表了可以获利的权利,可为持有人带来一定的利益。[①] 在马克思看来,虚拟资本产生于借贷资本和银行信用制度,包括股票和债券等有价证券。[②] 虚拟经济是与实体经济相对的一种经济形态,以虚拟资本交易活动为中心而形成,其主要包括股票、期货、债券和金融衍生品等虚拟产品。[③]实际上,虚拟资本就是以金融平台为依托而获得收益的运行方式,简言之,本质上即是以钱生钱的经济活动。[④] 纯粹的金融行业,其基本上属于资本套利的营利模式,即通过将资金直接投入其他市场经营主体,并在其中获取利

---

① 刘璐、金素:《从虚拟经济看当代国际金融危机》,《商业研究》2010年第10期,第132-135页。
② 周维富:《我国实体经济发展的结构性困境及转型升级对策》,《经济纵横》2018年第3期,第52-57页。
③ 胡光志:《虚拟经济法的价值初探》,《社会科学》2007年第8期,第105-113页。
④ 成思危:《虚拟经济不可膨胀》,《资本市场》2015年第1期,第8页。

息或相应的收益,可谓是典型的"钱生钱"的游戏。依此推导,实体经济可视为非"钱生钱"的经济活动。然而,在现实的经济运行过程中,很难真正将虚拟经济与实体经济做泾渭界分。[①] 为此,就虚拟经济的内涵,可从广义和狭义两方面来理解。广义上讲,虚拟经济是与传统商品生产相关的所有虚拟活动,包括以虚拟资本交易、信息技术或金融交易为基础的经济活动;狭义上讲,虚拟经济就是以虚拟资本的运动为主体,是虚拟资本的运作经济,具体指以货币、股票、债券、期权、期货等金融资产形式存在,以实体经济为依托,但又游离于实体经济之外而独立运行的经济。[②]

马克思认为,所有的生产活动可以分为物质生产与非物质生产两类,那些物质的、精神的产品和服务的生产、流通等经济活动都可以被界定为实体经济。究竟何为实体经济? 美联储将房地产和金融业归属于虚拟经济,除此之外都被视为实体经济,如制造业、进出口及零售业等。[③] 但在生产有形的产品以及为增加产品价值的活动中,要区分实体价值与虚拟价值的确很难,毕竟在整个经济系统的运行里面,价格体系是综合性的表现,单就成本而言,既包括有形成本也包括无形成本,甚至还有一些技术支撑的成本等。在现实的经济运行活动中,虚拟经济与实体经济的确交错存在,理论界和实务界也未形成统一、权威的区分标准。

从抽象角度看,实体经济主要指以资本运作为手段营利以外的模式,一般通过客观存在的物质资料来生产客观存在的物质产品,并以该产品进入市场流通的方式营利,继而产生经济价值。而虚拟经济,从其产生的原因、满足人的物质需求方面还是满足人的心理需求方面,都与实体经济不同。从狭义维度来看,虚拟经济主要指金融业,如银行业、证券业、期货业等。其中特别值得关注的是,不管从历史的长河中探源,还是从现实的经济结构中

---

① 郭迎锋、张永军:《我国实体经济发展现状考察及政策建议》,《中国物价》2018 年第 12 期,第 3-5 页。
② 邵燕:《虚拟经济与中国资本市场的发展》,中国市场出版社,2006,第 20 页。
③ 杨英杰:《中国经济重大结构性失衡与再平衡》,《中共中央党校学报》2017 年第 2 期,第 120-128 页。

比较,证券业是最具代表性的,也是最为典型的虚拟经济形态。在此意义上,对虚拟经济的理解,应当从其"虚拟性"出发,当然,此处所指的"虚拟"并非完全等同于"虚拟财产"中的"无实物载体"性,其中的重点是其价值来源的基础包含投资者的心理预期、情绪变化等"虚拟价值",这些因素会对资产价格产生影响,导致其价格偏离基础价值,这些偏离部分的价值,即为虚拟价值,这才是虚拟经济的本质所在。① 譬如股票价格高于股权在上市公司内在价值的部分即为虚拟价值。基于上述分析,对虚拟经济的定义,本书赞同胡光志教授的基本观点,即将虚拟经济定义为:"以源于实际资本而本身没有价值、不参与生产与再生产过程的虚拟资本的交易活动为中心而形成的与实体经济相对应的一种经济形态。"②

二、证券业的虚拟经济属性

尽管无法将金融和虚拟经济直接画等号,但金融行业是虚拟经济的重要表现形式并无异议,证券业作为金融行业的典型代表,从逻辑上看自然也是虚拟经济的典型代表。但证券业的虚拟经济属性并不能仅仅靠逻辑的推理而来,而是需要与虚拟经济的产生、本质与特点相结合进行分析与论证。

首先,从虚拟经济的形成看,证券业是早期虚拟经济的典型代表。从马克思虚拟资本的范畴审视,证券业属于虚拟资本的一类。随着货币虚拟化进程的加快,经济虚拟化呈现出的高级形态集中表现为虚拟资本的出现。资本的虚拟化是货币及货币之外其他资本形式如资本凭证的一次"商品化"过程,这也使得实体经济虚拟化发生了质的变化。随着信用制度的不断发展,资本的虚拟化不仅表现为货币资本向借贷资本的转变,还进一步表现在将这种观念的资本物化在可以直接转移的形式上,而股票、债券等恰恰是这

---

① 景玉琴:《从价值规律角度理解虚拟经济》,《天津师范大学学报》(社会科学版)2019年第1期,第61-67页。

② 胡光志:《虚拟经济及其法律制度研究》,北京大学出版社,2007,第31页。

些物化的形式中的典型代表。马克思认为,有价证券具有虚拟资本的性质,在有价证券中,即便是那些对收益的可靠支取凭证,如国家证券等,或者是那些现实资本的所有权证书,如股票等,它们所代表的资本背后的货币价值完全是虚拟的。[①] 因此,从历史的进程中探源,证券业理应是也必然是最能体现虚拟经济发展历史的,是虚拟经济的典型代表。

其次,从虚拟经济的本质看,证券业是最能反映虚拟经济本质属性的经济形态。其一,证券业的基本属性符合虚拟经济来源于实际资本而本身又没有价值,也不参与生产与再生产过程的属性。证券业不是为了人们的物质需求,而是为了满足投资需要,证券业本身也不能作为资本参与生产和再生产,实质上就是没有(或者可以忽略不计)生产成本和劳动价值的特征。其二,虚拟经济的关键在于虚拟资本的交易,而资本的证券化恰恰是实际资本虚拟化的途径。证券的存在只是表明用实际资本换取了一纸凭证,而只有将这一纸凭证当作可流通的商品,在市场上进行流通才可产生虚拟资本。所以,从虚拟资本的交易可看出证券业的虚拟经济属性。其三,从虚拟经济与实体经济相对应存在的既有格局看,证券业只能归入虚拟经济的范畴。证券业尽管源于实体经济,但有其自身特有的运行规则,这些特有的运行规则与实体经济的运行规则并不相同,而是各自相对独立的运行系统和规则体系。所以,证券业的本质属性在某种意义上就是虚拟经济的属性,这就决定了证券业作为虚拟经济典型代表的地位。

最后,从虚拟经济的特点看,证券业的基本特征与虚拟经济基本特点具有高度一致性。其一,虚拟经济中,交易客体本身就是一种没有价值(或价值甚微)的资本凭证,而证券交易的客体恰恰就是股票、债券等资本凭证,因此二者的交易客体高度趋同。其二,证券业完全遵循虚拟经济资本化的定价方式,与一般定价规律不同,其价格的确定与波动,既不取决于交易客体

---

① 《马克思恩格斯全集》第 25 卷,人民出版社,1974,第 532 页。

的价值,也不取决于人们对物质的供求变化,而主要取决于信用、信息以及信心等因素的综合。[①] 这使得二者的市场运行规律基本趋同。其三,虚拟经济依赖于信用、信息及信心的主观性,使得其具有较大的波动性和高风险性的特征,这与证券业的特征基本趋同,如滋生泡沫经济并导致危机、自我异化进而产生高风险等。综合而言,证券业具有虚拟经济所具有的基本特征,在所有经济形态中,证券业的虚拟经济属性最为明显,证券业是典型的虚拟经济。

将社会闲置资金投入实体经济产业,以此扩大再生产,以为投资者换取增值机会,证券市场应运而生,为资本供需方提供解决资金供需矛盾的方案。[②] 以股票为例,股票发行上市的过程,就是投资者通过自己的判断进而做出认购股份的过程,在这个过程中,投资者将资金直接投入发行人,以期获得更多的增值收益,具有典型的投资者预期性。[③] 事实上,无论何种方式,其目的均是资金的融通,作为证券的股票交易价值不仅包括发行主体所拥有的实体资产的市场价值、融资成本等内在价值,同时还包含因投资者对发行人盈亏的预期、投资者情绪导致的价值偏差等,均属于虚拟价值。故证券业以证券的募集、发行、交易为主要活动进行资金融通,其价值构成中往往包含着一部分的虚拟价值,属于典型的虚拟经济形态。

三、证券业之于实体经济的价值

作为虚拟经济典型代表的证券业,源于实体经济,其目标自然也是为了服务实体经济的发展。一个良好的证券市场不仅是资金供需的桥梁,而且发挥了金融媒介集中社会资金、扩大生产和经营规模、实现社会资源优化配

[①]　胡光志:《虚拟经济及其法律制度研究》,北京大学出版社,2007,第 71 页。

[②]　陈洪杰:《IPO 核准制与注册制:一个经济社会学视角》,《财经法学》2018 年第 1 期,第 97-107 页。

[③]　朱大旗:《金融法》,中国人民大学出版社,2015,第 4 页。

置以配合金融调控等一系列重要的国民经济服务功能。[①]

首先,为实体企业筹集资金。具有上市条件的企业选择通过证券市场发行股票、债券进行直接融资,此时企业直接面向广大投资者,通过发行证券产品吸引愿意投资的对象,直接融资门槛低、利率较低甚至无需付出利息,且融资金额高。因此,证券市场的重要作用就是使实体企业快速且稳定地获得运营资金。具体而言,实体企业通过发行股票或债券筹集到资金,此时投资者的收益和其投资企业的经营效益相关。而对于实体企业来说,明显低于银行贷款利率的筹资成本会大大降低公司融资的风险,企业唯一要做的是把企业透明地经营好,即使效益不佳也可以通过减少分红或不分红的方式保存公司实力。此外,信誉良好、效益突出的实体企业可以在证券市场上经常发行新的证券,以此争取更多的投资者进行投资,由此,实体企业以这种直接融资的方式可筹集到所需的发展资金,与普通银行债券融资相比,不管在融资规模还是融资时间上都具有更大的优势。[②]

其次,深化竞争机制进而促进资源优化配置和调整产业结构。对证券业这样一个集众多活跃因素于一体的行业,优胜劣汰法则尤为明显。在其运作过程中,它把投资者的利益与发行证券的企业经营效益牢牢地联系在一起,投资者的投资活动往往能反映企业的生死存亡,因而证券市场也被称为经济的"晴雨表"。投资者往往会果断抛弃经营效益差、收益回报率偏低的企业债券或股票;相反,对投资收益率高和具有高增长潜力的证券会增加购买量,这种趋利行为使得效益好、有前景和发展快的上市公司能获得足够的资金来快速增长,而效益低、业绩差、发展前景不好的上市公司则得不到资金支持,从而逐渐被淘汰。从整个证券市场来看,投资者总是将资金投向发展前景好的产业,而较少有兴趣去关注那些即将被淘汰的产业。正因如

---

① 陈丽:《浅析证券市场监管的必要性》,《时代金融》2007 年第 4 期,第 8-9 页。
② 李东方:《证券监管法律制度研究》,北京大学出版社,2002,第 12-15 页。

此,投资者的投资倾向推动了资源的优化配置和产业结构的不断发展和调整。

最后,贯彻货币政策进而稳住实体经济。早期,西方主要资本主义国家曾通过政府介入证券市场的方式来实施货币政策,有效控制货币供应量以及顺利遏制危机。如今,很多国家也会经常通过在证券市场上发行证券来收缩流动性资金,以此减少投放到市场上的货币资金量,进而起到抑制经济过热的作用。相反,可通过在证券市场收购证券以投放更多的流动性资金,以此加大货币供应量,进而促进实体经济的快速发展和信息提振。总之,通过证券市场买进或卖出证券来调控金融和管制信贷,充分发挥货币政策对实体经济的稳定作用。①

除此之外,证券业之于实体经济的价值还体现在促进资本集中进而推动社会化大生产,强化外部压力进而促进企业改善经营机制,变革分配方式进而保障经济持续发展,分散市场风险进而维护经济稳定,与实体经济一道进行财富积累等诸多方面。②

---

① 徐家祭、包顿、郑娇艳等:《货币政策、金融稳定与实体经济发展》,《商业经济研究》2020 年第 9 期,第 169-171 页。

② 胡光志:《虚拟经济及其法律制度研究》,北京大学出版社,2007,第 79-89 页。

第二章　证券业与虚拟经济有限发展法学理论的耦合

虚拟经济运行的独立性,时刻显示出其脱离实体经济的"离心"趋向。被经济学界称为"弱寄生性"的这种现象,使得虚拟经济在依赖实体经济的同时,必然时常与实体经济发生冲突或分离。加上开放经济进一步增强了虚拟经济的高风险性,使得其"双刃剑"属性表现得尤为充分,客观上需要借助公力手段,限制其发展的广度和深度,预防和化解其所带来的风险。而法律的正义追求、秩序维系、风险防范及安全价值,恰恰能够满足虚拟经济发展中的这种需求。因此,虚拟经济有限发展法学理论并不是一种主观的臆测或者纯粹理论的思维游戏,恰恰是现实的客观需要决定了虚拟经济只能在法律的约束下有限发展。证券业作为虚拟经济的典型代表,与虚拟经济有限发展法学理论存在着较大的契合性,证券业的发展贯彻虚拟经济有限发展法学理论有着其理论和现实的必然性。当然,虚拟经济有限发展法学理论的核心价值,还在于对证券法律制度的变革提供指导作用。

第一节　有限发展法学理论的内涵及要义

虚拟经济有限发展法学理论是在开放经济条件下,根据虚拟经济自身特点和运行规律、虚拟经济法律自身宗旨和价值诉求、以侧重保障虚拟经济安全和可持续发展为核心理念、以政府与市场两个不同角色及其定位为关键维度而提出的一种法学思想。该理论以虚拟经济安全为核心追求,主张发挥法律的作用,致力于通过协调虚拟经济结构,提升虚拟经济领域政府监管的有效性、虚拟经济市场运行机制的有效性、虚拟经济外部环境的适应性,增加虚拟经济领域法律制度供给及变革的高效性,加强虚拟经济司法打击虚拟经济违法犯罪行为等,实现虚拟经济的安全与可持续发展。

一、有限发展法学理论的内涵

从基本概念层面审视,虚拟经济有限发展法学理论,是指根据虚拟经济自身运行规律,从法律自身的宗旨和价值出发,主张法律在保障虚拟经济发展的同时,为预防与克服其负面效应,保障其运行安全和可持续发展,而将其置于法律约束下的安全范围内运行的一种法学思想。因为理论具有较强的现实温度与长远预期,决定了能够对当下,乃至更长时期内虚拟经济的安全与发展提供法治思想、立法原则、政府监管、司法实践以及具体法律层面的指导与保障。

从虚拟经济的产生与发展的过程来看,虚拟经济有限发展法学理论来源于历史和实践并具有鲜明的时代特征。虚拟经济有限发展法学理论,是在通过对全球范围内虚拟经济发展规律与经济(金融)危机之间的关系、虚拟经济过度发展与经济危机关系、虚拟经济立法的历史演进、经济危机的法律应对等问题的历史梳理与考察,并结合了我国虚拟经济运行的现实需求等基础上提出的,具有高度实践性。同时,虚拟经济有限发展法学理论紧密结合了开放经济条件这一时代背景,结合了国内外虚拟经济发展的最近现状,具有较强的时代特征,特别是结合了近些年我国金融领域的供给侧改革,以及近期面对贸易战、逆全球化等局势,吸收了以畅通国民经济循环为主,国内国际双循环相互促进、重塑国际合作与竞争新优势的"双循环"新发展格局战略的核心内容,结合了历年中央经济工作会议的内容,特别是2020年底中央经济工作会议中提出的要健全金融机构治理,促进资本市场健康发展,防止资本无序扩张,金融创新必须在审慎监管的前提下进行。① 所有这些既是虚拟经济有限发展法学理论的思想来源,又是虚拟经济有限发展法学理论最终的目标所在。

从虚拟经济与实体经济的关系审视,虚拟经济有限发展法学理论是对二者关系的深刻阐释,更是对虚拟经济发展的合理定位。虚拟经济是实体经济发展到一定阶段的产物,是实体经济发展的需要,是金融深化的产物。② 换言之,虚拟经济的发展限度其实就是实体经济的发展需要,超出了实体经济需要的范围,虚拟经济就会逐步走向"虚化",可能产生金融泡沫,进而引发诸多问题,这不可避免地致使经济体系出现资金危险,在金融全球化背景下,金融风险就如多米诺骨牌效应,造成民众心理恐慌,从而使实体经济陷入萎缩。③ 虚拟经济的发展如果大大超过了实体经济的发展,最终会导致整个国家经济"脱实向虚",社会经济活力锐减。因此,经济要持续发展,则要保持虚拟经济以支持实体经济为目的的有限发展,因为虚拟经济过度膨胀会吸引大量实体经济的资金涌入虚拟经济,实体经济企业的投资率降低,导致企业利润没有对实体经济发展起到促进作用。④ 从长远来看,正因为虚拟经济的"贪婪性",将会导致实体经济萎缩,而实体经济萎缩,最终又会影响虚拟经济的持续发展,为此,虚拟经济有限发展成为一种必然趋势。

二、有限发展法学理论的要义

虚拟经济有限发展法学理论主旨有三:一是保障虚拟经济发展。有限

① 《中央经济工作会议在北京举行——习近平李克强作重要讲话 栗战书汪洋王沪宁赵乐际韩正出席会议》,《人民日报》2020年12月19日第001版。
② 米夏埃尔·克莱特科、王筱:《恩格斯与资本主义大转型》,《山东社会科学》2020年第9期,第18-30页。
③ 鲁品越:《鲜活的资本论:从深层本质到表层现象》,上海人民出版社,2015,第315-322页。
④ 刘晓欣、张艺鹏:《虚拟经济的自我循环及其与实体经济的关联的理论分析和实证检验——基于美国1947—2015年投入产出数据》,《政治经济学评论》2018年第6期,第158-180页。

发展法学理论既不是不需要虚拟经济的极端主张,也不是限制虚拟经济发展的消极主张,而是赞同、支持并强调通过法律来保障虚拟经济发展的主张。二是设定虚拟经济发展的限度以确保其安全。在开放经济条件下,尽管对虚拟经济的态度是积极的、支持的,但鉴于其弱寄生性、高风险性等诸多特征,需要保障其发展与实体经济大体相匹配、确保其运行处于相对安全的范围、促使其发展能够促进社会正义,事实上这些目标的实现就需要其有限发展。三是通过法律制度确保虚拟经济的有限发展。事实证明,虚拟经济的安全运行离不开法制的保障和规范、促进作用。而法律制度的主要功能恰恰在于为虚拟经济的有限发展设定出限度、铺设出安全的"轨道"、设计出安全运行的"信号灯"。借助自由、正义、安全、秩序等法律规范之价值意涵,来对虚拟经济安全运行过程进行正向影响,从而为虚拟经济市场安全运行构筑良好的法律环境。

(一)虚拟经济有限发展法学理论的"发展"要义

虚拟经济有限发展法学理论,对虚拟经济的发展持以肯定的态度,即虚拟经济需要发展。如果不强调虚拟经济的发展,事实上就是无视虚拟经济作为实体经济重要辅助手段的功能和价值,无视虚拟经济是现代社会价值运动的重要形式和载体,无视所有权的财产性价值在现代社会占据的日益重要地位的基本事实,而这显然是行不通的。不管是源自历史的经验,还是当下虚拟经济对促进一国经济甚至全球经济发展的重要推动作用,都告诉我们发展虚拟经济是历史的必然趋势,是符合客观规律的一种经济形式,我们不可能也无法禁止或取消虚拟经济的发展。我们倡导虚拟经济的有限发展,也并不是处处、时时都要限制虚拟经济的发展。在具体的情况下,到底是过度发展还是有限发展,也需要因时因势地客观分析具体判断。基于虚拟经济的特性及其和实体经济之间的关系,我们认为,虚拟经济是否实现了有限发展,一方面需要看其与实体经济的匹配程度,只要虚拟经济的规模不过度超越实体经济,那么,这种虚拟经济则被认为实现了有限发展,另一方面虚拟经济是否实现了有限发展,需要看其法权制度架构是否符合实质公平的需要,例如虚拟经济中弱势群体的权益保障是否充分、虚拟经济中强势主体是否得到有效规制。

(二)虚拟经济有限发展法学理论的"安全"要义

虚拟经济天然就具有扩张性、高流动性和世界性的特点,不控制其发展很容易造成重大的系统性风险,从而影响虚拟经济乃至整个国家经济的持续发展。特别是在开放经济条件下,随着高水平对外开放在金融领域的逐步体现,虚拟经济风险的世界性趋势更加明显,这就使得来自外部的各种外源性风险与国内逐渐积累起来的内部运行风险相互交织,进而加剧了虚拟经济的风险性。可以说,虚拟经济须有限发展,才能从根本上保障虚拟经济的运行安全;反之,要保障虚拟经济的运行安全,就必须实现虚拟经济的有限发展。

通过适度控制虚拟经济发展规模来确保其安全。虚拟经济的过分扩张很容易形成虚拟经济市场的巨大泡沫,从而影响虚拟经济的运行安全。如果任由虚拟经济在资本逐利的推动下,在投资者尤其是投机者的交换作用下进一步扩大,一旦出现某种恐慌,或者影响虚拟经济市场商品信心的事件,风险就会被进一步扩大,最终的结果必然影响虚拟经济的安全运行,出现通货膨胀、经济波动甚至经济危机等经济安全问题。[①] 虚拟经济的过度发展,容易导致资金由实体经济向虚拟经济的不当聚集,进而造成虚拟经济的泡沫,实体经济的整体萧条。

通过有序规范虚拟经济交易体系来确保其安全。虚拟经济时代,虚拟世界的元素变化是非常快的,这甚至会迫使我们去观察一些我们认为不会

---

① 何文龙:《经济法的安全论》,《法商研究》(中南政法学院学报)1998 年第 6 期,第 16-18 页。

变的东西。① 虚拟经济的高流动性容易造成资金的破坏性流动。从法律的角度看,如果这种流动不是市场驱动的结果,假定是被操纵或者受其他不合理因素影响而导致,那么,资金的高速流动可能会带来一些不可预见的影响。一旦资金的流动规模巨大,资金的高速流动性就会变得极具破坏力。如1997年的亚洲金融危机,其重要的原因就是索罗斯基金过度投机引致的结果。同时,虚拟经济在引发投资者恐慌之后,投资者或者投机者的投资行为就进入非理性状态,甚至根本无法控制,这更加剧了虚拟经济的传导效应,风险无可控制。如股票作为虚拟经济的重要表现形式,其具有不返还性、风险性和流通性的特点。② 正因如此,需要完善虚拟经济交易基本规则体系,以保障整个经济体系的安全。

(三)虚拟经济有限发展法学理论的"制度"要义

制度是虚拟经济最好的冷却剂,制度分为正式制度和非正式制度,前者如宪法、法律等,后者如一个国家的货币体系等。③ 从根本上讲,包括虚拟经济在内的任何经济形式都需要制度的制约,要受制度的规范和限制,不可能无限制地发展和膨胀。因为在一定时间内,人类的需求总是无限的,然而人类所面临的资源却是稀缺有限的,无限制或者没有节制的发展或者膨胀为制度所不容许,虚拟经济的发展必须受到制度的制约。

首先,制度有助于维持虚拟经济的市场秩序。市场秩序以公开、公正、公平为目标,是在特定时空范围内所形成的一系列法律制度和风俗惯例,旨在保障市场交易顺利进行的一种有条不紊的状态。④ 从基本的原理上看,虚拟经济的市场秩序作为"自生自发"秩序的一种,在调节着社会资源配置的

---

① 威利·莱顿维塔、爱德华·卡斯特罗诺瓦:《虚拟经济学》,崔毅译,中国人民大学出版社,2015,第325页。
② 吴树青、卫兴华、洪文达:《政治经济学(资本主义部分)》,中国经济出版社,1993,第179页。
③ 斯坦利·L.布鲁:《经济思想史(原书第6版)》,焦国华、韩红译,机械工业出版社,2003,第289页。
④ 李昌麒:《经济法——国家干预经济的基本法律形式》,四川人民出版社,1995,第333页。

同时,也会因为其天然的缺陷而出现不同程度的混乱。正如有学者指出"市场无序现象会造成市场运行过高的成本,以致市场调节失效"①。在虚拟经济的发展过程中,"经济人"的投机效应会进一步放大,"经济人"那种自利、搭便车行为在虚拟经济中表现得更加突出。以证券业为例,我国刑法专门规定了"内幕交易罪""操作证券、期货市场罪",这两个罪名应当说就是围绕虚拟经济的特性而设定的。另外,虚拟经济中的信息失灵问题更加严重,其对虚拟经济市场的影响更大、更强。当然,在虚拟经济的市场秩序发生紊乱时,其他市场失灵的情况也会存在,只是相较而言,投机行为以及信息失灵,在扰乱虚拟经济市场秩序的图谱中则更为常见,因此,通过法律制度的外部性约束有助于维持虚拟经济的市场秩序。

其次,制度有益于防范虚拟经济领域的风险。虚拟经济引发的风险很多,其中最严重的就是金融危机,有学者曾指出,现代金融危机都产生于虚拟经济。② 如何防范金融风险,在现代社会,制度是防范风险甚至是化解危机的最重要的治理路径。某种程度上,政府应对虚拟经济引发的危机的整套机制,就是对虚拟经济市场机制的一种替代,因为市场机制已经不能自发调节,需要借用外部力量进行治理。但是,现代市场机制是一种非常有效的资源配置机制,市场机制失灵的地方也不见得就是政府干预可以生效的地方。因此,如何规范政府防范风险的广度和深度,甚至在实体和程序上如何设定,都是理论上和实务中需要解决的问题。换言之,即便虚拟经济风险需要政府来干预或者防范,但是,这种干预和防范也必须基于规则而为,否则就会演变为政府过度的介入,最终可能引发更多的风险。

最后,制度有助于保障虚拟经济投资者权益。在虚拟经济市场中,尽管投资者在某种程度上可能是投机者,但只要其行为不触犯法律的强制性规

---

① 洪银兴:《市场秩序和市场规则》,《南京大学学报》(哲学·人文科学·社会科学版)2002年第3期,第23-33页。
② 洪银兴:《虚拟经济及其引发金融危机的政治经济学分析》,《经济学家》2009年第11期,第5-12页。

范,就应当受到同等保护。虚拟经济市场是一个瞬息万变的市场,其中的机遇和挑战、得和失等可以说都能在极短的时间内完成,制度既需保护相关主体的合法权益,又要保障资本市场各主体的创新动力。正如斯蒂格利茨认为的那样,制度非常重要,每个社会为了正常运行都必须有规则和制度,如果规则与制度过于宽松,一些人就会践踏其他人的权利,并引起社会混乱;如果规则与制度过于严格,就会挫伤创新与创造性。① 可见,包括虚拟经济在内的任何社会都需要规则,正所谓没有规矩不成方圆;但同时也要把控规则宽松和严厉程度,过于严厉就会对社会的创新造成一些不合理的打击,而过分宽松就会陷入丛林法则,引发不必要的社会混乱。因此,如何运用制度来保障投资者权益,是虚拟经济发展必须直面的重要问题。

第二节　证券业与有限发展法学理论的契合之处

证券业作为虚拟经济的典型代表,与虚拟经济有限发展法学理论具有较大的契合性。事实上,虚拟经济有限发展法学理论一方面就是来源于证券业发展的实践,是对证券业发展历史的经验总结;另一方面虚拟经济有限发展法学理论的最终目标在于回到实践,进而更好地指导证券业等虚拟经济的发展。

一、有限发展法学理论是对证券业的实践经验总结

前文已述,虚拟经济有限发展法学理论并不是一种"办公室学术"的主观臆测,或者纯粹理论的思维游戏,相反是基于对虚拟经济发展历史的一种现实观照,是对虚拟经济发展及其风险的规律性总结,是对虚拟经济发展中"治乱循环"实践的一种克服思维,也是对我国虚拟经济领域渐进式、有序、

————————————

① 斯蒂格利茨:《经济学》(第二版),梁小民、黄险峰译,中国人民大学出版社,2000 年版,中文版序言。

稳定的市场化和对外开放成功实践经验的总结。理想与现实的差距迫切需要我们探索系统、长效的虚拟经济风险治理机制和对策,以破解传统治理理念和方法无法为虚拟经济安全提供保障的困局,而虚拟经济安全的客观需要决定了虚拟经济只能在法律的约束下有限发展。虚拟经济是金融自由化、经济全球化和信息化的产物,是信用制度发展到一定阶段而创造出的经济形态。[①] 从虚拟经济发展历程来看,大致可将其划分为以下三个阶段,每个阶段证券业在其中的作用都不可忽视。事实上,虚拟经济有限发展法学理论在一定程度上就是对证券业发展实践的经验总结。

(一) 初级萌芽阶段的自由发展

自意大利航海家哥伦布 15 世纪发现美洲大陆后,东西方的贸易和殖民就此开始,而海洋贸易常常需要大量的资本,此时就采用募集资本的方式招募股金,待远航回来再将资金及相关的利润返回给出资人。慢慢的,资本家开始设立公司公开招揽出资人,获得公司股东资格,赚取的利润甚至可以长期留在公司,形成了现代意义性质的股票。到 1660 年以后,股票开始可以任意转让,股份公司逐渐成为一种独立法人组织形式,证券交易也就在欧洲慢慢出现。随着贸易的扩张和股票的流通,证券交易所开始诞生,1608 年阿姆斯特丹证券交易所建立,这也是世界上最早的证券交易所。股票及证券交易所的诞生为资产阶级革命积累了大量的原始资本,工业革命随之爆发,机器工业生产逐渐替代了传统的手工业,商品经济得到极大地发展。1694年,世界上第一家银行成立,这为公司股票的流通提供了极大的便捷,为生产力的大力发展带来了巨大的资金支持。

在 18 至 19 世纪近 100 年的时间里,英国通过股票筹集资金的形式获得了大量基础设施建设的所需资金。英国股票商们于 1773 年在伦敦的一家

① 李薇辉:《论我国虚拟经济的适度发展》,《上海师范大学学报》(哲学社会科学版)2009 年第 5 期,第62-67 页。

咖啡馆成立了证券交易所,这也是今天伦敦证券交易所的前身,其于 1802 年获得英国政府的正式批准和承认,开始经营政府债券、公司债券、股票等,如今,它已经成为全球著名的证券交易中心,海外资本业务占比很高。美国的证券市场是从开发铁路等实体产业开始的,18 世纪在如今的旧金山、纽约、芝加哥等地出现政府债券、公司股票交易,后来延伸到美国全国。1792 年,纽约证券交易会成立,发展成今天的纽约证券交易所,交易所的出现为美国工业化带来了便捷的筹资通道,逐步扩大到银行、保险等领域,促进了美国经济的快速发展。[①]

（二）全面刺激阶段的风险频频暴露

19 世纪,随着证券市场的不断发展,证券价格也在剧烈发生变化,证券业活动作为一种独立的虚拟经济形态而自我发展,不再完全依赖于实体经济,开始出现期货、期权等一些新的金融工具。美国芝加哥谷物交易所在 1865 年推出的一种标准化协议,被称为"期货合约",成为世界金融史上最早的金融衍生品。

1920 年开始,美国高速发展的经济刺激了股票市场,使美国进入了飞速发展阶段,到 1929 年 9 月,道琼斯指数上升了 468%。[②] 美国经济达到"巅峰"后,商品价格出现下降,个人收入和工业产值开始停止增长。股票牛市结束,股灾爆发,投资损失惨重,实体经济商品积压,股市和银行出现危机,实体经济难以获得融资通道,经济不景气,美国经济开始崩溃,1932 年银行纷纷倒闭,造成了世界史上第一次规模巨大的经济危机。

1933 年开始,罗斯福政府对经济加以干预,对证券监管体制做了相应的变革,从法律制度的建立与完善、监管制度的构架等开启了金融资本市场的

---

① 邹玉娟、陈漓高:《虚拟经济的发展阶段及对我国的启示》,《经济问题探索》2014 年第 11 期,第 28-33 页。

② 周慧:《美国大萧条与资贷危机的比较》,《亚太经济》2009 年第 4 期,第 13-18 页。

新篇章。自此,美国颁布了《证券法》(1933)、《证券交易法》(1934)、《证券投资者保护法》(1970)等法律,从股票的发行、交易到投资者保护都做了相应的规定。[①] 20 世纪 70 年代以后,全球经济进入迅速发展阶段,虚拟经济也在世界范围内快速发展,在实体经济领域,利润空间随着竞争的加剧越来越被压缩,期权、期货、互换等金融衍生工具大量涌现,很多投资者通过虚拟经济投机获取高额回报。加上网络技术的不断升级,网络为虚拟经济的发展提供了技术支持和便捷场所,虚拟经济慢慢脱离了实体经济而独立运行。甚至传统的房地产业、矿业、收藏业等都被投资者包装成独立运行的虚拟经济而存在,远远超出了实体企业发展本身所具有的实体资本规模,房地产抵押融资、信用等级赋予等演变为虚拟经济的投机方式,美国、日本等都出现过房地产泡沫危机,其中 2007 年因次级贷款引发的金融危机快速波及全球,敲响了人们谨慎对待虚拟经济的警钟。

(三)虚实相容阶段的安全与有限发展

美国次贷危机爆发以后,给全世界都带来了深刻的反思。虚拟经济尤其是股市是国民经济的"晴雨表",应与实体经济的发展相协调,且要为实体经济发展服务。尽管虚拟经济的运行规律可以独立存在,但其本身的价值无法摆脱实体经济而存在。当前,各国都特别注重虚拟经济与实体经济的协同发展,我国政府在众多文件及法律制度中都充分体现了发展虚拟经济的态度和主张,对那些纯粹炒作虚拟经济的行为予以规制,而通过政策约束、制度引领的方式理性对待虚拟经济发展。未来这种协同、安全和有限发展的理念想必才是社会经济平稳发展的主流。

在现代互联网技术、大数据、云计算的数字时代,实体经济的发展需要更多的资金渗透,只有大量资本的介入,才能使实体商品在技术、质量等方

[①] 陈煜、卢边静子:《美国金融消费者与证券投资者保护法律制度比较研究》,《金融理论与实践》2017年第 2 期,第 108-112 页。

面得以全方位改进和提升,这就需要强化资本市场对实体经济的支持作用。另外,随着人类经济社会的前行,中产阶级不断激增,人们的专业分工越来越细化,多余的资金就需要投放到那些专业化程度高且自己无法操控的领域,证券市场投资为广大投资者提供了资本配置资源的渠道,投资者参与市场发展的热情度和关注度将促使虚拟经济持续不断地甚至更加深远地发展,这也是人类随着科技和经济纵深发展参与经济活动的需求所在。正因如此,作为虚拟经济代表的证券业一方面必须发展,进而发挥其积极作用;但另一方面必须通过有限发展确保其运行安全,进而维护国家经济安全、保护投资者合法权益、促进社会正义。

二、有限发展法学理论致力于对证券业弊病的克服

证券业之所以不能完全自由放任地发展,主要在于现实的证券市场中存在着诸多风险。虚假记载、欺诈客户、内幕交易、操纵市场、短线交易等固有弊病对证券市场秩序会产生破坏性作用,进而引发各类风险,同时对投资者权益也会造成巨大的负面影响。而虚拟经济有限发展法学理论的目标恰恰在于通过对证券业既有弊病的克服,进而保障证券市场的安全可持续发展。

(一)有限发展法学理论致力于对虚假记载的规制

虚假记载在证券市场中普遍存在。现实中,不正当披露、重大遗漏、误导性陈述和错误预测都可能产生虚假记载。在证券市场中,我国法律还规定国家工作人员和相关媒体从业人员不得传播虚假信息,以此来扰乱证券市场;此外,证券公司、证券中介服务机构、证券交易所、证券登记结算机构及其从业人员均不得在证券交易活动中虚假记载,证券市场主体必须客观公正传播信息。在证券交易活动中如果发生虚假记载行为的,要给予一定的处罚,如责令改正,给予警告,没收业务收入,并处以相应的罚款。① 如果虚假记载行为主体是国家工作人员的,应当依法给予行政处分。虚假记载不仅扰乱证券市场秩序,还会损害投资者的合法权益,应强化监管的作用。② 我国证券市场中有关虚假记载的案件有上升趋势,尽管证券业最初的产生是为了资金紧缺的企业能畅通地筹集到发展资金,但随着金融市场的不断发展,现在已经逐渐与实体经济发生偏离,很多上市企业都在抱着一种套取资金的错误心理,通过证券发行和上市谋取投资者的资金,采用诸如虚假记载这种手段引诱投资,根本不将主要精力放在企业的实际运营上,这种发展理念已经偏离了虚拟经济服务实体经济的初衷。③ 对此,虚拟经济有限发展法学理论通过指导证券法律制度和监管规则的变革,以克服虚假记载的弊病,进而实现虚拟经济服务实体经济的初衷,确保证券业的安全发展。

（二）有限发展法学理论致力于对证券投资者的保护

以欺诈客户为例,证券交易中相关从业人员实施的损害客户利益的行为,主要分为故意隐瞒相关事实和做出虚假意思表示。证券公司及其从业人员应依照双方之间的契约关系及合同义务,维护投资者的资金安全,维护证券市场正常的交易秩序。欺诈客户的行为与证券市场自愿、诚实信用以及有偿的法律原则不相符合,违反了相关法律的规定,应依照法律的具体规定予以处罚。通常而言,欺诈客户主要存在以下几种方式:一是证券公司采取不正当的诱惑方式诱导客户做出不真实的意思表示;二是证券公司及其从业人员违背投资者意愿为其买卖证券;三是证券从业人员诱导客户做出原来不准备实施的行为,其目的是自己获取佣金而不考虑投资者的利益;四

---

① 彭冰:《魔鬼隐藏在细节中:证券法大修中的小条款》,《中国法律评论》2019 年第 4 期,第 155-162 页。

② 侯东德、苏成慧:《互联网证券监管问题研究——以网络安全风险防控为视角》,《法学论坛》2019 年第 2 期,第 110-119 页。

③ 王琳:《证券市场虚假陈述行为的法经济学分析》,《广东财经大学学报》2017 年第 2 期,第 92-99 页。

是混合操作问题。欺诈客户问题最终将损害证券市场的健康发展,必然造成投资者利益的损害。对投资者合法权益的保障,自始便是证券法律制度的一项重要功能,在此问题上,虚拟经济有限发展法学理论与证券法律制度之间实现了契合。虚拟经济有限发展法学理论致力于通过对现行法律制度进行检视与完善,进而更好地保护投资者合法权益,让投资者能基于自身对市场融资主体的真实判断,使投资者的资金能有效投放到那些确实急需资金的实体企业里,而不至于成为证券公司及其从业人员牟利的不当方式,进而塑造虚拟经济的繁荣景象。

(三)有限发展法学理论致力于对内幕交易的限制

内幕交易现象在证券业产生之初便出现,随着证券业在国家经济发展中的地位越来越重要,各国从过去的证券市场自律规制逐渐演变为通过创设法律制度予以规范。[1] 内幕信息其实质是一种财产权,对于证券交易具有重大的价格影响,一般直接关乎公司的经营业务、内部决策和财务报表,会对公司的经营决策产生重大影响,对投资者的投资判断起到重要的参考作用。[2] 内幕信息能够对经营行为施加重大影响,一旦这些信息被泄露,便很可能对公司证券的市场价格产生影响;部分人因此获取信息收益,部分人利益不能得以增进甚至遭受损失,出现利益失衡的状况,证券市场交易秩序遭到破坏,证券信用制度随之受到动摇。内部交易的产生源于内幕信息的潜在价值和利益隐含性,内幕交易不仅侵犯了投资者的知情权,损害投资者利益,还扰乱证券市场秩序。

如果内幕信息放任流入证券市场,投资者将基于"成本-收益"的逐利心态肆意寻找信息,而非理性地对发行企业进行专业分析和研判,导致投资者

---

[1] 翟如意:《内幕交易及其法律管制》,《鄂州大学学报》2013年第4期,第14-16页。

[2] Bainbridge S M. Regulating insider trading in the post-fiduciary duty era: equal access or property rights? Edward Elgar Publishing, 2013: 80-98.

判断失真,破坏证券市场秩序。也会使投资者对证券市场的投资热情锐减,投资信心丧失,甚至将投资撤出证券市场,使证券市场的流动性投资减少,证券市场筹措资金、助力实体经济发展的功能丧失。此外,内幕交易会加剧信息的不对称,危害证券市场中的投资者利益分配格局,导致市场利益失衡,利益分配不公。[1] 在公众投资者处于信息劣势的情况下,地位的不平等进一步加剧交易的不公平,这种情况甚至会导致相关投资者对证券市场失去信任感,间接引致证券市场资金流入量的减少,最终可能会使证券市场的发展出现停滞,甚至倒退。事实上,对内幕交易的规制往往是证券法律制度及监管制度的重点内容,而虚拟经济有限发展法学理论的实践要义,便在于指导法律制度的变革与监管的变革,从而使得其有助于实现证券业的安全、高效发展,有助于实现证券发行和交易活动中公平、公开、公正的"三公"原则。[2]

(四)有限发展法学理论致力于对操纵市场扰乱秩序的限制

操纵市场行为是严重扭曲证券市场价格、扰乱市场秩序的违法行为。一般而言,操纵市场行为主要有连续交易、洗售交易和不法炒作三类。违反证券市场正常交易的操纵行为多是由证券交易市场主体做出,如单独或合谋使用不正当手段,严重扭曲证券市场价格,扰乱市场秩序。实践中,操纵市场行为涉及不同的法律法规,加之证券市场相关法律法规还不完善,缺乏统一的法律规制,操纵行为表现较为复杂,许多证券市场参与者趁机牟取非法利益,处理起来较为烦琐。操纵市场行为还常常伴随着利用信息优势虚假记载、误导性陈述或重大遗漏等,行为人借此不正当地控制价格,从证券交易中牟利。[3] 而问题是,信息优势很难界定,尤其是市场参与者一旦做出

---

[1] Scott K E. Insider trading: rule 10b-5, disclosure and corporate privacy. The Journal of Legal Studies, 1980, 9(4): 801-818.

[2] 《中华人民共和国证券法》第三条。

[3] 龚保华:《浅析证券欺诈行为的民事责任》,《湖南科技学院学报》2006年第7期,第143-147页。

虚假记载后,并不需要通过单独或者合谋即可进行连续买卖,从而完全可以对证券价格进行控制和操纵。①

总的来看,操纵市场者主要是利用其在资金、信息等方面的优势,违规操作,制造市场交易假象,影响证券市场价格,从而操纵市场交易,从中牟取暴利。② 在证券市场中,一旦出现市场操作行为,就可能会产生剧烈的证券价格波动,导致广大的中小投资者遭受损失。操纵市场行为严重扭曲了证券市场价格,破坏了证券市场的价格机制,具有极大的危害性,各国政府都会对此采取严厉的监管措施,防范和打击操纵市场行为。③ 虚拟经济有限发展法学理论因为其较强的现实温度与长远预期,决定了其通过对证券业操纵市场行为的立法规制提供法治思想和立法原则,为政府监管提供指导。

（五）有限发展法学理论致力于对短线交易破坏市场的规制

证券业作为虚拟经济的典型代表,发展较为迅速,对我国实体经济发展做出了较大贡献,但包括个别"董监高"在内的投机者们也会实施短线交易,极大地损害证券市场参与主体的利益。这就需要严格的制度限制此类不法交易,规制短线交易的目的,就是为了防止公司内部人员利用掌握的内幕信息进行相关交易,影响证券的价格,扰乱证券市场。一般情况下,公司内部管理层人员相较于普通投资者更容易获取内幕信息,但是这种身份优势在六个月后便不再明显,一些对交易具有重要影响的信息在经过一定时间之后都已经公开,便不再具有隐秘性,对证券价格的影响也相对降低。因此,证券业的交易不是纯粹自由、自愿的买卖,而是要以维护证券市场的公正秩序作为出发点和落脚点,毕竟虚拟经济的"商品"被频繁交易不是在于其本

---

① 金泽刚:《操纵证券交易价格行为及法律责任》,《中南财经政法大学学报》2002 第 4 期,第 89-93 页、第 143-144 页。

② 戴蓬:《期货市场违规行为及防治对策》,《投资研究》2007 年第 10 期,第 30-33 页。

③ McNally W J, Smith B F, Barnes T. The price impacts of open market repurchase trades. Journal of Business Finance & Accounting, 2006, 33(5-6): 735-752.

身的价值,而在于更多投资者、投机者是以此交易牟取不法利益。虚拟经济有限发展法学理论主张让交易回归其正常秩序,通过事前申报,将证券交易透明化,提高效率性与透明性,主张对于破坏市场的行为进行合理的规制,以维护市场稳定和保护投资者权益。[①]

第三节　证券业践行有限发展法学理论的必然性

证券业之所以要以有限发展法学理论为指导,除了其与有限发展法学理论具有高度契合性之外,证券业过度发展产生的危害,证券市场本身存在的虚假记载、内幕交易、操纵市场等客观问题,以及其背后的经济学和法学理论依据等,共同奠定了证券业有限发展的基础。

一、现实必然性: 虚拟经济过度发展产生的危害

从现实层面看,虚拟经济之所以需要有限发展,是因为一旦放任虚拟经济过度发展,就会出现减少实体经济的资本供给、影响实体经济的运行秩序、加剧金融的脆弱性和不稳定性、诱发市场失灵等诸多危害。证券业作为虚拟经济的典型代表,概莫能外。因此,通过对虚拟经济过度发展产生危害的揭示,能够从实践上说明证券业为何需要有限发展。

(一)虚拟经济过度发展将减少实体经济的资本供给

实证与研究表明,当大量的资金迅速流入虚拟经济领域时,实体经济部门的沉淀资金就会缺乏,进而延缓实体经济发展,导致实体投资被排挤。[②]而当实体经济具有增长潜力,以高利率作为回报需要虚拟经济提供支持时,

---

① Fried J M. Reducing the profitability of corporate insider trading through pretrading disclosure. S. Cal. L. Rev., 1997, 71: 303.

② 翟晓英:《虚拟经济和实体经济的关系探讨》,《中国市场》2011 年第 23 期,第 114-116 页。

资本会逐渐从实体经济领域转移到虚拟经济领域,显然也不利于生产性投资的加大,极易造成实体经济的萎缩。[①]

　　一方面,虚拟经济培养了投资者的投资偏好。虚拟经济交易成本较之于实体经济交易成本要低得多,收益效率较实体经济要高,基于趋利性的"经济人"特性,投资者自然而然会对虚拟资本投资产生偏好。对于虚拟经济来说,只需要选择正确的投资对象投入资本,之后无需投入任何劳动即可获得高额报酬,股票投资者只需要开立账户,寻找利好空间较大的股票后投入资金,之后便可以收取股利。当然,虚拟经济在高收入、低成本且几乎无劳动投入的同时也伴随着高风险,但这种风险仍阻挡不了投资者对潜在高收益的关注,对虚拟经济产生更多投资偏好。当过多的市场主体偏向于虚拟经济后,实体经济在经济整体中的比例会逐渐下降,甚至实体企业会向虚拟经济业务方向靠拢,实体经济的运营动力、创新动力、竞争动力都会逐渐减弱。

　　另一方面,虚拟经济导致对中小企业的融资歧视。鉴于资本的趋利性,资本配置偏好趋向于拥有更雄厚资本实力的企业,致使大企业挤占中小企业的融资空间,形成融资歧视,上市公司挤占非上市公司的融资空间。在资本配置方面,投资者选择融资者的主要标准偏向于资金的偿还能力,作为股权投资者也偏向于选择上市公司作为投资对象,且选择那些资产量更大、资产能力更优秀的企业。也就是说,上市公司的融资空间和融资机遇较之于非上市公司更大,绩优且资产量高的企业融资空间和融资机遇较之于中小企业更大。于是,中小企业的生存空间受到挤压,致使非上市公司为了获得融资机遇而想方设法改制为上市公司,驱使实体经济金融化、虚拟化,而未

[①]　赖文燕:《虚拟经济与实体经济发展中存在的问题及对策》,《金融与经济》2009 年第 2 期,第 39-42 页。

能改制为上市公司的企业,或大量的中小微企业的生存空间被上市公司挤压。① 最终的结果是,实体经济要么转化为虚拟经济,要么失去生存空间,随时有被市场淘汰的危险。

然而,虚拟经济的过度发展会导致资本"脱实向虚",挤压实体经济的发展空间,使本应通过虚拟经济获得的融资最终反而未能有效进入实体经济,相反被重复投入到虚拟经济以获取投资收益,资本在虚拟经济内部体系反复轮转。尽管表面上投资者可能获得货币在数字上的"收益",而该"收益"只是货币数值的变化,本身并不产生任何实质价值,最终导致资本被运行成本逐渐消耗。而且,由于虚拟经济产生的初衷是为实体经济融资需求服务,其资本价值的基础在于实体经济的内在价值和预期价值,一旦实体经济发展受限,虚拟经济所对应的实际资产价值基础就不复存在,虚拟经济载体则变成无内在价值的纸质凭据或电子数据,严重者将导致经济崩溃。

(二)虚拟经济过度发展将影响实体经济的运行秩序

当虚拟经济所积聚的资本流向生产或经营活动中时,实体经济的正常运行秩序就受到动摇,实体经济平稳的经济基础遭受资金冲击。突出的表现是金融衍生工具的杠杆效应,其与实体经济没有直接关系,却使虚拟资本交易的利润和风险成倍增长,在证券市场中,股票的过度投机将导致股票的实际价值与票面价值相分离,导致股市动荡。② 此外,货币资金虽是维持实体经济稳定发展的纽带,但也是虚拟经济的重要组成部分,当货币资金的购买力脱离实体经济反应的劳动价值时,大量的货币资金所转化的证券凭证,就与货币本身所体现的价值出现差异,扭曲了正常的经济规律,金融资产因实际价值低于货币价值而产生金融泡沫,而且会扭曲正常的国家货币信用

① Brandt L, Li H B. Bank discrimination in transition economies: ideology, information, or incentives? Journal of Comparative Economics, 2003, 31(3): 387-413.
② 潘登:《小议虚拟经济对实体经济的反作用》,《人民论坛》2011年第5期,第120-121页。

关系,动摇实体经济稳定运行赖以依存的信用基础。① 因此,一旦出现虚假繁荣误导实体企业进行生产、投资和交换时,广大投资者也将由于信息不对称疯狂追逐高收益,谋取巨额利润,从而引发过度投机行为,则必然会导致实体经济运行无序运转,使实体经济陷入困境甚至可能酿成经济危机。而实体经济则是一国经济发展和运行安全的根基,是高水平对外开放的基础性保障,开放条件下,一旦实体经济运行秩序受到较大的影响,将会产生无法估量的严重后果。

（三）虚拟经济过度发展容易引发经济危机

各国经济实践的历史经验表明,实体经济是大国崛起之本,虚拟经济本身是向"实"而生的,而自由放任的虚拟经济则是系统性金融风险之源。虚拟经济的发展,是以实体经济的发展需求为其发展限度。但如果虚拟经济发展超过了实体经济发展需求这一必要限度,就会出现所谓的泡沫问题,反而会制约实体经济的发展。无数事例昭示,如果放任虚拟经济中系统性风险的星星之火,其成燎原之势的金融危机、经济危机势在必然。历史上危机的发生,很大程度上是虚拟经济过度发展所致。虚拟经济是一种高风险的经济,尤其是从根源上可能引致经济泡沫和泡沫经济,近代以来世界各地的经济危机便是活生生的例证。纵观海外股市发展历史,在股市早期,大起大落难以避免,且多数以股灾形式表现出来,如 17 世纪荷兰郁金香事件,18 世纪法国密西西比泡沫、英国南海泡沫,1929 年大股灾等。在经历了 1929 年的"黑色星期四"之后,美国股市狂泻如脱缰的野马,道琼斯指数跌到 200 点的最低位置,从此整个美国经济进入历史上所称的"经济大萧条时期"。股灾的发生都与政府管制不足有关,所以股灾后,各国都无一例外地加大了对股市的干预,即使是市场制度较为成熟的美国,也有严格的管制。在开放经

---

① 赖文燕:《虚拟经济与实体经济发展中存在的问题及对策》,《金融与经济》2009 年第 2 期,第 39-42 页。

济条件下,虚拟经济风险往往是无国界的,具有超乎我们想象的传导性。例如,2008年的次贷危机是在经济及金融全球化背景下的世界性金融危机,在不同程度上重创了欧美发达国家以及新兴经济体的金融业。美国金融危机调查委员会在总结发生次贷危机原因时认为:过于宽松的监管环境,片面强调市场自我调节力量是形成此次危机的重要原因之一。

(四)虚拟经济过度发展容易诱发市场失灵

与计划经济体制相比较而言,市场经济体制在资源的优化配置上效率凸显,具有很强的优越性,但实践表明仍有其固有的盲目性、自发性和滞后性等缺陷。当一个完全竞争的市场机制被打破时,市场失灵现象就随之出现。证券市场是众多经济市场的典型代表,其失灵也在所难免,归结起来,失灵的原因主要体现为证券市场的垄断性、外部性、公共产品效应以及信息不对称等。

首先,虚拟经济过度发展会加速证券市场的垄断性。在证券市场中,投资者、证券经营机构或者证券交易所都可能是垄断主体,他们可能凭借某种优势给其他证券参与者造成进入壁垒,以妨碍自由竞争。比如,拥有巨额资金的投机者,可凭借内幕信息进行违法交易,这不仅会扭曲证券市场的价格信号作用,阻碍生产要素的自由流动,桎梏证券市场优化资源配置的功能,从而直接损害其他中小投资者的切身利益。再如,证券经营机构的过度竞争或垄断行为同样会降低证券市场资源配置的效率。证券交易所也很可能利用其自身垄断地位,从事不利于市场效率和公平的非法活动。上述情况如果仅依赖证券业的自发调节或自律监管很难做到"自我治疗",监管机构及时干预和维持市场的正常秩序、打击交易中的非法活动就显得尤为重要。

其次,虚拟经济过度发展会扩大证券市场的外部性。市场经济中的企业往往忽略外部性问题,在资源配置过程中,如果边际社会收益与边际私人收益之间、边际社会成本与边际私人成本之间发生矛盾,外部性的存在会导致上述种种矛盾,使市场自身无法调节和克服。① 毕竟生产者或消费者在决策时只考虑对自身利益有直接影响的成本和收益,如果影响不到成本和收益,通常会被视而不见。② 实证研究表明,证券市场的外部性主要来源于证券交易的价格信息、证券市场的经营信息、证券交易的不当行为等,证券市场价格的变化会直接影响实体经济的决策行为和投资者的投资行为,是一个国家乃至全球经济发展的晴雨表,它可十分灵敏地透视出国家宏观经济政策、产业结构调整、企业生产经营状况甚至政局变动等微观和宏观经济变化的能力。实践中,证券价格都会受上述因素的影响,一旦以上所有因素或其中的个别因素发生变动,证券价格则随之发生变化,而整个经济系统也会随之改变。在此情况下,就很有必要限制证券市场的自由发展,特别是通过证券监管来克服外部性影响,以防止证券市场的动荡。

再次,虚拟经济过度发展容易加速证券市场的公共产品效应。公共产品也被称为公共物品,是消费者无须付费的产品和服务,一旦被提供就会让一切市场主体受益,没有人能够独自享受而排除他人受益。③ 市场经济中趋利的各类主体毫无疑问不会主动提供公共产品,因为公共产品需要耗费巨大的投资,而低廉的回报价格往往使提供者无利可图。哪怕如此,也没有理由责难作为经济利益追逐者的市场主体不去生产社会所需的公共物品,毕竟市场主体的存在主要是以经济效益的最大化为目标,而非公益。④ 同理,证券市场上也存在诸多公共产品属性的内容,诸如证券交易的硬件设备、高素质的从业人员、证券的交易信息以及电子技术交易系统等都属于此范畴。使得人们在证券发行和交易中具有"搭便车"的心态,都想尽可能成本支出少而便利享受多,这将不可避免地破坏证券市场和相关金融部门的正常经

① 罗伯特·考特、托马斯·尤伦:《法和经济学》(第六版),史晋川、董雪兵等译,格致出版社、上海三联书店、上海人民出版社,2012,第58页。
② 王清宪:《政府主导的中国经济市场化进程分析》,《中国国情国力》2003年第5期,第10-13页。
③ 袁维海:《市场经济的缺陷和政府的干预》,《华东经济管理》1994年第6期,第15-17页。
④ 唐昌黎:《论市场经济的弊端及克服的途径》,《社会科学辑刊》1993年第5期,第62-65页。

济秩序。此种情况下,证券业任由其自由发展,许多公共产品无人提供,证券交易秩序无法保障,须政府有效介入公共物品的生产领域。

最后,虚拟经济过度发展容易加剧证券市场的信息不对称。证券市场信息不对称和信息分布不均普遍存在,如内幕交易和"老鼠仓"等现象均是信息不对称的产物。① 在证券发行市场上,由于信息分布不均匀、信息传播滞后以及信息不对称等原因,对整个证券市场来说,信息资源优势方可能出现逆向选择的情形。② 如上市公司为筹集资金将隐瞒对自身不利的信息,而作为承销商也很可能为了自身利益,选择性地向投资者公开上市公司的经营状况等相关信息。③ 这种信息不对称局面必然会导致资本市场资本资源的逆向选择,导致其他资源也遵循逆向选择规律。再有,证券市场上中小投资者并不具备信息优势,往往会选择"盲从"的方式进行股票交易,其由于信息的不准确、不及时、不充分等因素,致使投资失败的可能性增大。④ 为此,证券业的运行应当受到包括政府规制在内的约束和限制,证券业并不是一个可以自由放任发展的领域,需有限发展,毕竟市场自发的调节和控制很难实现资源的有效配置。当然,也不能是完全的计划市场或政府主导市场,而应是自律约束和适度监管下的证券市场,也即充分发挥证券市场自主调节机制的决定作用的同时,以政府的适度约束作为辅助调整手段,充分处理好市场机制、自律约束与政府监管之间的关系。

---

① "老鼠仓"不是法律术语,而是证券市场上约定俗成的一种说法,特指金融机构从业人员利用其职务便利获取的内幕信息以外的其他未公开信息,向他人披露,明示或暗示他人违法从事相关证券交易行为。彭冰:《重新定性"老鼠仓"——运动式证券监管反思》,《清华法学》2018 年第 6 期,第 24-42 页。

② Bailey W, Li H T, Mao C X, et al. Regulation fair disclosure and earnings information: Market, analyst, and corporate responses. The Journal of Finance, 2003, 58(6): 2487-2514.

③ 林联娣:《多元 VaR-均值投资组合优化问题的理论与实证研究》,《时代金融》2017 年第 8 期,第 25-26 页。

④ 张慧莲:《机构投资者与资本市场波动》,《上海金融》2008 年第 11 期,第 66-69 页。

二、理论必然性：源自经济学和法学理论的支撑

证券业之所以要以虚拟经济有限发展法学理论为指导,除了证券业过度发展带来的危害,证券市场本身存在的虚假记载、内幕交易、操纵市场等客观问题外,也有着深厚的经济学理论和法学理论的基础。证券业作为虚拟经济的典型代表,市场经济存在的缺陷在证券市场会体现得更为突出。为此,研究市场经济条件下现成的经济学和法学理论可以进一步证成证券业有限发展的缘由。

（一）证券业有限发展的经济学基础

1.市场失灵与国家干预

市场失灵理论认为完全竞争的市场结构是资源配置的最佳方式。但在现实经济中,由于外部性、信息不完全、垄断和公共产品的缺失,完全竞争市场结构只是一种理论上的假设,现实中根本不可能达到,仅仅依靠价格机制来实现最优配置资源绝不可能,此时市场失灵便会出现。市场失灵产生的原因,大致可以归结为三点：首先,市场机制缺乏效率。由于市场机制的逐利性,常常会出现不完全竞争行为、垄断性行为以及公共产品供给不足等现象。其次,资源配置不合理。市场机制自身的缺陷会导致资源配置上的差异,资源配置的不合理是市场机制固有的缺陷所致,人们日常工作生活中的公平观念受到冲击。这就需要政府加以干预,加强对垄断行业和信息不透明行业的监管,通过税收、金融等制度建构调整利益分配,减少事实上的分配不公,维护好公平的市场资源分配。最后,资源配置浪费。市场发展本身不可能完善,这就会导致市场配置资源的浪费,尤其是在发展中国家,生产力和经济发展水平较低,市场经济发展起步晚,市场发育不完善,区域性和

行业性发展差异较大,虚拟经济发展相应地就比较晚。[1]

鉴于以上市场失灵的现状,须由政府对市场进行必要的限制,以弥补市场机制配置过程中产生的低效率问题。市场竞争机制可以通过兼并重组等方式淘汰低效率、低质量的市场主体,留下质优的市场主体,实现产业结构的调整,以此实现社会经济发展的实质需求。[2] 具体来说,市场失灵导致在分配市场资源时缺乏有效性,市场配置资源由于市场的趋利性,导致资源过度集中化而无法得到充分利用,进而产生巨大的资源浪费,或者一些非市场机构相较于私人选择具有更大的优势。此外,市场还具有唯利性、盲目性和滞后性特征,公共利益通过市场调节也无法得到满足。有些经济领域虽然重要,但投资周期长、盈利率低或眼前不能盈利,民间投资不愿进入,靠市场机制无法解决,作为经济人主体的投资机构多会选择投资周期快、利润高的区域,证券业同样如此。

由于市场调节的盲目性和滞后性,仅靠它的调节会给经济和社会造成巨大损害,尤其是随着市场经济的迅速发展,市场调节的缺陷渐趋严重,引发经济危机,导致一系列社会矛盾,加剧社会动荡。这就需要有新的经济调节机制出现来配合市场机制,对社会经济进行共同调节,于是,政府干预市场应运而生。[3] 在国家宏观调控层面上,宏观调控的目标不仅是市场,更要着眼于经济总供需之间的平衡。[4] 尤其是币值稳定、经济增长、国际收支平衡、就业水平等,只有当以上的某些方面出现异常时,政府才会依照法律法规的授权定做出调节。[5] 随着政府干预的出现,采用反垄断、反不正当竞争等规制市场竞争的手段,以扫清市场障碍,以此应对市场缺陷。国家也在某

① 鲍金红、胡璇:《我国现阶段的市场失灵及其与政府干预的关系研究》,《学术界》2013 年第 7 期,第 182-191 页、第 311 页。

② 伍开群:《产业竞争悖论:市场失灵与政府干预》,《经济问题探索》2018 年第 7 期,第 138-144 页。

③ 漆多俊:《法学的困惑与创新》,《安徽大学法律评论》2005 年第 2 期,第 1-10 页。

④ 蓝寿荣:《论金融法的市场适应性》,《政法论丛》2017 年第 5 期,第 13-21 页。

⑤ 徐澜波:《规范意义的"宏观调控"概念与内涵辨析》,《政治与法律》2014 年第 2 期,第 84-95 页。

些领域尤其是关系到国计民生的领域直接成为市场主体,或运用国家统筹、金融、财政、税收等各项经济政策,对社会经济进行引导和调控。[1]

然而,政府干预也要有一定的边界。在某些地区和领域,政府对经济的干预可能严重影响市场的自由度,如政府利用行政手段强制发展本地企业和产品、强制土地种植统一的农作物,该类行为容易引发产业结构失衡和资源浪费。对此,市场失灵的地方才是需要政府适当干预的地方,法律法规在引导和矫正市场失灵行为的同时,也要注意规制政府的不当行为。政府对市场的干预要充分尊重市场化才更具理性,政府需要在进行宏观调控的同时保持市场的自由度,不能过度干预、阻碍市场的发展。秉持市场在资源配置中起决定性作用的理念,并非是放任市场的自由不加约束的发展,而是要防止产生市场失灵问题,通过政府的适度限制,以矫正市场失灵。[2] 在证券业市场,政府干预的目的就是为了证券市场能够更有效地自由高效发展,而不是对证券市场发展形成新的阻碍。[3] 作为一个法治国家,政府干预证券市场的行为需要通过法律手段来完成,证券市场自由发展必然有一定的限度,这个限度就是政府干预的边界,这就要在相关法律的制定和完善过程中,充分考虑立法的目的,尊重市场最基本的运行规律。

2.交易成本理论

交易成本理论认为,任何制度的安排最根本的目的就是节约交易费用,这是一切制度的经济根源。就证券业而言,在整个证券交易过程中无疑也一样会产生各种各样的成本。从整体上看,流动性、有效性、波动性和透明性等都会对经济运行绩效产生影响,交易成本的高低直接反映了证券市场

---

[1] 漆多俊:《中国经济法理论创新及其同实践的反差》,《江汉论坛》2015 年第 7 期,第 131-136 页。

[2] 席涛:《市场失灵与〈行政许可法〉——〈行政许可法〉的法律经济学分析》,《比较法研究》2014 年第 3 期,第 50-67 页。

[3] 张辉:《中国证监会职能的定位:监管与发展》,《郑州航空工业管理学院学报》2008 年第 1 期,第 96-100 页。

功能的发挥程度,在这一层面上,交易成本的高低也凸显了一个国家证券市场的核心竞争力状况。①

在制度经济学家看来,制度可为市场交易提供一个给定的游戏规则,通过法律制度和约束机制惩戒那些打破规则的人。根据诺斯的制度分类,制度由正式制度和非正式制度组成,正式制度包括法律制度、经济制度等;非正式制度就是那些对社会可能产生约束的系统机制,如社会价值体系、行为准则、文化意识形态等。制度经济学家认为,制度变革一定会影响交易成本,制度与交易成本具有相关性,不同的制度约束对应不同的成本,良好的制度结构产生节约性的交易成本,低效的制度对交易成本产生负向影响。一个社会中制度能够提高或降低实现合作的交易成本。通常而言,降低交易成本主要通过法律制度的建立与实施,在事前就给定行为人尤其是机会主义者行为的预期,约束或限制其机会倾向,通过建立监督机制和惩戒机制约束事后不法行为。证券市场上的交易成本客观存在,机会主义行为随时发生,通过制度规范限制证券市场参与者的过当行为,便成为减少证券市场交易成本的一个重要手段,政府也利用制度规范证券市场,给证券市场划定相应的边界,可以减少市场无序发展所产生的成本。

3.信息不完全理论

信息不完全是指在市场中人们不可能掌握有关经济运行的所有信息,也无法准确预知未来信息。因此,在信息不完全的市场中,未知的风险必然存在,这是市场机制与生俱来的内在缺陷。尤其在虚拟经济发展过程中,证券交易迅速发展,加之互联网技术的不断升级,证券市场也逐渐形成了以互联网技术为底层支持的资本交易市场,这在提高证券市场效率的同时也增加了很多监管难题。② 在现代科技被广泛应用的背景下,证券市场信息不对

---

① 李艳虹、王聪:《证券市场隐性交易成本研究评述》,《经济学动态》2008 年第 12 期,第 118-121 页。
② 侯东德、苏成慧:《互联网证券监管问题研究—以网络安全风险防控为视角》,《法学论坛》2019 年第 2 期,第 110-119 页。

称的现象更加突出,这也是为什么证券业须践行有限发展的重要依据之一。基于市场经济的复杂性与多样性,导致信息不完全的原因也千差万别,主要包含:第一,信息搜集需要成本;第二,认识信息的有限性;第三,信息的价值性和排他性;第四,信息的公共产品属性;第五,信息的专业化。

证券市场本质上就是信息市场,信息不完全导致证券市场发展不平衡,对金融秩序会造成巨大损害,对实体经济产生诸多不利影响。[①] 在证券业发展中,信息不完全会产生如下不利后果:

一是增加证券市场交易的成本。在市场交易中,信息不完全一方需要采取措施搜寻信息保障交易的安全可靠性,这需要增加信息弱势方的成本支出,基于市场中交易者理性分析,信息优势方势必会秉持利益最大化的理念,最大程度地利用自己所掌握的信息,而信息弱势方想要获取信息,则必然要付出极大的代价。在证券市场里,证券投资者很难了解清楚证券发行者、证券转让者的真实融资意图,投资者由于掌握的有效信息较少,也很难向证券发行者、转让者议价,因此只能通过各种信息综合判断做出交易决策,但问题是,信息的不充分不可能给投资者提供理性决策的参考,致使投资者交易成本剧增。为此,需要在有限发展法学理论指导下,变革信息披露制度,保证所披露信息的及时与真实性。

二是降低证券市场效率。信息不完全会导致道德风险的发生,比如代理人利用优势信息做出对被代理人不利的行为,引发诸多侵权损害的问题。在证券市场中,证券公司、中介机构或证券发行者的高管等,因其掌握的信息较为丰富和广泛,而与投资者相较,其所掌握的信息肯定处于优势地位,从而做出一些不利于投资者的行为。由于大量的道德风险行为的发生,会严重损害证券市场的效率,致使效率低下,因此,要以严格制度来约束信息

---

① 冯涛、耿志民:《机构投资者噪声交易行为的理论分析》,《上海金融》2012 年第 6 期,第 25-30 页、第 116 页。

优势者的不当风险行为,有限度地规范证券市场的经营秩序,保障交易效率的高效有序。

三是诱发证券市场内幕交易。由于证券投资者掌握的有效信息较少,为了规避交易风险、降低交易成本和保障交易安全,证券持有者往往会倾向于寻找对自己有利的信息进行交易决策。在证券市场中,那些有利的信息往往都是公司的高层或者与公司经营管理相关的主体利用工作的关系获取或者窃取,为他人或自己做出证券交易决策提供内幕信息。为了防止内幕信息的不当利用,就需要对内幕信息本身加以制度管控,更重要的是,要对掌握内幕信息的相关主体进行行为约束,才能促进证券业的井然有序发展。①

四是导致证券市场机制紊乱。有效的市场机制是交易双方能获得双赢,证券的价格与其实际价值相对应,投资者能够凭借一定的信息来判断证券的实际价值,并且以基本对应的价格与发行者或证券转让者达成交易。在实际的证券市场中,投资者用掌握的信息预判证券应值得的价格。但由于信息的有限性和流动性,投资者的判断标准往往都会发生变化,证券的价格由于各种信息因素的影响随时发生改变,而且一些不相关信息也会对投资者的判断造成干扰。② 由此可见,证券市场信息不完全,投资者很难准确进行预知和判断,其预估的证券价格与其实际价值便会出现偏差,最终导致证券市场失灵。所以,证券业必须以有限发展法学理论作指导,通过一系列的制度构建促进证券市场信息的尽量充分,而不能仍由证券市场自身调节和克服。

（二）证券业有限发展的法理依托

在虚拟经济时代,证券市场的运行不纯粹是一种经济现象,同时也是一

---

① 张桦:《证券市场内幕交易监管的法经济学分析》,《上海政法学院学报》(法治论丛)2016 年第 1 期,第 11-15 页。
② 陈甦、陈洁:《证券市场诚信机制的运行逻辑与制度建构》,《证券法苑》2012 年第 2 期,第 1-19 页。

种伴随着社会、法律、文化等交互作用的社会运动。事实证明,证券业的安全运行离不开法制的规范、保障和促进作用。事实上,虚拟经济有限发展法学理论正是从法律自身的宗旨和价值出发,主张法律在保障虚拟经济发展的同时,也应预防与克服其负面效应。进一步,该理论旨在借助自由、正义、安全、秩序等法律规范之价值意涵,来对虚拟经济安全运行过程产生正向影响,从而为虚拟经济市场安全运行构筑良好的法律环境。比如,法律对自由价值的追求,要求完善虚拟证券市场运行机制,全面开放市场;法律对正义价值的追求,要求重视证券市场中小投资者权益之保护;法律对安全价值的追求,要求建立证券业风险预警与控制机制;法律对秩序价值的追求,要求对证券市场风险进行协同治理等。

首先,基于法律的秩序价值,完善证券市场监管机制。秩序意味着在自然进程和社会进程中均存在着某种程序上的一致性、连续性和确定性。① 秩序作为法的基本价值与法是永相伴随,法产生于人类社会秩序的失调,其作用于人类的基本目的也在于保持社会生活的有序与和谐。同时,法的发展顺应着人类的秩序需求,其发展与完善也使人类的秩序需求有了最终的保障。② 证券市场的有序发展,既关系着证券业的安全,也关系着广大投资者切实利益的保障。证券业之所以践行有限发展,在法学理论层面和法律对秩序的追求密不可分。理论上,证券业的秩序集中体现在发行、交易、上市公司收购、信息披露、投资者保护、证券交易场所的监管、证券公司、证券登记结算结构以及服务机构等各个领域和环节。回归现实,对于秩序的追求,现行证券立法更是有着直接的表达,《中华人民共和国证券法》(以下简称《证券法》)第一条旗帜鲜明地规定"为维护社会经济秩序",换言之,维护证券市场秩序和社会经济秩序是证券业立法和日常监管所遵循的重要目标之

---

① 　E.博登海默:《法理学:法律哲学与法律方法》,邓正来译,中国政法大学出版社,2004,第227-228页。
② 　赵丽:《论法的秩序价值》,《安顺师范高等专科学校学报》(综合版)2004年第1期,第72-74页。

一。事实上,证券市场秩序的维护,离不开有效的市场监管。

其次,基于法律的正义价值,强化证券市场投资者的保护。在马克思看来,作为法的最高价值的正义,既是抽象的,也是具体的、历史的。法的正义价值是通过人们的法律实践来实现的,是法的价值主体作用于法的价值客体,从而使作为客体的法所具有的潜在的、内在的正义价值转化为现实的和外在的正义价值,对主体产生应有或期望意义的过程。① 证券市场,基于各主体之间信息不对称和地位悬殊的事实,强调对投资者的特殊保护,构成了现代证券法的中心问题和任务。一方面,投资者的盲目自信和投机,对信息的盲目追随或选择性删减,以及为利益心存侥幸,甚至铤而走险的行为方式,都构成了证券市场风险的主要来源;另一方面,基于信息的弱势地位等因素,投资者又是证券市场风险的直接受害者,当然其权益也更容易受到各种侵害,进而不利于实质正义的实现。法律是维护公平正义的不二法门,面对智能时代信息化进一步加剧投资者弱势地位的现实,证券法必然予以调整和监管,强化投资者权益保护,如《证券法》第一条便明确了立法目的"保护投资者的合法权益"。

再次,基于法律的安全价值,建立证券业危机预警和防治机制。法的安全价值是法的目的价值之一,是主观性与客观性、实然性与必然性的统一。法的安全价值的实现,有赖于以安全为核心的法治体系的构建,也有赖于在立法、行政、司法领域对具有安全价值的法的良好实施。② 证券业安全的实现,有效的监管自是无法缺席,其中危机预警和防治机制的建立尤为重要。"一个国家金融风险的防御能力,主要取决于是否具有一套正确反映金融体系健康与稳定的金融预警制度"③。在国家把主动防范化解金融风险作为核心经济工作的时代背景下,作为金融风险监管核心环节的金融风险预警理

---

① 刘祥林:《论法的正义价值及其实现路径》,《江海学刊》2012年第4期,第158-164页、第239页。
② 刘伟:《论法的安全价值》,《江苏第二师范学院学报》2017年第3期,第61-64页。
③ 董小君:《建立有效的金融风险预警机制》,《金融时报》2004年11月17日第3版。

应成为国家干预金融法律制度的重要内容。① 事实上,随着虚拟经济在经济领域中位置的凸显,以及政府在各类风险防治中的角色定位,使得政府对虚拟经济风险的规制构成了现代政府的重要职能之一。而证券业作为虚拟经济的典型代表,其危机预警和防治机制的有效构建是证券法律安全价值的"试金石"。

最后,基于法律的社会功能,进行证券业风险的协同治理。我们知道,证券业风险大多是该领域市场失灵和政府失灵共同作用的结果,因此,通过政府的"有形之手"强化证券市场监管以克服市场失灵,同时规范政府的监管行为以解决政府失灵问题,是法学视角下预防和克服证券业风险的基本路径。但事实上如今我们已然处于一个多元"共建共治共享"的时代,而证券市场风险作为现代公共事务治理的重要构成,在开放经济条件下常常表现为多层次、多主体和多环节的资本叠加、行为叠加和技术叠加,各种诉求、规则和价值之间的对抗、冲突和互相嵌入普遍存在,因而所蕴含的风险自然也需要一套多元主体参与和协同互动的治理策略。

第四节　有限发展法学理论对证券立法的导向性

制度对虚拟经济的发展必须有一定的限制,也就是让虚拟经济在制度的框架内"跳舞",无论怎么腾挪跌宕,都不能超出制度划定的边界。显然,制度在保护虚拟经济发展的同时,也从另一侧面划定了虚拟经济发展的限度,使虚拟经济不至于在利益大潮的冲击中迷失方向,偏离虚拟经济本身应服务于实体经济的合理定位。制度恰如虚拟经济在茫茫大海上的航标,指引其如期到达与实体经济相容相生的彼岸。制度的构建需要以思想为先导,事实上,虚拟经济有限发展法学理论作为一种法学理论和思想,本质上

---

① 靳文辉:《金融风险预警的法制逻辑》,《法学》2020 年第 11 期,第 51-66 页。

就是要通过指导虚拟经济法律制度及监管机制的变革,进而实现虚拟经济安全、可持续发展的目标。证券业作为虚拟经济的典型代表,虚拟有限发展法学理论对其立法的指导体现在诸多方面,如为证券业有限发展设定价值、划定合理限度与提供强制性制度约束等。

一、指导证券业有限发展立法价值的设定

证券业发展所追求的价值离不开法律所觅求的基本价值,即秩序、效益、公平、安全等。有限发展法学理论视角下,这些价值在证券业发展中有其具体的表现。其中,秩序价值主要在于以法律形式建立和维护证券发行和交易的有序性,体现为一种稳定的证券交易秩序。效益价值集中体现于证券业融资对实体经济发展的促进,能最大限度地满足多元主体的多重需求,有效保护投资者利益、社会公共利益和国家利益,立法的目的更在于保障证券市场的整体效益。公平价值需保障参与证券发行和交易活动的相关主体在法律地位上的平等性,在进入证券市场的机会平等性,以及从事证券业所追求结果的对称性,强调程序上的实质公平。安全价值主要体现在证券立法中通过强化监管、设定风险预警和防治制度等方式,对证券市场风险的治理。有限发展法学理论视角下,秩序价值是基础,有序的发行和交易是证券业得以发展的前提;效益价值是目标,是证券业发展的使命所在;公平价值是保障,是对各主体进入证券业的有效激励;安全价值是核心,证券市场的安全是所有价值得以实现的根本性条件。

（一）秩序稳定价值

秩序与混乱相对,无秩序则谈不上追求效益和公平。因此,秩序是自然界和人类社会存在和发展的前提条件,是人类一致追求的基础价值。就社会关系而言,人类主要通过建立各类社会规范来维持生产或生活秩序,而不同类型的社会规范在建立和维持社会秩序中的作用通常不一样。有限发展

法学理论指导下,证券业有限发展所追求的秩序价值,主要是通过法律手段维护证券发行秩序和证券交易秩序,从而确保证券市场的稳定运行。例如,证券监管部门根据法律法规或相关政策对证券的发行进行形式或实质的审查,监管部门要么对审核发行人的经营状况、财务情况和信用等状况进行形式或实质审查,对发行证券的用途、目的及风险性进行全面深入审查或符合形式要求的审查,最终目的在于保护投资者的合法利益;要么只审查证券发行人提交材料信息的真实性、全面性,把投资决策的事宜交给投资者自己处理,意图构建一个以市场自发调节的证券市场秩序,不需要监管部门"父爱式"的关心。再如,监管部门根据法律通过对券商、证券交易所的监督与管理,为投资者提供安全便捷的交易场所,同时,监管部门也通过交易所对上市公司进行管理与监督,进而维护投资者的正当合法利益。

（二）整体效益价值

法的效益价值以最大化的方式来支配和使用资源,所有的法律制度和法律活动都要以有效利用资源、最大限度地增进社会财富为目的。为此,在有限发展法学理论指导下,将效益价值作为证券业有限发展的重要立法价值,有其特殊的意义。证券业的出现是以促进企业能有效获得融资需求来发展企业,追求的是资本配置资源的功用,法律对证券市场的调整,目的就是要为市场参与者创造更多的财富,促进经济效益的最大化实现的同时保护投资者权益。当然,证券业有限发展所追求的效益价值要符合证券市场发展的内在规律,实现效益价值的基本依据在于使法律的目的与证券市场发展的要求保持一致,其中最为核心的宗旨和基本要求是提高金融资源优化配置的水平,使有限的资金尽可能产生最大的效益。① 而之所以通过立法来保护投资者利益,是因为投资者在证券市场上的重要性,其利益的实现关系着整体效益的实现;其利益是否得以切实保障,决定了证券市场能否持续

---

① 时显群:《现代市场经济与法律效益价值》,《学术交流》2001 年第 6 期,第 39-41 页。

稳定发展。

在现代金融科技社会背景下,金融资源的配置很大程度上依靠法律手段来实现,只有当法律充分体现效益价值时,证券市场的金融资源优化配置的要求才能得以实现。具体而言,证券业有限发展所追求的效益价值须在三方面得到回应:其一,为证券监管部门制定严密的监管体系,以制度的形式降低监管的成本;其二,鉴于证券市场经常发生欺诈、价格操纵和内幕交易等违法情形,应通过制定各种禁止性规范来禁止相关主体的违法、违规行为的出现,进而提高证券市场的运行效率;其三,在证券违法、违规行为发生后,可通过追责来救济或弥补违规违法行为所造成的危害,这种降低证券市场负效益的行为,实际上也使得证券市场整体效益提高。

(三)程序公平价值

公平是法律所追求的重要价值之一,放到证券市场活动中,就要体现证券发行人、中介机构、投资者等证券市场参与主体的平等性,要依照公平原则从事各项交易活动。有限发展法学视阈下,公平价值要求监管部门在相关主体符合法律规定的条件后,发行人有权及时申请发行自己的证券。换言之,监管部门应确保各相关主体进入发行条件的门槛要一致,保证投资者有平等的机会进入证券市场,并了解相同的证券信息,有平等的自由权利决定自己投资的领域和方向。证券业发展的公平价值有其特定内涵:一是公平的实现方式。证券的交易与实体商品不一样,要体现竞价的公平性。二是自由的限制性。通过对证券市场参与主体的自由给予必要的限制来实现公平,证券市场中的交易不是一种完全的自由状态,其自由是一种有限性的自由,须遵循良好的证券市场交易秩序。三是程序的公平。程序贯穿于证券交易的全过程,发行人在一级市场应受到上市制度的限制;交易者则在二级市场要受到一系列交易规则的限制。可以说,证券业追求的公平首先是程序公平。① 此外,证券市场的公平也体现在证券发行和交易环节上应平等地按照价格优先和时间优先的规则。再有,证券业有限发展的公平性还必须排除证券从业人员在证券市场上借助职务之便为自己牟取私利的违法、违规行为。

总的来看,证券市场稳定发展必须要通过立法来维持市场的公正和透明,通过立法设定相应的监管措施保证市场的公正,让证券监管机构在监管过程中保持公平、公正、中立地位,以保证证券市场的稳定运行,保护投资者的合法权益,维持证券市场的公正公平。另外,通过法律制度的设计提高证券市场的透明度,保证市场信息公开且透明,确保各个市场参与者能够充分了解各种交易信息,以便市场能够自主合理地配置资源,进而确保市场机制的有效性,最大化地利用、整合各种社会资本,积极建立和完善各类交易结构及交易系统。

（四）安全价值

法律层面,安全是通过法律制度所构建或追求的一种状态。安全之所以被重视,就在于其是人类的基本需要,是保障人类存在和发展的前提基础,也是推动社会不竭发展的动因。② 证券业安全是经济安全的重要组成部分。现代市场经济体系就是一个安全机制充分发挥作用的综合有机体,金融市场是经济安全特别被注重的领域。证券交易安全是一国金融安全、经济安全的重要内容,在现代金融社会,证券交易安全几乎是经济稳定的风向标。随着经济全球化发展和金融脆弱性的凸显,证券交易成为国家的经济安全核心。尤其是证券业的虚拟性和高风险性,加上金融在各个领域的渗透性,一旦交易过程中某一环节出现风险,就会传导到整个金融体系,国家

① 宋伟岩:《公平原则在证券法律关系中的有效适用》,《长春师范学院学报》2007 年第 7 期,第 25-28 页。
② 安东:《论法律的安全价值》,《法学评论》2012 年第 3 期,第 3-8 页。

经济发展受到波动甚至震荡,甚至出现金融危机或经济危机。20 世纪 30 年代的世界经济危机、1998 年因索罗斯基金引发的亚洲金融危机以及 2008 年美国次贷引发的金融危机都充分证实了维护证券交易安全的重要性。[1]

证券市场是市场经济和信用经济高度发展的产物,是现代金融背景下新型虚拟经济的典型代表,其最主要的特征是高风险和高收益并存,维持证券市场的安全与稳定是证券立法规范证券市场的主要目标。证券市场风险种类较多,有一部分风险是证券市场中所有市场主体需要共同面对的风险。证券立法主要包括对证券参与者的市场准入、证券发行、证券交易、从业人员的监管等具体法律制度,保障进入、运行、退出的全过程规制,促进证券市场的交易安全。

二、指导立法对证券业有限发展设定合理限度

虚拟经济有限发展不是盲目发展,不是毫无节制和底线的发展,而是应当以服务实体经济发展为基本底线,在规模上强调虚拟经济的发展与实体经济相匹配,在价值上强调虚拟经济发展的实质公平,在理念上强调虚拟经济发展的边界及法律底线。虚拟经济是否实现了有限发展,如果光从自身来看,尽管也可能抽象出一些指标或者标准,但是,这种内部的指标或者标准总是缺乏一个外在尺度的客观参照,事实上难以实现对虚拟经济是否有限发展的衡量。因此,虚拟经济的有限发展,就需要通过法律来为虚拟经济的发展设定一个相对的参照体系,构建一个相对明晰的制度框架。体现在证券市场,就是通过法律对国家干预证券市场限度的确认、建立有效的证券监管机制、设定保障证券交易安全和秩序的规则、建立风险预警和防治制度等,来确保证券业的有限发展,而不是人为地给证券业发展的规模划定要求。也就是说,法律的作用不是要禁止和完全限制,而是一种"红绿灯"效

---

[1] 张承惠:《规范金融市场秩序,切实维护经济安全》,《求是》2001 年第 10 期,第 33-35 页。

果,使其在基本的"交通规则"内有序、安全运行。

(一)确认国家干预证券市场的限度

证券干预是政府干预经济在金融领域的表现,是现代金融社会背景下国家干预经济的核心内容之一。金融市场需要政府干预并不表明否定市场机制的作用,政府干预主要从宏观方面进行经济发展规划,出台相应的措施,通过立法形式等,确保经济的协调发展与平稳运行。对于政府干预学界并没有统一的观点,基于凯恩斯主义相关的政府干预理念,政府干预经济主要是为了保持物价稳定、缓解就业压力、推动经济增长、保持国际收支平衡。政府干预经济有助于弥补市场调节之不足,促进社会秩序稳定、建立相应的措施和保护机制,加强对弱势群体的保护。① 按照新自由主义者的理论,政府应当在经济活动中努力扮演好监督者的角色,不能对市场进行过度干预,体现在证券业上,就是要致力于为证券市场的良好运行创造一个优越的制度环境,当然本书并非是要强调新自由主义观点,但对其中合理和科学的部分也需要吸收。证券干预主要是对金融的调节与控制,对证券市场无序可能性的矫正,进而维持虚拟经济市场稳定有序的发展,但是证券干预要有限度,要给证券市场自由发展一定的空间,对证券的适度干预旨在促进虚拟经济的有限发展;换言之,证券适度干预的范围也就是证券自由发展的必要限度。对证券干预的限度,主要从三个层面体现:

第一,干预主体的特定性。证券市场干预必须通过制订相应的规范措施来实现,并要求行使证券干预权的主体须特定化,而非任何机关都可以行使该权力。根据机关所处的层级差异,行使干预权的机关包括国家层级的机关和派驻地方的机关,前者主要从宏观层面行使证券干预权,目前的干预机关就是证监会;后者则在微观管理领域行使权力,主要是派驻地方的监管机构。第二,干预权及干预方式的法定性。证券干预权的法定主要对国家

① 彭刚、苗永旺:《2011:变革中的新国家干预主义》,《人民论坛》2012 年第 3 期,第 32-33 页。

权力对证券业的干预和控制通过法律施加一定的限制;政府干预证券市场运行的方式须设定在既定范围之内,一旦自由裁量的空间太大,就可能损害证券市场本身的活力,这就要通过立法制订一些详细的规则来约束干预主体的行为。第三,干预目的的公共性。政府对于证券业的干预目的具有一定的倾向性,主要是考虑证券市场涉及不特定多数人的利益,具有社会公共利益的属性。证券干预要体现市场自律调节所不具备的社会公共性特征,这也是对证券业进行必要限制的最根本原则。

(二)建立有效的证券监管机制体制

证券监管机制是一个国家或地区政府监管机关设置的由监管职责、监管程序、监管手段以及监管对象等组成的一套有机体系。根据对监管主体地位的认识不同,可大致分为自律型、政府主导型和中间型监管机制。自律型的监管机制以证券自律机构对证券市场的自我约束、自我管理为主导。[1] 政府主导型的监管机制是以政府对证券市场实施统一监督管理而居于主导地位。[2] 中间型的监管机制则同时兼顾自律监管和政府监管,注重自律与政府监管的协同,强调两者对证券市场的约束和管理。[3] 我国证券市场发展较晚、业务基础薄弱,从监管角度看,我国采用市场自我约束和政府行政监管共同发力的模式。

开放经济条件下,证券业事关整个国家的金融安全,自由放任的发展会带来不可预知的后果。政府的监管、证券业的自我约束都十分重要,单靠某一种单一模式都有其自身的缺陷,需要充分发挥两者的优势,建立起有效的监管机制,才能保障证券业的有序、安全发展。在虚拟经济有限发展法学理论视阈下,证券立法要适合证券市场的健康发展,通过立法赋予证券自律组

---

① 韩骏:《英美证券监管体制比较分析及启示》,《青海金融》2013 年第 1 期,第 13-16 页。

② 韩骏:《英美证券监管体制比较分析及启示》,《青海金融》2013 年第 1 期,第 13-16 页。

③ 姚吉祥:《中外证券监管机制的差异化特点研究》,《华东经济管理》2015 年第 6 期,第 105-108 页。

织在专业技术和知识方面的监管职责,实现自我纠偏和自我纠错;同时,证券立法在赋予政府监管权的同时,又要为其划定监管的界限;另外,立法要为证券自律组织以及政府在证券监管中构建执法的框架和遵循机制,如为自律组织发挥事前预防、自我监督创设法律规范,使各证券市场参与者违规行为的空间受到挤压。

（三）保障证券交易安全和秩序

从国家安全的角度看,金融安全异常重要,而证券市场的安全对整个金融安全有着全局性的影响。金融是一个极具脆弱性的行业,金融业在各个行业的渗透力是其他任何行业都无法比拟的,一旦发生风险,风险的传染性极强,金融危机爆发的可能性越大,金融安全就越难以保障,这就需要从源头上以立法方式为证券业发展提供安全保障,健全保障证券交易安全的机制和手段。[①] 在投资者投资安全方面,证券立法须重点从证券发行与证券交易两个方面予以关注,交易安全是投资者的核心关注点,这就要在证券市场风险的立法规制上予以体现,要对证券市场的参与者行为做必要的约束,将风险限制在一定范围,提高投资者的市场风险预判性。[②]

基于此,各国在对证券市场的发展态度上都基本保持着谨慎性的认识,都在建立一系列的法律制度来促进和保障证券业的有序发展,从历史发展来看,放任证券业发展必将后果严重,有限发展是现代证券发展甚至今后一直须秉承的一种立法思想和坚持的指导原则。证券立法要优化和完善证券的发行制度、交易制度、信息披露制度、虚假记载的责任制度、投资者权利救济制度、中介的规范制度等来保障证券业的有限发展。

（四）建立风险预警和防治制度

从证券业发展的历史来看,其对实体经济的依赖度逐渐递减,在运行机

---

① 谷清水:《国家金融安全和中国证券市场开放》,《中国经济问题》2004 年第 1 期,第 63-70 页。

② 裴惠宁、成延洲:《〈证券法〉与证券投资安全》,《兰州大学学报》2000 年第 3 期,第 85-89 页。

制上已然获得了相对的独立。开放经济条件下,随着经济全球化、互联网科技以及信息化的日益革新,证券市场的交易越来越迅猛且独立,甚至很多投机者利用证券市场独立谋取利益,"脱实向虚"越来越严重,金融衍生品的不断推陈出新,金融创新似乎是证券市场的常态,这就更加催生了证券市场的复杂性和不可预知性特点,证券面临的风险就更为加剧。有鉴于此,立法必须加强证券市场的风险预警,要建立和完善有效的市场风险指标体系,提升证券市场的风险预警水平,增强投资者以及其他证券市场参与者的风险识别和预判能力,提高风险管理水平。[1]

从世界证券业发展的历史演进来看,证券市场都出现过很多暴涨暴跌、震动幅度很大的历史,各国也在致力于研究和探索系统化、规范化的证券市场危机预警机制。从目前的研究和实践来看,证券市场危机预警指标的选取,无论是宏观经济指标,还是政策和制度指标方面,都没有统一的认识。有学者从证券市场危机状态的临界状态入手,提出从宏观、微观和市场三个层次的指标构建证券市场危机预警模型。[2] 当然,在立法上如何构建有限的预警机制,要根据证券市场有限发展的理论指导从预警的程序、预警的发起主体、预警参与主体的权利义务责任机制等入手,从程序和实体上都要尽力周全可行,切实保障证券业的安全发展。

---

[1] 姚德权、鲁志军:《中国证券公司市场风险预警实证研究》,《现代财经》(天津财经大学学报)2013 年第 4 期,第 30-37 页。

[2] 曾志坚、陈川、龙瑞:《证券市场危机预警研究》,《湖南大学学报》(社会科学版)2011 年第 5 期,第 59-63 页。

第三章 有限发展法学理论视角下现行证券法律制度的得与失

虚拟经济的法律制度变革中,理想状态应该是以虚拟经济有限发展法学理论为指导。一方面在畅通国内经济大循环的同时顺应开放经济的时代潮流,坚持与国际虚拟经济法律规范接轨,掌握虚拟经济领域国际间"游戏规则"的话语权,避免陷入被动局面;另一方面以虚拟经济有限发展为基本遵循,坚持有限发展法学理论,将虚拟经济的运行安全作为立法首要原则和追求目标,通过法律为虚拟经济的安全与发展设定限度,正确理解和处理虚拟经济领域安全与效率之间[①]、防范与控制之间的关系,坚持"安全与效率并举,安全优于效率""防范与控制并举,防范优于控制"。以此为基本方向,对我国现行证券法律制度进行一个相对体系化的梳理和检视,有助于对未来证券法律制度朝着有限发展方向的变革提供宏观的指引。

第一节 标准厘定:现行法律制度是否有助于落实有限发展

虚拟经济有限发展法学理论视角下,为保障作为虚拟经济典型代表的证券业的安全可持续发展,必须借助于外部的社会控制,对其天然的扩张性

[①] 佘俊臣:《效率、安全与公平的对话——市场经济与法治国家关系之反思》,《江南社会学院学报》2002 年第 2 期,第 42-45 页。彭琳娜、王春月:《金融效率与开放经济条件下维护我国金融安全的对策》,《经济论坛》2006 年第 5 期,109-110 页。

和"脱实向虚"倾向加以限制。事实上,法律的社会控制职能就是通过调适各种相互冲突的利益,进而实现社会的正义,因此通过法律实现社会控制显然是可行的。[①] 前文已述,尽管法律无法为证券业的有限发展划定明确的界线、规模和体量,但通过法律制度的设计为其有限发展提供一个"信号灯",确定一个相对的范围和判断基准还是可行的。我们认为证券业是否能够落实有限发展,相应的判断标准主要体现在以下五个方面:

一、现行法律制度是否关注证券业规模与实体经济的匹配

事实上,虚拟经济有限发展法学理论强调的虚拟经济有限发展,很大程度上的一个判断基准就是虚拟经济与实体经济间的关系。上文已述,只有以实体经济为参照,才能确定虚拟经济是否得到了发展,以及是否得到了有限发展。而之所以用实体经济作为参照,主要是因为虚拟经济是由实体经济衍生出来的经济形式,具有服务实体经济的根本职能,实体经济是虚拟经济能够健康发展的基础,虚拟经济在合理范围内发展能够推进实体经济的健康持续运行,但畸形发展可能会产生经济泡沫,严重的则会引发经济危机。[②] 对于虚拟经济的合理范围,根据有限发展法学理论的核心内容,一方面虚拟经济的发展必须有一定的上限,也就是不能任由其"脱实向虚",不能超出一国实体经济的规模太多;另一方面,虚拟经济的发展必须要有一定的下限,即虚拟经济必须发展,而不能是停滞状态。我们知道,正是基于"在自发的市场机制作用下,虚拟经济的发展总是要么'过头',导致所谓的'脱实向虚',要么'不足',难以发挥其提高资源配置效率和降低风险的作用"[③]这样的一个现实才需要通过法律等手段对之予以适当的干预,进而首先确保

---

① 罗斯科·庞德:《通过法律的社会控制》,沈宗灵译,商务印书馆,2010,第1-62页。
② 赵亚楠:《我国虚拟经济与实体经济发展关系研究》,天津师范大学硕士论文,2020,第18-20页。
③ 冯金华:《正确处理虚实关系 推动经济高质量发展》,《学术研究》2019年第12期,第81-88页、第177-178页。

其发展,能够发挥其提高资源配置、服务实体经济的功能,其次保证其有限发展,而不至于"脱实向虚"进而引发风险。体现在证券业领域的法律制度中,主要表现在两个方面:

一则,有限发展法学视阈下,现行法律制度要为证券业的发展确定下限,必须促进和保障证券业的发展,而不能不发展。证券业作为虚拟经济的典型代表,其自身的价值以及对于实体经济健康发展的重要作用决定了我们不可能放弃证券业的发展,或者一味地限制其发展,而是需要支持鼓励其发展。也即是说,有限发展法学理论在证券业领域的重要体现就是证券业必须发展,且证券业的安全有序发展应该得到法律制度、监管政策等的支持。我国绿色债券市场之所以在短短几年间发展如此迅速,就是因为国家层面通过政策导向和制度激励为之提供了良好的发展环境。作为金融创新和环保需求共同产物的绿色债券,因践行"绿水青山就是金山银山"的理念而具有较好的环境效益和融资功能,成了政府、金融机构和资本市场实现多方共赢的金融工具。[①] 其发展不仅能缓解环保企业(组织)融资的压力、助益于金融机构业务的拓展和金融市场的发展,而且能为政府环境治理持续注入可观的资金流。也正因为如此,我国绿色债券市场受政策影响颇深,从整个市场过程看,几乎是遵循了"政策导向—制度激励—市场参与"的生成机理。[②]

再者,有限发展法学视阈下,现行法律制度要为证券业的发展确定上限,必须确保其与实体经济间的平衡,而不能放任其"脱实向虚"。有研究指出:总体上,我国虚拟经济规模小于实体经济,但其自我循环规模的扩张速度高于实体经济;趋势上,经济过度虚拟化导致的 2008 年全球金融危机爆

[①] 洪艳蓉:《绿色债券运作机制的国际规则与启示》,《法学》2017 年第 2 期,第 124-134 页。

[②] 苟学珍:《激励性规制与中国绿色债券制度体系的构建》,载《上海法学研究》集刊 2021 年第 11 卷 总第 59 卷上海人民出版社,2021,第 130-141 页。

发,正是我国经济出现"脱实向虚"倾向的重要诱因和时间起点。[①] 从资本的概念本身来看,资本具有摆脱一切物质束缚而实现自由逐利的欲望,即通过自主化运动逐渐远离价值增值的物质基础。[②] 近年来,伴随金融化发展,金融化资本不断积累,并逐渐突破产业资本循环的约束,在金融领域、投机性非生产领域以及全球资源配置领域中循环和扩张,使得纯粹虚拟经济得以形成和发展,这必然会抑制产业资本积累和实体经济发展,弱化资源流动和配置中金融杠杆的作用;同时,金融化资本的高流动性、投机性和虚拟性将加剧金融的脆弱性和不稳定性。[③] 证券市场作为虚拟经济的主要运行场所,其现实状况更是如此。因此,法律需要为证券业设定一个相对明确的发展上限,防止过度"脱实向虚"而带来的各种风险,守住不发生系统性风险的底线,而这个上限的主要判断依据便是其与实体经济之间的关系以及服务实体经济的能力。

二、现行法律制度是否构建了完善的证券业监管体制机制

事实上,证券业有限发展在一定程度上可以理解为证券业要接受有效的监管,证券业为防止证券市场的失灵,维护证券市场参与者的合法权益,促进证券业持续健康发展,以证券立法及自律性规范为尺度,依法实行自律监管和接受政府监管,自觉遵从政府监管部门对证券的准入、发行、交易等进行的干预、监管和引导。换言之,证券业的有限发展离不开有效的监管,而有效的监管则需要证券相关法律制度构建起一个完善的监管机制体制。证券监管体制是指通过立法设立或认可的对证券进行监督、管理、控制与协

[①] 刘晓欣、张艺鹏:《中国经济"脱实向虚"倾向的理论与实证研究——基于虚拟经济与实体经济产业关联的视角》,《上海经济研究》2019 年第 2 期,第 33-45 页。

[②] 李连波:《虚拟经济背离与回归实体经济的政治经济学分析》,《马克思主义研究》2020 年第 3 期,第 87-95 页。

[③] 陈享光、黄泽清:《金融化、虚拟经济与实体经济的发展——兼论"脱实向虚"问题》,《中国人民大学学报》2020 年第 5 期,第 53-65 页。

调的整个体系与职责权限划分的制度,包括组织机构体系(如自律监管和监管机构的监管)、目标体系、功能体系以及运行机制等。[①] 从证券业监管法律制度的构成看,主要包括证券市场监管体制、监管主体设计制度、市场主体监管制度、市场服务监管制度、市场信息监管制度、市场交易行为监管制度、违法活动监管制度以及对国家证券市场干预进行限制的制度等。从监管的要素来看,通常包含监管部门、监管对象、监管目标和监管手段。因此,判断现行法律制度是否构建了完善的证券业监督机制体制大体上可从以下几个方面进行衡量:

其一,现行证券法律制度中监管主体是否明确、特定,监管组织机构体系的设计是否科学合理。明确的监管主体,科学的监管组织机构是证券业监管得以顺利开展的一个基础性问题,同时也是一个核心问题。主体不明容易产生监管冲突、监管缺位、监管套利、监管竞争等多种情形;监管组织机构不科学合理容易产生监管效率低下、多头(部门)监管乱象丛生、资源浪费等各种负面效应。从监管主体看,主要包括证券业的他律监管主体以及证券业的自律监管主体。从监管组织机构的体系看,证券市场的他律监管是由国家专门设立的监管部门对证券交易各参与主体进行的直接监管,它是一种以国家强制力为后盾的一种监督行为,是一种公权力性质的行为。[②] 随着金融行业的融合,全球金融出现混同发展的趋势,很多国家是由统一的监管机构来行使对"全金融行业"的监管,目前我国证券业的他律监管是由证监会监管,其中2017年11月成立的国务院金融稳定发展委员会旨在加强金融监管协调、补齐监管短板;证券市场的自律监管主要由证券交易所和证券业协会等自律性组织进行自我监管的体制。现代社会,自律是私人利益和政府监督的独特组合,是应对日益复杂、变动不居的金融服务行业之有效的

① 刘新民:《中国证券法精要:原理与案例》,北京大学出版社,2013,第83页。
② 陈洁、孟红:《我国证券市场政府监管权与市场自治的边界探索——基于监管目标及监管理念的重新厘定》,《南通大学学报》(社会科学版)2020年第3期,第116-124页。

监管形式。①

其二,现行证券法律制度中监管的目标体系是否明确,是否有利于证券业的有限发展。一般而言,目标是行动的前提,行动方案的设计总会围绕着一定的目标进行。② 证券业监管是否有利于保障证券业的有限发展,主要取决于监管目标的定位为何。诚如科林·斯科特所言:在任何一个规制体系中,中心议题之一就是相关规范所设定的目的或目标及其在规范中的呈现方式。③ 要实现证券业的有限发展,必须先明确对之予以监管的目标,根据目标检视其在监管方面存在的法治困境,进而进行相应制度的设计。事实上,由于各国和地区经济发展水平、历史文化和法律制度等的差异,各自的证券监管目标也不尽相同。因此,证券监管目标的设计要根据国家经济发展状况、证券业发展的现实状况、投资者保护的需求程度、市场机制的公正和透明程度以及证券市场的安全与稳定程度等因地制宜,只有结合本国发展现状,才能保证通过监管来实现有限发展。

其三,现行证券法律制度中监管原则是否明确,是否有助于实现证券业有限发展。证券监管原则一般指证券监管活动所遵循的基本准则,其目标在于落实证券监管的目标,对监管行为和整个监管过程都有较强的指导性功能。监管原则的合理确立直接关系着监管目标的实现程度,以安全为首要目标的监管原则和以效率为首要目标的监管原则,其产生的结果肯定是大相径庭的。证券市场的监管原则,除了要对依法监管原则、适度监管原则和效率监管原则等基本原则进行有效落实外,安全原则、公平、公正、公开等原则也是有助于实现证券业有限发展的主要原则。与此同时,各监管原则发生冲突时的协调机制,是否以安全为首要考量因素,也是衡量证券业是否

① 刘新民:《中国证券法精要:原理与案例》,北京大学出版社,2013,第83页。

② 胡光志、苟学珍:《论地方政府参与金融风险治理的法治困境及出路》,《现代经济探讨》2020年第10期,第112-119页。

③ 科林·斯科特:《规制、治理与法律:前言问题研究》,安永康译,清华大学出版社,2018,第7页。

有限发展的主要标准之一。

其四,现行证券法律制度中监管对象是否明确。证券市场监管的对象是证券市场的各参与主体及其行为,主要包括投资者(个人和机构)、上市公司、证券交易所、中介机构及自律协会,均属于证券监管范围;而作为受监管的具体行为,从公司上市、证券产品发行、交易、证券市场上可能出现的一系列活动环节以及中介机构的相关行为都在被监管之列。只有各主体及其行为达到自律及规范的程度,证券市场的经营秩序才符合金融投资者与金融需求者之间的有效匹配,才会与实体经济的需求和发展现状相符合。

其五,现行法律制度中监管机构的职责与权限是否明确、功能体系是否完善。监管机构和权限的明确,监管功能体系的完善是实现证券业安全有限发展的主要条件。通常情况下,证券法律中对于监管机构的职责与权限都会做出较为详细的规定,一则方便监管机构明确自己的职责,进而依法履行职责,二则方便监管机构和其他主体明确监管机构的权限,进而对其越权行为进行监管。而监管功能体系的完善与否,直接关系着监管的结果,一旦部分监管功能缺失或难以发挥作用,势必会影响证券业的安全、有限发展。

三、现行法律制度是否有利于保障投资者合法权益的实现

从有限发展法学理论的视角看,投资者保护本身就是有限发展的核心要义,投资者的有效保护也可助益于风险的防范。证券市场投资者的保护问题一直以来都是各个国家证券立法所重点关注的领域,也是理论界泼墨较多,实务界费心尽力,监管者、投资者和其他各市场主体目光聚集之地。之所以将投资者权益的保护放在如此重要的地位(如《证券法》第一条立法目的中便明确指出"为保护投资者的合法权益"而制定本法),我们认为主要

有两个方面的缘由:其一,投资者在证券市场的相对弱势地位①决定了以正义和实质公平为价值追求的证券法律制度不可能置广大投资者利益于不顾;其二,出于对证券市场运行安全的追求,投资者合法利益也必须得到保护。星星之火如果没有尽早加以控制,往往会演变为燎原之势。证券交易安全、证券市场风险与投资者的情绪、行为等往往有着较大的关联性。有研究者以 2001—2012 年 A 股上市公司为样本,研究了地区投资者保护与股价崩盘风险之间的内在关系,研究发现随着地区投资者保护水平的提高,公司股价崩盘风险显著下降。② 也有研究从机构投资者"羊群行为"视角考察其对公司层面股价崩盘风险的影响,发现机构投资者的羊群行为提高了公司股价未来崩盘的风险,中国机构投资者更多的是扮演"崩盘加速器",而不是"市场稳定器"③。以及有研究发现投资者的博彩型股票偏好和吉祥数字偏好,都会显著影响崩盘系统性风险与预期收益率之间的关系④;投资者情绪及其波动性的增加会显著加剧股价的崩盘风险。⑤ 对于证券市场投资者保护法律制度是否有助于证券业的有限发展,我们认为可从事先、事中和事后三方面的保护程度进行检视:

其一,现行法律制度是否建立完善的投资者事先保护机制。从投资者保护的视角看,事先的预防性保护,显然比事中的监管性保护以及事后的救

---

① 弱势地位是一个相对性的概念,弱势群体相对于强势群体来说,往往存在较大的经济差异、专业技术差异、信息差异、权力与权利配置差异、年龄差异、性别差异、智力差异、体能差异、地区差异等。前者相对于后者为弱者:投资者与证券服务机构、中小企业与大型企业、普通经营者与垄断经营者、消费者与经营者、消费者中的弱者与强者、小股东与大股东。胡光志、张军:《弱势群体的经济法保护》,《重庆大学学报》(社会科学版)2014 年第 6 期,第 129-134 页。

② 王化成、曹丰、高升好等:《投资者保护与股价崩盘风险》,《财贸经济》2014 年第 10 期,第 73-82 页。

③ 许年行、于上尧、伊志宏:《机构投资者羊群行为与股价崩盘风险》,《管理世界》2013 年第 7 期。第 31-43 页。

④ 刘圣尧、李怡宗、杨云红:《中国股市的崩盘系统性风险与投资者行为偏好》,《金融研究》2016 年第 2 期,第 55-70 页。

⑤ 李昊洋、程小可、郑立东:《投资者情绪对股价崩盘风险的影响研究》,《软科学》2017 年第 7 期,第 98-102 页。

济性保护要更加符合投资者利益以及效率原则。因此,现行法律是否对投资者法律地位予以明确规定;投资者保护机构的设立与权责是否明确;投资者进入市场的风险提示以及对投资者适当性意见的提出;信息披露的规定,是否主要表现为法律须规定向投资者提供与公开发行有关的财务资料或者其他信息;禁止证券发行中存在任何误导、欺诈和虚假陈述等行为,均可作为检视现行法律制度是否有利于投资者事先保护的一系列重要指标。

其二,现行法律制度是否建立严格的投资者事中保护机制。一般意义上,对投资者的事中保护主要通过日常监管机制得以实现。换言之,通过法律制度建立起一套完善的证券业监督管理机制(泛指自律监管与他律监管等综合的体系),不仅有助于证券市场的健康有序发展,也有助于投资者的利益保护。而证券业监管的机制上文已有详细的说明,此处不再展开论述。

其三,现行法律制度是否建立完善的投资者事后救济机制。与事先、事中的保护不同的是,事后救济机制是投资者保护的最后一道防线,因此其重要性也得以凸显。当投资者的合法权益受损时,救济渠道的完善与否直接决定着受损权益能否得到有效的救济,这也决定了事后的救济机制是投资者保护领域落实证券业有限发展的重中之重。而事后的救济机制主要指向了一个多元、便捷的纠纷解决机制以及法律责任机制。先行赔付制度、调解制度、民事、刑事诉讼制度等均是事后救济的制度体现。

四、现行法律制度是否明确规定政府干预证券市场的权责利

从虚拟经济有限发展法学理论的建立和论证过程看,政府和市场的二维视角是虚拟经济有限发展法学理论的两个关键维度。从政府干预的视角审视:一方面虚拟经济需要政府干预是一个不争的事实;另一方面政府干预也并非万能,政府干预失灵的现实告诉我们对政府干预虚拟经济的权、责、利等需要做出明确的规定,以防止干预失败进而引发政府和市场双重失灵的困境。

从需要干预的视角看,作为市场经济的高级形态,虚拟经济具有市场的基本特征;与此同时,也具有市场的一切优势及弊端。例如,虚拟经济引发的"脱实向虚"会造成就业问题这样的社会风险,会导致经济进一步虚化,并且很难再工业化,引发一个国家的贸易收支失衡,甚至引发巨大的贸易逆差。与此相应,虚拟经济不可能在自己的运行中产生强大而足以自控的力量,如果人类要保留虚拟经济以服务实体经济进而谋取更大的社会福利,那么就得在虚拟经济之外寻找一种力量来抑制或是克服其弊端。从历史演进来看,来自市场外的力量除了国家之外,并无更适合的选择[1],故引入国家干预克服此种市场失灵便是应有之义。从干预失灵的视角看,国家干预亦不是万能的,囿于集体理性的难题,国家干预也常常陷于干预失灵的困境。换言之,国家干预有可能帮助克服虚拟经济的市场局限,但也意味着政府干预不一定会万无一失,更可能适得其反。回顾虚拟经济的发展历史就可知道,虚拟经济的国家干预早已成为事实,但是其遏制虚拟经济过度发展的成效并不是特别好,人类社会甚至为此陷入了经济危机的泥淖之中。因此,虚拟经济的国家干预也是有限度和边界的,而法律制度的重要性就是为国家干预虚拟经济施加一定的限制,以发挥其积极作用,避免干预的负面效应,这具体表现为通过法律制度对政府干预虚拟经济的权、责、利等予以明确,进而限制国家干预市场的边界,证券业作为虚拟经济的典型代表,概莫能外。

其一,现行法律制度是否对国家证券干预权进行了合理的配置。干预权的配置合理与否,直接影响政府干预的运行效率及结果。现实生活中不同类型干预主体,对需要干预领域真实情况的掌握不尽相同。基于此,干预权的配置一方面应当考虑干预权力运行的协调,另一方面还须考虑干预者对干预事实知识的掌握程度。诚如有学者所言,"规制事实知识必然是一种

---

[1] 胡光志等:《中国预防与遏制金融危机对策研究:以虚拟经济安全法律制度建设为视角》,重庆大学出版社,2012,第 53 页。

依附于日常生活的存在,如果将规制权配置给更高级别的主体(比如中央政府),有关规制对象的知识只能经过自下而上的传递才能被规制者所了解,在该过程中,信息流失和噪声干扰的现象必然存在"①。据此,在干预权的配置方面,要尽可能将权力(利)赋予直接面对干预事实的主体,因为只有他们才有可能直接面对市场,进而了解市场的真实需求,同时他们对市场信息的收集、整理也比较方便。②

其二,现行法律制度是否对国家证券干预的程序、责任进行了明确的规定。一则,强化对政府干预的程序控制和监督有助于促进法治政府的建设,正如有研究所言,"法定化的程序控制和有效的监督能弥补政府的制度缺陷和(政治人)人性弱点,是提高干预效率和准确性的重要手段。而建立对于干预权的程序控制制度应从公众参与政府决策制度、目标实施过程中的方式限制、步骤的确认制度以及干预绩效的评价制度几方面进行"③。再则,政府干预证券市场的责任以及干预失败责任的规定既有助于有效回应证券业市场失灵所产生的消极影响,也有助于规范政府公权力的运行,对政府干预形成一种制约机制。如对于政府与市场责任的划分,有研究指出:政府救助金融危机容易引发市场主体的道德风险,如何在政府与市场主体之间重新分配责任,以纠正因政府救助所致的政府干预与市场调节之间的失衡,是后金融危机时代法律关注的重点。④

其三,现行法律制度是否规定和规范了政府干预证券市场的利益诉求。政府干预市场的利益诉求,简言之就是政府干预市场正当理由的一种表达。换言之,政府对证券市场的干预必须是出于一种合理合法的目的,而不是为

① 靳文辉:《公共规制的基础知识》,《法学家》2014年第2期,第91-102页、第178页。
② 苟学珍:《干预型政府向规制型政府转变的经济法思考》,兰州大学硕士论文,2019,第44页。
③ 胡光志、靳文辉:《国家干预经济中政府失灵的人性解读及控制》,《现代法学》2009年第3期,第61-68页。
④ 阳建勋:《政府干预与市场调节之间的重新平衡——金融危机责任费的经济法反思与启示》,《现代法学》2010年第6期,第72-79页。

了政府自身利益或者干预主体的部门(局部)利益。从我国证券干预权配置现状看,权力层级越高的干预主体,其干预的利益诉求越符合法定的目标,如为了纠正证券市场失灵问题、保护投资者利益、促进国家经济健康发展等。相反,权力层级越低的干预主体,特别是地方干预主体间(主要指地方金融监管局和证监会的地方机构等),基于监管权配置上的竞合或监管竞争等,可能出现对自身有利时的争先干预,对自身无利可图时的消极干预等。因此,需要法律对此予以回应,规定并规范政府干预证券市场的利益诉求。

五、现行法律制度是否厘清安全与效率、防范与控制间的关系

按照法理学的一般逻辑,作为一个制度存在,虚拟经济法律制度和其他法律制度一样,是一种"有目的的事业",即虚拟经济法律制度先要解决价值的问题,虚拟经济法律制度的价值规定了法律的目的,法律目的反映并表达了法律价值。[1] 虚拟经济有限发展法学理论视角下,虚拟经济法律的价值应以开放经济条件为背景,虚拟经济立法应当站在世界的高度确立"国际化水准"——以"与国际虚拟经济市场法律规范接轨"为目标。一方面顺应开放经济的时代潮流,坚持与国际虚拟经济法律规范接轨,掌握该领域话语权;另一方面以虚拟经济有限发展为基本遵循,坚持有限发展法学理论,将虚拟经济的运行安全作为立法首要目标,坚持"安全与效率并举,安全优于效率""防范与控制并举,防范优于控制"的立法价值。安全与效率、防范与控制关系的正确处理,在证券法律制度领域更是如此。因此,现行证券法律制度是否有助于落实有限发展,可从这两对关系的处理上分别进行检视。

一则,现行证券法律制度的规定是否坚持了安全和效率并举、安全优于效率的立法价值定位。我们知道,不同的价值立场不仅会有不同的立法产

---

① 胡光志等:《中国预防与遏制金融危机对策研究:以虚拟经济安全法律制度建设为视角》,重庆大学出版社,2012,第 163 页。

出,相同的法律在不同的价值观指导下亦会产生不同的执法结果。因此,对证券法律制度价值的确立,无疑是证券法律制度变革的逻辑前提。[①] 安全和效率一直都是法律的价值追求,证券法律制度也不例外,但二者在证券法律制度中却不是平行和并列的。市场经济条件下,市场是以效率为导向的资源配置方式,这决定了证券法律制度必须加强对效率价值的关注,确保证券市场的高效运行、通过相应制度构造减少交易费用、降低证券业运行成本、排除不利于证券业发展的各种障碍等均是效率价值导向下证券法律制度所应该关注的重点领域。效率固然重要,然而"安全乃至高无上的法律",霍姆斯将安全价值作为其建构的法律体系中压到一切的价值,边沁的功利主义理论中,安全被视为法律所欲达到的 10 个目标中最基本的目标。[②] 因此,在效率和安全的价值序列中,证券市场效率固然是基本价值,但安全乃其核心价值。安全是效率的基础,更是效率的保障。所以在坚持安全和效率并举的同时,安全价值要优于效率价值。即证券法律制度建构的首要价值与核心价值便是证券市场的安全。

再则,现行证券法律制度的规定是否坚持了防范与控制并举、防范优于控制的立法价值定位。通过法律制度来识别、预防、监督、控制证券市场风险,保障其良性运行,是一个得到普遍认可的命题。证券业有限发展的实现,需要法律制度对之予以回应,将证券业市场风险的防范与控制作为立法的价值之一,建立起一个完善的危机预防和控制机制。

一方面证券市场的安全运行需要有一个完备的事先预防机制。这集中表现为风险监测机制,以及危机预警或风险预警机制。风险监测和危机预警,是为了给人们提供危机可能发生的有效信息,进而方便人们以此为依据

[①]　胡光志等:《中国预防与遏制金融危机对策研究:以虚拟经济安全法律制度建设为视角》,重庆大学出版社,2012,第 163 页。

[②]　胡光志等:《中国预防与遏制金融危机对策研究:以虚拟经济安全法律制度建设为视角》,重庆大学出版社,2012,第 167 页。

采取及时有效的防范措施。其中,风险监测机制如美国的"股市监测系统"以及"自动搜索系统",危机预警机制通常是指各种能够反映证券市场风险警情、警源及其演化趋势的一系列组织形式、指标体系和预测方法所组成的一个有机整体。风险预警技术和方法的科学性、预警组织的规范性及预警评估体系的合理性,是决定风险预警准确性和有效性的关键因素,它们均需要法律制度的促成与保障。[①]

另一方面,证券市场的安全,需要通过法律制度建立起一个完备的风险控制机制。风险监管者采取各种办法和措施,消灭或者减少可能发生的风险事件,最大限度地减少风险发生后造成的损失,或者通过控制风险发生的范围和影响力,是风险控制的核心内容,而这就需要法律制度确立起一套完备有序的风险控制机制。事实上,风险防范和控制尽管对证券市场风险的治理都很重要,但二者之间也有着逻辑上的先后和现实重要性上的先后之分。不管是纯粹的逻辑经验,还是从历次危机的实践经验出发,风险监测和预警等防范机制总是优先于风险控制机制。

第二节　现状审视:证券法律制度供给现状的考察及梳理

中国证券业在70多年的发展历程中,法律制度建设始终如影随形。在证券市场规则体系、发行体系、交易体系、监管体系和风险防范等体系中扮演着极其重要的角色。诚如有研究指出的那样:"现代证券市场是法治条件下的证券市场,离开了制度体系的规范就不可能有良好的证券市场。中国从证券市场未起步之时就已展开了对证券市场法律制度体系的深入研讨,充分借鉴发达国家的现有法律制度和历史经验,听取海外专家意见,形成了最初的证券市场法律制度,并在证券市场发展中,根据国内实践经验和发展

---

① 靳文辉:《金融风险预警的法制逻辑》,《法学》2020年第11期,第51-66页。

进程的需要,借鉴海外证券市场发展的新动向,不断对其予以补充完善,形成了以《公司法》《证券法》为统领、以相关法规规章为补充的比较完整的证券市场法律制度体系。"①

一、中国证券法律制度供给状况的总体梳理

经过几十年的发展,中国证券法律制度从起步到趋于发展成熟。伴随着立法能力、执法能力以及司法能力的不断提升,不管是从制度供给的数量考察,还是从制度供给的质量考察,以及其在规范证券发行与交易、投资者保护等方面的实际运作效果,都取得了巨大的成就。为有效促进我国证券市场发展、维护开放经济条件下虚拟经济安全做出了应有的贡献。特别是在近几次局部或者全球经济(金融)风险事件中,基于法律制度风险防范和治理功能的发挥,我国证券市场都表现出了较好的运行状态,有力推动了实体经济的发展和维护了国家经济安全。这表明了我国证券法律制度的设计已然较为充分地考虑到了开放经济所带来的外源性风险,并有针对性地设计了部分相应的风险防范和化解制度。有研究者将我国证券业发展划分为三个阶段,即 1949—1979 年的初步探索期、1980—2016 年的快速发展期、2017 年以后的新发展时期。② 从证券法律制度供给的历史维度审视,事实上这也是我国证券法律制度发展的三个不同阶段。

遵循此思路,第一,我国证券业的初步探索期,《天津市证券交易所规章》《管理证券交易暂行办法》《1953 年国家经济建设公债条例》等成为彼时主要的法律制度供给。第二,我国证券业的快速发展期,代表性法律制度供给主要为:1981 年国务院发布的《中华人民共和国国库券条例》、1992 年国

① 王国刚、郑联盛:《中国证券业 70 年:历程、成就和经验》,《学术研究》2019 年第 9 期,第 88-97 页、第 177-178 页。
② 王国刚、郑联盛:《中国证券业 70 年:历程、成就和经验》,《学术研究》2019 年第 9 期,第 88-97 页、第 177-178 页。

务院颁布的《关于进一步加强证券市场宏观管理的通知》、1993 年国务院颁布的《股票发行与交易管理暂行条例》以及《公开发行股票公司信息披露实施细则》、1994 年《中华人民共和国公司法》(以下简称《国法》)正式实施、1999 年《证券法》正式实施、1999 年《期货交易管理暂行条例》出台、2004 年国务院出台了《关于推进资本市场改革开放和稳定发展的若干意见》(即"国九条")、2005 年中国证监会发布《关于上市公司股权分置改革试点有关问题的通知》、2014 年国务院又出台了《关于进一步促进资本市场健康发展的若干意见》(即"新国九条")等。第三,证券业发展的新时期(2017—   ),在进一步加大证券市场对外开放力度、设立科创板、实行注册制、防范系统性金融风险的底线思维、金融供给侧结构性改革等背景和现实驱动下,主要制度供给表现为:2017 年央行发布了《内地与香港债券市场互联互通合作管理暂行办法》、2019 年中国证监会发布《关于在上海证券交易所设立科创板并试点注册制的实施意见》《科创板首次公开发行股票注册管理办法(试行)》《科创板上市公司持续监管办法(试行)》以及 2023 年 2 月 17 日中国证监会发布《首次公开发行股票注册管理办法》等 50 多部。

从现有的立法种类看,我国现行证券立法由法律、行政法规、部门规章和自律规范等构成一个相对完备的证券市场法律规范体系。通过北大法宝检索发现现行有效的证券法律制度[①],据不完全统计:法律层面有 3 部,即《证券法》《公司法》以及《证券投资基金法》。行政法规和规范性文件有 41 部,代表性的有《证券交易所风险基金暂行管理办法》《证券公司风险处置条例》《证券公司监督管理条例》以及《股票发行与交易管理暂行条例》等。部门规章层面数量则更多,截至 2022 年 3 月 31 日,通过关键词"证券"进行检索,得出现行有效的部门规章数量达 33 000 多部、通过关键词"股票"进行检

[①] 书中所有法律法规、部门规章、行业自律规范等的检索截止日期为 2021 年 3 月 22 日,检索方式为关键词搜索+精准搜索。

索,得出现行有效的部门规章数量达 7 300 多部、通过关键词"公司债券"进行检索,得出现行有效的部门规章达 4 600 多部、通过关键词"政府债券"进行检索,得出现行有效的部门规章也有 220 多部。此外,行业规定等自律规范数量也较多,体系也较为庞杂。通过关键词"证券"进行检索,得出现行有效的行业规定数量达 20 000 多部、通过关键词"股票"进行检索,得出现行有效的行业规定数量达 5 000 多部、通过关键词"公司债券"进行检索,得出现行有效的行业规定达 1 500 多部、通过关键词"政府债券"进行检索,得出现行有效的行业规定也有 460 多部。尽管上述不完全检索中有部分法律法规、部门规章或者自律规范难免出现重合或者遗漏的情况,但整体而言,我国证券市场经过 70 多年的发展,作为具有高度回应性和部分前瞻性特征的证券法律制度对此没有选择漠视,而是以积极的姿态为证券业发展提供了良好的法律制度保障,确保了开放、发展和安全的制度需求与高质量供给。

从立法方式看,证券业立法包括权力机关自身的立法以及大量的授权性立法,其中授权性立法特征较为明显。一方面证券市场是高度依赖法治的领域,但另一方面由于其具有较强的技术性和专业性,外加多种因素,致使我国《证券法》使用了大量的授权性法律条款,授予证券监管机关制定有关规则,补充立法,完善证券市场的法律体系。证券授权立法普遍存在,在实践中为我国证券法治建设和完善发挥了重要作用,当然其存在的问题也不容忽视。[1] 根据对现行《证券法》的对照,授权立法的数量相对较多、范围较广,共涉及《证券法》二十多条内容,其中授权立法的形式大多是以"由国务院依照本法的原则规定""经国务院批准的国务院证券监督管理机构规定的其他条件"等为表达。被授权主体的回应方式则是以《证券发行上市保荐业务管理办法》《证券发行与承销管理办法》以及《上市公司信息披露管理

---

[1]　巩海滨:《论我国证券授权立法制度的完善》,《山东大学学报》(哲学社会科学版)2016 年第 4 期,第 96-102 页。

办法》等为基本表达形式。

二、证券经营机构法律制度的现状

证券市场参与主体的范围很广,其中最为重要的是证券经营机构。我国的证券经营机构主要有证券公司、信托公司以及专门提供证券咨询服务的公司。其中,证券公司是直接从事证券发行与交易业务的证券经营机构,具有独立的法人资格,其业务范围主要有:代理证券发行、证券自营、代理证券交易、代理证券还本付息和支付红利、接受客户委托代收证券本息和红利、代办过户等。信托公司是以盈利为目的,并以委托人身份经营信托业务的金融机构,除了办理信托投资业务外,还可设立证券部办理证券业务。其主要业务范围有:证券代销及包销、证券代理买卖及证券咨询、保管及代理还本付息等。另外,其他咨询中介机构是专门负责为投资者提供咨询服务的机构,如会计师事务所、律师事务所等。证券经营机构的本质属于中介机构,将在证券市场中的各方主体联系起来,编织成一张巨大的证券业务关系网。其经营行为关系到证券市场的规范化发展,这就要通过法律制度为这些经营机构设定相应的准入门槛,以及经营行为的禁止规则或具体规则,并对之予以监管。进而规范其经营,保障其功能的发挥。换言之,"在中国资本市场整体制度快速演进的背景下,法律制度既要推进证券机构发展,又要强化对证券机构的风险防范作用,维护经济安全"①。

证券公司法律制度层面,现行法律关于证券公司的规定较为全面,基本覆盖了证券公司从设立(准入)到日常运营监管、风险管理、退出机制等整个生命周期。法律层面:第一,《证券法》第八章专章以长达二十四条的规定对证券公司规范化经营做了规定,同时其他章节中也有不少关于证券公司的

---

① 华东政法大学课题组、吴弘:《证券公司与证券服务机构法律制度完善研究》,《证券法苑》2014 年第 1 期,第 319-354 页。

规定。这在法律层面上对证券自营商、证券承销商、证券综合商等类型及其运行规范进行了限制。以对自营商的限制为例,一般来说,可通过资格限制、业务规范和忠实义务履行等方式对自营商进行必要限制。如在业务规范方面,自营商须在设立时获得批准才能经营业务,否则就不能代理客户进行买卖证券;如果自营商要委托其他经纪商进行证券买卖,必须有相关部门的批准方可进行。① 第二,《公司法》的相关规定,《证券法》第二条、第十一条、第三十六条、第九十四条、第一百零三条以及第一百二十四条,共六次规定了证券业适用《公司法》的几种不同情形,事实上,证券公司除了适用《证券法》的规范和限制外,《公司法》的规范和限制也相当重要。行政法规层面:围绕着证券公司的监管管理和风险处置,分别出台了《证券公司监督管理条例》《证券公司风险处置条例》以及《国务院办公厅转发证监会关于证券公司综合治理工作方案的通知》,从行政法规层面建立起了相对完善的日常监管、综合治理及风险防范和处置机制。部门规章层面:形成了以证监会为主导的部门规章600多部,代表性的有《证券投资公司和证券投资基金管理公司合规管理办法》《证券公司风险控制指标管理办法》以及《外商投资证券公司管理办法》等。行业(自律性)规定层面:现行有效的也有400多部。总体上看,我国证券公司法律制度的供给基本上满足了开放经济的趋势和证券公司发展的现实需求,但数量的庞大也并不能完全反映出法律制度的完善,特别是有限发展法学视角下,其中部分法律法规、部门规章以及行业自律规范依然存在较大的问题,需要对之予以检视和补正。

在信托公司和证券服务机构层面,现行法律关于信托公司和证券服务机构的规定也较为全面。既有《证券法》专门性规定,也有属于本领域的专门性法律制度对之予以规范。一方面,信托公司法律制度层面,除了《公司法》等法律外,行政法规层面呈现出空缺状态,现行有效的监管和运行规范

---

① 朱伯玉:《再析证券商及其法律规制》,《商业研究》2003年第18期,第168-169页。

以部门规章为主,主要有《中国银保监会信托公司行政许可事项实施办法》《信托公司股权管理暂行办法》以及《信托公司管理办法》等 80 多个部门规章,行业规章层面有《信托公司受托责任尽职指引》等 6 个现行有效的行业规章。另一方面,证券服务机构层面,《证券法》第十章以专章的形式规定了证券服务机构,其他条文中也有散见的关于证券服务机构的规定。除此之外,因为证券服务机构属于专业性机构,如会计师事务所、律师事务所以及从事证券投资咨询、资产评估、资信评级、财务顾问、信息技术系统服务的证券服务机构等,因为其属于专业性组织,所以大都有自己的专门性立法,如规范律师行业的《律师法》、规范会计行业的《会计法》《企业会计准则》等。除法律之外,证券服务机构与信托公司一样,没有行政法规层面的管理性规范,但在部门规章层面的监督和管理性规范较多,目前有 30 多个部门规章对其进行监督和管理,如《会计师事务所从事证券服务业务备案指南》《证券服务机构从事证券服务业务备案管理规定》以及《资产评估机构从事证券服务业务备案指南》等。这些既有的法律制度从整体上搭建起了信托公司以及证券服务公司监管与风险防范的法律框架,有助于维护证券市场的健康发展,但也有与有限发展法学理论不相协调的部分,需要对之予以进行相应的变革。

三、证券交易法律制度的现状

狭义的证券交易仅仅指证券的买卖、借贷和担保等具体合同行为;但从广义上看,证券交易则包括证券的发行、上市、交易、交易场所以及其中的信息披露等内容。为研究之便利和适应体系化的要求,本书中有关"证券交易法律制度"中的"交易"采用广义上证券交易的概念。在此语境下,我们知道证券的发行与上市是证券市场上非常重要且起到引领性作用的两个环节,两个环节之间有着非常紧密的联系,如果发行与上市等环节出了问题,证券买卖、证券借贷和证券担保等证券交易,以及交易行为的安全性也就无从谈起。因此,为了维护社会公共利益,保护投资者合法权益,维护证券市场的正常运行,保障证券市场的公平、公正、有序发展,各个国家都从法律层面加强对证券发行、上市、交易以及信息披露等方面的规制,为此出台了诸多法律规定。通过一系列相对完善的法律制度对证券发行的条件、发行的程序、发行的审核方式、发行的承销、发行上市保荐、上市的条件与程序、上市的暂停、恢复与终止、场外交易市场、证券交易场所、证券交易的方式与类型、交易品种与制度、交易规则、信息披露的要求与程序、信息披露的义务与持续信息披露、违反信息披露义务的法律责任等进行规范,进而确保证券业的安全和可持续发展。

从证券发行法律制度的整体供给上看,我国证券发行法律制度建设已然比较完善。整体上形成了符合我国虚拟经济发展规律和服务实体经济需求、维护虚拟经济安全与鼓励虚拟经济发展并重、政府适当干预与要素市场化配置相结合的外部约束和保障制度。基于证券发行的一般理论,我们知道证券发行中最为基础的问题便是基于信息的信任问题,"阻碍证券顺利发行的关键是发行人与投资者之间的巨大的信息不对称,这种不对称导致投资者很难建立起对发行人的信任,这在公开发行中表现得最为明显。如何建立这种信任关系,是任何证券发行制度都必须解决的核心问题"[1]。除此之外,证券发行中最为核心的问题就是发行的审核模式,不同的模式形成了不同的信息公示流程以及责任承担制度。当然,发行的条件、发行的程序、发行的承销、发行的监管等法律制度对于证券的发行同样重要。对于这些制度需求,现行《证券法》第二章证券发行、第五章信息披露用专章规定的方式做出了回应,同时部分规定散见于其他条文。除了法律外,大量的行政法规、部门规章和自律规范也起到了重要作用,以"股票发行""债券发行"为

---

[1]　北京大学课题组、吴志攀:《证券发行法律制度完善研究》,《证券法苑》2014 年第 1 期,第 175-223 页。

关键词检索,不完全统计,当下生效的行政法规有《股票发行与交易管理暂行条例》等 4 部;当下生效的部门规章有 200 多部;当下生效的行业规定有 350 多部。

从证券上市法律制度看,现行法律制度对证券上市的条件与程序、上市的暂停、恢复与终止、场外交易市场、交易的监管等均做了较为全面的规定。证券上市是证券发行和交易中间的重要一环,不仅与证券发行紧密联系,后端又直接促成证券交易的产生。[①] 目前,证券上市的审核权属于证券交易所,这使得证券发行和上市有了较为明显的区分,证券发行、上市、交易等步骤明晰。我们知道,对于上市公司来说,有利于其提高知名度和信誉,为其今后进一步筹措资金,开拓新的市场领域提供有利条件,促进其改善经营管理进而提高经营效益。当然对投资者来说证券上市有助于形成公正的证券价格,促进证券流通,减少投资风险并保障合法权益。正是基于此,需要法律制度为证券上市提供一种外部性约束和保障机制。梳理证券上市现有法律制度,法律层面现行《证券法》第三章第二节对此做了专门规定;除此之外,以"股票上市""债券上市"为关键词进行检索,据不完全统计,现行有效的部门规章有近 100 部、现行有效的行业规则有近 2 000 部。这些数量庞杂的部门规章和行业规则,特别是行业自律规范在明确、细化《证券法》的基础上,充分发挥其作为"软法"规范的优势,弥补了硬法规制的不足。

从狭义的证券交易法律制度看,现行法律制度对证券交易场所、证券交易的方式与类型、交易品种与制度、交易规则、交易的监管等做了较为明确的规定。通常而言,依法发行的证券成为投资者的投资对象和投资工具而在投资者之间进行流通,即为证券交易,但这种交易又不同于证券转让。[②]而作为规范证券交易活动法律安排的证券交易制度,主要目标在于增加市

---

①　陈岱松:《证券上市监管国际比较与借鉴》,《改革与战略》2008 年第 10 期,第 208-211 页。

②　刘新民:《中国证券法精要:原理与案例》,北京大学出版社,2013,第 164 页。

场流动性、提升市场透明度、提高市场效率、增强价格的相对稳定性、保护投资者权益等几个方面。理想的证券交易法律制度下,证券市场流动性好、信息透明度高、市场有效性强、价格相对稳定、交易成本较低。[①] 我国现行证券法律制度也不例外,围绕着这些目标而展开相应的制度设计,也确实发挥了法律制度应有的作用,但也存在部分需要完善的地方。事实上,单从制度供给的数量上看,这一领域的制度供给已然处于一种比较充分的状态,除了《证券法》的规定外,以"证券交易"为关键词检索,不完全统计现行有效的行政法规有 4 部、部门规章有 150 多部、行业规章有 18 900 多部;以"股票交易"为关键词检索,截至 2022 年 3 月 31 日不完全统计现行有效的行政法规有 1 部、部门规章有 30 多部、行业规章有 20 多部;以"债券交易"为关键词检索,不完全统计现行有效的部门规章有 600 多部、行业规章有近 60 部。即便去掉三次检索中重合的部分,数量亦是相当庞大。

从信息披露法律制度的供给现状看,现行证券法律制度对信息披露的要求与程序、信息披露的义务与持续信息披露、违反信息披露义务的法律责任等做了较为明确的规定。当然,现行制度中需要进一步完善的地方依然较多。从整个法律制度供给的现状看,现行证券信息披露制度由《证券法》、部门规章以及行业自律规则等共同构成了一个较为完整的体系。其中,《证券法》第五章专门规定了信息披露的内容,当然其他章节中也有不少信息披露的内容,部门规章如《公开募集证券投资基金信息披露管理办法》(2020修正)、《上市公司信息披露管理办法》以及《监管规则适用指引——关于申请首发上市企业股东信息披露》等,行业自律规范如《中国证券业协会关于首发企业信息披露质量抽查名单的公告》以及《科创板上市公司信息披露业务指南第 1 号——信息披露业务办理》等。三个层级的制度共同建立起了证券业得以产生和发展的基础条件——信息、信任与信心,既保证了证券业

---

① 刘新民:《中国证券法精要:原理与案例》,北京大学出版社,2013,第 165 页。

的发展,又兼顾了投资者的利益和证券市场的安全。

四、证券业危机预警和防治法律制度现状

2008 年"次贷危机"和 2010 年欧洲债务危机爆发后,全球多国市场和监管机构均认识到证券业危机预警的重要性,着手建立危机预警和防治机制。[①] 2015 年,我国股市经历暴跌,多个交易日千股跌停,屡次触发熔断机制,证券业危机预警和防治机制的有效性受到质疑,提升危机预警和防治水平成为证券业的当务之急。进入 2020 年,受疫情防控的影响,全球资本市场遭受原油暴跌、美股熔断等重挫,低迷后又反弹,危机预警机制在其中发挥了重要作用。近年来,我国证券业在危机预警方面不断进步,目前基本已建立较为完善的危机预警机制与制度体系,主要分为四个层次:第一层次是证券、期货、基金公司层面的业务危机预警;第二层次是交易所层面的交易危机预警;第三层次是专业危机监控机构的市场危机预警;第四层次是监管部门的系统危机预警。

(一)业务危机预警机制与制度建设

1.证券公司的预警机制与制度建设

证券公司业务危机预警机制的核心在于风险控制指标管理。2016 年证监会发布部门规章《证券公司风险控制指标管理办法》和规范性文件《证券公司风险控制指标计算标准规定》,规定了证券公司风险控制指标管理的四梁八柱,建立以净资本和流动性为核心的风险控制指标体系,加强证券公司风险监管,督促证券公司加强内部控制、提升风险管理水平、防范风险。[②] 证券公司风险控制指标核心在于 4 项指标:风险覆盖率、资本杠杆率、流动性

---

① 陈秋玲、薛玉春、肖璐:《金融风险预警:评价指标、预警机制与实证研究》,《上海大学学报》(社会科学版)2009 年第 5 期,第 127-144 页。

② 《2016 金融会计十件大事》,《金融会计》2017 年第 2 期,第 3-4 页。

覆盖率和净稳定资金率。对于风险控制指标的标准有两个,一个是监管标准,一个是预警标准,具体标准如下:

指标	监管标准	预警标准
风险覆盖率	≥100%	≥120%
资本杠杆率	≥8%	≥9.6%
流动性覆盖率	≥100%	≥120%
净稳定资金率	≥100%	≥120%

其中:

风险覆盖率=净资本/各项风险资本准备之和×100%;

资本杠杆率=核心净资本/表内外资产总额×100%;

流动性覆盖率=优质流动性资产/未来30天现金净流出量×100%;

净稳定资金率=可用稳定资金/所需稳定资金×100%。

各项风险控制指标设置预警标准,对于规定"不得低于"一定标准的风险控制指标,其预警标准是规定标准的120%;对于规定"不得超过"一定标准的风险控制指标,其预警标准是规定标准的80%。[①] 风险控制指标与上月相比发生不利变化超过20%的,证券公司需要向监管机构报告,说明基本情况和变化原因。风险控制指标达到预警标准或者不符合监管标准的,证券公司需要向监管机构报告,说明基本情况、问题成因以及解决问题的具体措施和期限。证券公司未按照监管部门要求报送风险控制指标监管报表的,风险控制指标不符合监管标准的,风险控制指标无法达标,严重危害证券市场秩序、损害投资者利益的,未按期完成整改、风险控制指标情况继续恶化,

---

① 见中国证券监督管理委员会:《关于修改〈证券公司风险控制指标管理办法〉的决定》第十七条。

严重危及该证券公司的稳健运行的,监管机构有权采取行政监管措施,甚至采取责令停业整顿、指定其他机构托管接管、撤销经营证券业务许可、撤销公司措施。

2.期货公司的预警机制与制度建设

《期货交易管理条例》《股指期货风险监控系统功能要求指引》《期货交易所管理办法》等共同构成了期货公司危机预警的制度基础。期货公司与证券公司相似,在机构设置上,均已任命了首席风险官,并指定或者设立专门部门履行风险管理职责。期货公司业务危机预警的核心在于以净资本为核心的监控指标设立和持仓每日报告制度。期货公司的监控指标主要有三个:第一个是净资本与净资产的比例;第二个是净资本与境内期货经纪、境外期货经纪等不同业务规模的比例;第三个是流动资产与流动负债的比例。通过这三个风险监控指标反映期货公司的杠杆水平和流动性水平,设置预警标准和监管标准,分类采取危机防控措施。此外,期货公司每日安排专人紧盯客户结算数据,当天必须向客户报告交易持仓数据,防止客户出现穿仓情况。市场波动较大时,对客户账单风险做好风险预测和评估,特别是对运用期货杠杆进行操作的客户,更加注重风险预测。①

3.基金公司的预警机制与制度建设

2020 年 7 月,证监会发布《公开募集证券投资基金侧袋机制指引(试行)》,是对危机预警及处置机制的有益尝试。基金公司与证券公司和期货公司的危机预警也有很多相似之处,基金公司危机预警的核心在于流动性管理,需要详细分析基金的投资策略、估值方法、历史申购与赎回数据、投资者类型、投资者结构、投资者风险偏好等多种因素。按照变现能力对基金所持有的组合资产对基金进行分类,审慎评估各类资产的流动性,全覆盖、多维度建立以压力测试为核心的流动性风险监测与预警制度,区分不同类型

---

① 吉其铭:《期货公司风险管理问题分析》,《现代营销》(信息版)2019 年第 10 期,第 5-6 页。

基金构建流动性风险指标预警监测体系,结合自身风险管理水平与市场情况建立常态化的压力测试工作机制。

（二）交易所危机预警机制与制度建设

《证券交易所风险基金管理暂行办法》《证券交易所管理办法》《期货交易所管理办法》等构成了交易所风险预警的制度体系。交易所的风险预警一般分三类:第一类是系统预警。交易后台系统则负责统计和发布交易信息、实时监测交易情况、监控异常交易,通常采取提前设置指标的方式,达到指标立刻预警,进入处置流程。第二类是个股预警。交易所设立上市公司股票风险警示板,对一些有风险的股票进行特殊管理,在股票简称前冠以"＊ST"标识或"ST"标识、独立显示交易信息、特别的涨跌幅限制、特别的交易数量限制,通过一系列措施持续向交易者预警个股的风险。第三类是异常交易预警。如根据交易规则,连续三个交易日内日均换手率与前五个交易日的日均换手率的比值达到30倍且该证券连续三个交易日内的累计换手率达到20%的,属于股票交易异常波动,上市公司要披露具体情况、核实情况,进行风险提示并由董事会或相关方作出遵守交易规则的承诺。[1] 另外,期货交易所、债券交易所的风险预警模式也基本与证券交易所的类似,都是通过系统预警+期货品种或个别债券预警+异常交易预警三个部分构成。[2]

（三）市场危机预警机制与制度建设

中国证券业协会制定的《证券公司全面风险管理规范》《证券公司流动性风险管理指引》《证券公司信用风险管理指引证券公司合规管理实施指引》《证券公司风险控制指标动态监控系统指引》等系列自律规范将风险分

---

[1]　张艳:《主动退市中投资者保护模式的反思与重构》,《环球法律评论》2020年第6期,第72-87页。

[2]　徐明棋、冯小冰、陆丰:《上海期货交易所风险预警系统的再建》,《上海经济研究》2005年第4期,第76-84页。

为流动性风险、市场风险、信用风险、操作风险、声誉风险等各类风险。根据不同风险的特点规定了风险预警的组织架构、责任分工、预警流程、处理机制等内容,明确了风险管理应遵循以下原则:一是全面性原则;二是审慎性原则。《证券公司风险控制指标动态监控系统指引》中还规定了证券公司应当建立风险控制指标动态监控系统,实现净资本和流动性等风险控制指标的动态监控和自动预警,根据设定的分级预警标准在动态监控系统中设置相应的风险监控阈值,通过系统的预警触发装置自动显示并发送预警信息。中国期货业协会制定了《期货公司压力测试指引(试行)》,也对危机压力水平的评估进行了规定。中国证券投资基金业协会制定了《基金管理公司风险管理指引》《公募基金管理公司压力测试指引(试行)》《证券投资基金管理公司合规管理规范》《私募投资基金管理人内部控制指引》,对公募基金和私募基金的风险管理都作出了规定。这些自律规范对危机如何发现、如何预警、如何处置、如何防控作出了详细规定,并有对应的自律监管措施作为保障。

(四)系统危机预警机制与制度建设

我国证券市场危机的管理组织有三级,最高级为国务院金融稳定发展委员会,中间级也是核心级为证监会,基础级为证券交易所、期货交易所和中证监测等。根据《证券法》规定,证监会负责统一监督管理全国证券市场,维护证券市场秩序,保障其合法运行,证券业危机的预警和防控是证监会职责的应有之义。在法律层面上,《证券法》对证券业中各方参与者危机预警及防控的职责进行了分工。如该法第一百六十九条第七项规定证券监督管理机构依法监测并防范、处置证券市场风险的职责。行政法规层面,《证券公司监督管理条例》《证券公司风险处置条例》分别从事前和事后两端对风险的预防及处置进行了详细规定,如《证券公司风险处置条例》第七条规定证券公司风险控制指标不符合有关规定,在规定期限内未能完成整改的,可以责令证券公司停止部分或者全部业务进行整顿。部门规章和规范性文件层面,《证券公司风险控制指标管理办法》《证券公司风险控制指标计算标准规定》《证券公司和证券投资基金管理公司合规管理办法》等以风险控制指标与合规管理作为两条主线,对危机预警和防控做出了具体规定,明确了证券公司开展业务时须遵守的规则。①

五、投资者保护法律制度现状

投资者是证券市场中的核心,离开了投资者,证券市场就没有存在的实质意义,投资者是保证证券市场得以有效运行的资本持有者,在某种程度上就是证券市场的灵魂群体。证券市场投资者合法权益的保护是《证券法》的立法宗旨之一,这也决定了现行立法对投资者保护格外重视。从投资者保护的法律制度体系看,既包括《证券法》在内的法律,也包括《国务院办公厅关于进一步加强资本市场中小投资者合法权益保护工作的意见》在内的行政法规,《证券期货投资者适当性管理办法》《证券投资者保护基金管理办法》(2016 修订)《期货投资者保障基金管理办法》(2016 修订)等大量的部门规章,以及《公开募集基础设施证券投资基金网下投资者管理细则》《上海证券交易所投资者风险揭示书必备条款指南第 3 号——科创板股票》等行业自律规范。整体而言,基本上覆盖了法律、行政法规、部门规章和行业自律规范四级保障的制度体系,从形式上建立起了完善的投资者合法权益保护制度。而投资者保护的主要制度构建则围绕着投资者权利与义务、投资者保护机构、投资者适当性管理、投资者保护基金、投资风险信息揭示、信息披露制度、投资者救济机制、侵害投资者权益的法律责任等展开,具体而言:

从 2020 年起实施的新《证券法》关于投资者保护的规定看,"对投资者风险承受能力的分类识别""前瞻式的监管干预"以及"引入原则监管"等均

---

① 汤维建:《中国式证券集团诉讼研究》,《法学杂志》2020 年第 12 期,第 100-112 页。

是对新形势下投资者保护的有力回应。对投资者风险承受能力的分类识别方面,"投资者保护"专章第八十八条①开宗明义地规定了投资者适当性要求,同时第八十九条区分了"普通投资者"和"专业投资者",由此构成针对券商"投资者适当性"的法定义务,此条件下投资者的适当性义务成了"投资者保护"的前置条件,因为投资者进入证券市场是投资的开始,没有在券商的开户和下单,投资者就无法交易,也就谈不上后续的受到损失。前瞻式的监管干预方面,为了将风险与防范放在前面,新《证券法》第八十八条对券商施加了审查两方面的投资者适当性义务:第一个是身份识别的基本义务,即"了解你的客户"原则;第二是风险识别的基本义务,即了解客户能做什么,不能做什么,而新证券法有关"投资者适当性义务"的规定,实际上是国际通行的针对金融消费者保护的"行为监管"的重要组成部分。引入原则监管方面,基于第八十八条新设置了一项券商的法定义务,如要切实通过本条实现保护广大投资者利益的初衷,则在该条具体执法和监管的过程中就要注意对"原则监管"的引入。②

第三节　经验总结：现行证券业立法中有限发展法学理论的局部体现

事实上,尽管虚拟经济有限发展法学理论在学术层面尚属于一个全新的理论贡献,但因为具有高度的实践性品格,决定了其必然来源于实践,并将致力于更好地指导虚拟经济发展的实践。正是因为虚拟经济高度的实践

---

① 《中华人民共和国证券法》第八十八条规定:证券公司向投资者销售证券、提供服务时,应当按照规定充分了解投资者的基本情况、财产状况、金融资产状况、投资知识和经验、专业能力等相关信息;如实说明证券、服务的重要内容,充分揭示投资风险;销售、提供与投资者上述状况相匹配的证券、服务。

② 郑彧:《新证券法下"投资者适当性义务"的实现路径——从"规则监管"到"原则监管"得转变》,《证券市场导报》2021年第3期,第62-68页。

性特征,对全球范围内虚拟经济发展规律与经济危机关系的梳理、总结虚拟经济立法的历史规律、虚拟经济立法与虚拟经济危机应对之间关系的考察、结合我国虚拟经济运行的过去与现状等,使得虚拟经济有限发展法学理论与既有虚拟经济法律制度之间有着较大的联系。虚拟经济有限发展法学理论对虚拟经济安全的追求与证券业立法目标之间的耦合,虚拟经济有限发展法学理论对虚拟经济与实体经济之间关系的判断与证券市场有序发展、防止资本无序扩张之间的耦合,虚拟经济主张基于正义的要求对金融消费者、投资者的保护与证券立法致力于投资者保护的耦合,虚拟经济安全有限发展对政府作用的强调与证券业立法注重监管的耦合等,使得虚拟经济有限发展法学理论在现行证券业立法中已经有较多的体现。现行证券法律制度中,虚拟经济有限发展法学理论主要散见于证券经营机构及其管理法律制度、证券交易法律制度、证券业危机预警和防治法律制度以及投资者保护法律制度中。当然,是否符合有限发展,具体的检验标准本章第一节我们已经总结出了五个基本原则:(1)现行法律制度是否关注证券业规模与实体经济的匹配;(2)现行法律制度是否构建了完善的证券业监管体制机制;(3)现行法律制度是否有利于保障投资者合法权益的实现;(4)现行法律制度是否明确规定政府干预证券市场的权责利;(5)现行法律制度是否厘清安全与效率、防范与控制之间的关系。

一、证券经营机构制度中有限发展法学理论的体现

证券经营机构作为证券业发展的主要中介力量和有力推动者,其制度安排在很大程度上关系着证券业发展的前景。证券业的安全、有序发展,投资者权益的保障等均对经营机构制度安排有着较大的依赖。从这个意义上看,证券业是否有助于实现有限发展,在很大程度上需要依赖于合理、科学的证券经营机构法律制度设计。值得欣喜的是,在证券行业"放松管制、加强监管"这一背景下,以证券业有限发展的几个指标为基础,对照检视现行

证券经营机构法律制度的设计,我们发现现行证券经营机构的制度设计,在部分领域较为充分地体现出了有限发展法学理论的要求与基本内容,以下择其要者而论之。

从证券经营机构设立、变更、重要规则的制定以及市场退出等方面的制度供给现状看,部分制度体现出了证券业有限发展的理论构想。现行《证券法》第八章第一百一十八——百四十四条专门对证券公司做了详细的规定,在第一百一十八条证券公司的设立条件中,列举了设立证券公司的七项限制条件,并附加了国务院证券监督管理机构批准的要求,这使得证券公司从市场准入方面就要受到严格的限制。相较于注册制,证券公司设立的许可制更加符合当下我国证券市场发展的现状。我国证券市场的发展只有短短几十年,市场机制尚不成熟,证券法制有待完善,广大投资者在投资能力、经验和理性方面存在较大缺陷,因此在现阶段采用许可制是比较好的选择。[1]这一机制的选择,使得证券公司的市场准入方面整体上符合有限发展的基本要求。当然,第一百一十八条第五项对证券公司"有完善的风险管理与内部控制制度"[2]的要求,直接是出于对安全的要求,这与虚拟经济有限发展法学理论强调安全首位的理念趋同。关于证券公司经营业务的准入,《证券法》第一百二十条核准制的选择也是出于对安全和效率兼顾情形下安全优先的考虑,核准制相较于审批制显然更加注重效率,更加偏向于市场化运行方式,核准制相较于市场化的注册制尚有一段距离,而这一段距离事实上就是出于对效率和安全衡量的结果,事实上就是有限发展的一种制度体现。关于证券公司变更经营范围、合并、分立、停业、解散以及破产等的核准,事实上也是有助于风险的防范,投资者利益的保护以及对市场经济秩序的维护。

---

[1] 华东政法大学课题组、吴弘:《证券公司与证券服务机构法律制度完善研究》,《证券法苑》2014 年第 1 期,第 319-354 页。

[2] 《中华人民共和国证券法》第一百一十八条第五项。

　　从对证券经营机构监管的制度供给现状看,放松管制与强化监管的变革趋势恰恰是有限发展法学理论的核心要义之体现。即放松管制是为了证券业在遵循要素市场化,充分发挥市场资源配置作用的前提下更好地发展,而强化监管恰恰是为了将证券业的发展控制在一个相对安全的范围内。特别是审慎监管原则在《证券法》第一百一十九条中的直接明确,使得对证券经营机构的监管重心转向了以防范和化解风险为目的的监管模式。同时,从证券公司业务监管制度看,《证券法》第一百二十条顺应金融创新的需求与市场迅速发展的实践,一方面以列举的方式扩展了证券公司业务范围,并以兜底条款的方式将该范围进一步予以扩张,这一改变充分体现了鼓励创新,促进证券业发展的现实需求,但另一方面在扩大其业务范围时强化了对风险监管的要求,包括从注册基本[1]、审慎监管原则[2]以及严格防范和控制风险[3]等方面做出了限制。当然,证券公司依法审慎经营、诚实守信等均是安全和发展的体现。这也就是说从现行立法来看,放松管制是因为证券业必须要发展,必须在开放经济条件下对照甚至引领国际规则;加强监管是因为证券业的发展必须是安全的、有限的,在法律可控的范围内的发展,而不是无序的扩张。

　　从证券投资者保护制度看,投资者保护基金制度,以及相应的制度设计如禁止证券公司欺诈客户等,均反映了对投资者利益的重视。(证券公司与其客户间的利益冲突若不加以有效防范和管理,证券公司便可能因地位优势或信息优势而获取不正当利益,进而影响客户的公平竞争利益。[4])因此,

---

[1]　《中华人民共和国证券法》第一百二十一条第一款。
[2]　《中华人民共和国证券法》第一百二十一条第二款。
[3]　《中华人民共和国证券法》第一百二十条第三—五款。
[4]　华东政法大学课题组、吴弘:《证券公司与证券服务机构法律制度完善研究》,《证券法苑》2014 年第
　　1 期,第 319-354 页。

保护客户或投资者利益的价值诉求要求对利益冲突的防范和管理做出立法规范。① 事实上,不管是投资者保护基金制度的建立②、禁止欺诈客户的规定③、业务活动符合审慎监管和投资者利益保护要求④的规定,还是利益冲突防范⑤的制度构建,或者对全权委托的严格规范等,均是在证券经营机构法律制度中对投资者权益的充分保障。回到理论本身,虚拟经济有限发展法学理论作为虚拟经济立法的一种指导思想,对虚拟经济中弱势群体利益的关注是理论的主要内容,也是理论之所以具有生命力的关键所在。而这也从侧面说明了现行证券法律制度,特别是证券经营机构法律制度中有关投资者合法权益的保护与有限发展法学理论实现了耦合。

二、证券交易法律制度中有限发展法学理论的体现

前文已述,广义的证券交易法律制度包括证券发行法律制度、证券上市法律制度、证券交易法律制度以及信息披露制度等。因此,证券交易法律制度中有限发展法学理论的检视,须分别从这些具体法律制度中予以发现。从证券业的整个生命周期看,证券的发行、上市、交易显然处于关键阶段和核心地位,这也决定了证券交易法律制度在整个证券法律制度中的核心地位,而现行证券交易法律制度中有限发展的制度体现也是相对较多的,以下分别从几个层面进行简单的列举说明:

首先,从证券发行法律制度的既有规定看,体现证券业有限发展的制度设计,不管在质量还是在数量上均有较为充分的体现。证券发行诸多制度规定中,最能体现有限发展法学理论的当属核准制向注册制的制度变革之

---

① 蔺捷:《欧盟证券交易中的利益冲突规范及其启示》,《德国研究》2013 年第 1 期,第 40-49 页、第 125 页。
② 《中华人民共和国证券法》第一百二十六条、《证券投资者保护基金管理办法》(2016 年修订版)。
③ 《中华人民共和国证券法》第五条、第八十九条第二款、第九十三条。
④ 《中华人民共和国证券法》第一百三十条。
⑤ 《中华人民共和国证券法》第一百二十八条。

路。我国证券发行的注册制,是在经历了较为长久的探索和经验积累基础上的理性决策,而不是一步到位的制度选择,是一种逐步接轨国际规则和既有经验的方式,也是逐步有序开放的现实表现。核准制和注册制二者其实并无真正意义上的优劣之分,其目的和价值追求都是趋同的,只不过在不同阶段各自发挥不同作用,以及与市场匹配度不同而已。相较于核准制的强调实质审核的准则主义路径,注册制更强调形式审查的(信息)公开主义。我国的证券发行经历了"审批制—核准制—注册制"的缓慢过渡与渐进式变革,走的是一条政府逐渐放权,不断重视市场经济规律,强调"市场在资源配置中起决定性作用和更好发挥政府作用"的制度变革之路。而这事实上就是证券业有限发展的一种体现,即一方面通过制度和政策的设计鼓励证券市场的发展,但另一方面因为我国没有西方国家证券业发展的长久经验,属于"摸着石头过河"的探索,因此有必要通过借助国家的干预,在整体风险可控的范围内以实现其安全发展。例如,有研究指出"中国等转型经济国家严格的事前监管能够在最大限度上将业绩较差的公司阻挡在证券市场之外"[1]。换言之,逐渐放松对证券发行的管制,是因为我国的证券市场在不断发展成熟,是因为我国的风险治理体系和治理能力在不断提升,是因为现行市场体系下核准制的弊端开始显现而注册制的优势得以凸显。而在放松管制的基础上以信息披露等形式加强监管,是因为证券业的发展必须是有序和安全的,必须是有利于服务实体经济的,必须是有"度"的,而不能放任其"脱实向虚"进而失去控制。

其次,从证券上市法律制度看,对证券上市的条件与程序、上市的暂停、恢复与终止、场外交易市场等的规定,均在部分程度上能够反映出证券市场有限发展的趋势。证券上市作为发行和交易的一个中间环节,连接着发行

---

[1]　北京大学课题组、吴志攀:《证券发行法律制度完善研究》,《证券法苑》2014 年第 1 期,第 175-223 页。

和交易的两端,其是否注重对安全的追求、对秩序的追求、对投资者利益的保护等,对于证券业有限发展的实现起着重要作用。现行法律制度中,《证券法》对证券上市的基本条件做了限制,即申请上市交易的,应当向证券交易所提出,而证券交易所则应当在上市规则中对发行人的经营年限、财务状况、最低公开发行比例和公司治理、诚信记录等提出要求。① 这从相对宏观的层面对证券上市做出了部分限制,事实上就是一种有限发展的制度体现。在此基础上,《上海交易所股票上市规则》《上海交易所公司债券上市规则》等从信息披露、董监高等管理人员规定、保荐人、定期报告以及关联交易等各方面对上市条件进行了规定,之所以做出这些规定,就是为了创造一个安全有序、投资者权益能够得到保障的交易环境。

再次,从证券交易法律制度看,交易主体方面投资者适当性保护制度、交易客体方面"依法发行"的规定、证券从业人员买卖股票的适当限制制度、短线交易的规制、信息披露、禁止交易行为规制的规定等,均能反映出证券业有限发展的趋势。投资者适当性制度使得普通投资者的利益得到有效保护;交易客体中规定能够交易的证券必须是依法发行并交付的证券,对非法发行的证券交易进行了限制,主要可以起到维护正常的市场交易秩序的作用;证券从业人员买卖股票的适当限制、短线交易的规制、禁止交易行为的规制等,既可以避免操纵市场、内幕交易等证券违法行为的发生,也可以维护市场秩序,确保安全和效率的均衡,整体上均有助于证券业的有限发展。

最后,从信息披露制度看,信息披露既是证券业运行之基础,又是证券业安全、有限发展之保障。以强制信息披露制度为例,我们知道证券发行的核心在于如何将股票等销售出去,而能否顺利销售的关键在于数量广大的投资者是否掌握相应的信息,只有让投资者充分了解到相应的信息,买卖活动才有可能发生。当然,发行过程中的强制信息披露制度,其意义不仅仅在

---

① 《中华人民共和国证券法》第四十六条、第四十七条。

于促成交易,还在于高质量促成交易,也就是在保障投资者知情权,保证信息的客观真实,让投资者在充分了解风险和收益的基础上进行一次理性的投资选择。在核准制向注册制变革的过程中,信息披露制度的重要性进一步得以体现,现行法律对信息披露制度做了较为细致的规定,信息披露的"真实性""完整性""准确性"与"及时性"等基本原则①均得到了体现,对披露的主体、义务以及法律责任等的规定,均有利于促进信息在证券市场各主体间的流动。

三、危机预警和防治制度中有限发展法学理论的体现

开放经济条件下,面对各种不确定性,证券业危机预警和防治比以往任何时候都具有重要性。证券业危机预警和防治制度的核心目标和追求在于,通过对风险的防范,进而保障证券市场运行的安全,以及对投资者合法利益的保护,这与虚拟经济有限发展法学理论强调虚拟经济安全与可持续发展,注重虚拟经济危机预警和防范,强化虚拟经济领域弱者保护的基本内核实现了有效的契合。因此,证券业危机预警和防治制度,也是最能体现虚拟经济有限发展法学理论的领域之一。证券市场风险预警的重要性在于,证券市场预警是宏观审慎监管中的重要环节,投资者可以根据市场风险指数的变化来判断市场运行情况,并作为投资决策参考;监管部门可以根据市场风险指数来选择使用何种宏观审慎监管工具,以及宏观审慎监管工具的使用期限。② 事实上,我国证券市场经过了多年发展,已经建立起了相对完善的危机预警和防治制度,尽管部分制度依然需要制定或者进一步完善。如近年来,"监管机构严抓证券行业的全面风险管理,修订《证券公司全面风险管理规范》,并颁布《风险控制指标动态监控系统指引》等一系列风险管理

① 万建华:《证券法学》,北京大学出版社,2013,第 191-192 页。
② 张辉:《证券市场系统性风险测度与预警研究——基于宏观审慎监管视角》,济南大学硕士论文,2020,第 1 页。

法律法规,进一步聚焦当前市场上风险频发的重点业务,强化业务方向上的内控要求"①。

尽管现行《证券法》并没有专门规定证券风险预警和防治制度,但部分条文中对此已然进行了重视。如该法第一百二十条第五款②对证券公司提出了严格防范和控制风险的要求,此外,《证券法》第一百六十九条第七项对各主体危机预警与防治的职责进行了划分,将依法监测并防范、处置风险的职责赋予监管机构。当然,《证券公司监督管理条例》《证券公司风险处置条例》分别从事前和事后两端对风险的预防及处置进行了详细规定,如《证券公司风险处置条例》第七条规定证券公司风险控制指标不符合有关规定,在规定期限内未能完成整改的,可以责令证券公司停止部分或者全部业务进行整顿。《证券公司风险控制指标管理办法》《证券公司风险控制指标计算标准规定》《证券公司和证券投资基金管理公司合规管理办法》等以风险控制指标和合规管理作为两条主线,对危机预警和防控做出了具体规定。③ 而这些既有法律制度的规定,体现出了证券立法对于安全的重视,对于风险预警、防范和控制的措施,其目的就是为了确保证券业的发展是在一个相对安全的轨道中运行,就是通过法律制度为其设定一个"阈值",设置一个"信号灯",进而实现证券业的有限发展。

四、投资者保护法律制度中有限发展法学理论的体现

虚拟经济有限发展法学理论致力于通过指导建立更加科学、合理的投资安全法律保障制度、风险预警制度、投资保险制度、信息披露制度、银行接管制度、法律责任制度等。特别是通过建立相应的中小投资者特别保护机

① 吴承根、王青山、盛建龙等:《当前证券经营机构风险管理面临的主要问题与对策研究》,载中国证券协会编《创新与发展:中国证券业 2019 年论文集》,中国财政经济出版社,2020,第 1007-1014 页。
② 《中华人民共和国证券法》第一百二十条第五款:证券公司从事证券融资融券业务,应当采取措施,严格防范和控制风险,不得违反规定向客户出借资金或者证券。
③ 汤维建:《中国式证券集团诉讼研究》,《法学杂志》2020 年第 12 期,第 100-112 页。

制,以及金融消费者特别保护机制,为我国虚拟经济领域的大众投资者、金融消费者等相对弱势群体投资、消费活动的权利保护提供了切实可行的建议,可以为我国虚拟经济领域中的大众投资者、金融消费者等民众提供更有利的发展机遇,并提供更充分的权利保护,从而可以惠及民生,维护社会的和谐与稳定。回归证券市场,证券业相关立法对证券投资者合法权益的保护尤为重视。在投资者保护的立法条例上,法律、行政法规、部门规章和行业自律规范四个层级均做出了制度安排。特别是法律层面,现行《证券法》第一条立法目的中便旗帜鲜明地表达了"为……保护投资者的合法权益……制定本法",第六章更是以专章的形式对投资者保护做出了相应的制度安排,当然散见于其他章节中的投资者(直接或间接)保护的内容则更多。投资者保护的主要内容上,现行法律制度主要围绕着投资者权利、投资者保护机构、投资者适当性管理以及保护基金、救济机制等制度进行展开。通过投资者适当性管理,以对投资者风险承受能力进行分类精准识别,进行前瞻式的监管干预,以及引入监管原则等均是对投资者保护的制度回应。这些制度的回应,与有限发展法学理论通过指导制度构建,以实现投资者保护的目标实现了耦合,使得有限发展法学理论一方面更具有实践基础,另一方面也更具有理论的指导性。具体制度层面,以下择其要者论之:

以投资者保护基金制度为例,在证券领域投资者保护的所有制度中,证券投资者保护基金事实上最能全面体现有限发展法学理论的核心思想与实践要求。一方面,投资者保护基金顾名思义主要是为了切实保障投资者合法的利益不受到损害;另一方面,投资者保护基金设立的目的,就是要在防范和处置证券公司风险中对投资者的利益进行相应的保护,也就是说这一制度还是一种风险防范和处置机制。而虚拟经济有限发展法学理论的核心要义恰恰也在于:通过制度的外在约束和保障作用,既要防范和化解虚拟经济风险,确保虚拟经济运行安全,也要兼顾社会公平和正义,保护虚拟领域的弱势群体(金融消费者、证券投资者等,当然二者关系素来有争议,本书不涉及探讨二者关系）的切身利益。从投资者保护基金的来源和管理看，证券投资者保护基金由证券公司缴纳的资金，以及其他依法筹集的资金组成，资金的筹集、管理和使用由国有独资公司中国证券投资者保护基金有限责任公司负责，相对独立的管理体制更有助于风险的防范和投资者的保护。从基金的功能看，除了前述风险防范和投资者保护外，基金的设立还可以增强市场参与者的投资信心，降低其后顾之忧，有利于市场的繁荣，当然更有利于市场稳定性的确立。

第四节　总体缺失：有限发展法学理论尚未有效指导现行证券法制

虚拟经济有限发展法学理论的实践性品格，使得其与现行虚拟经济法律制度存在一定程度的耦合，现行法律制度中也多能发现虚拟经济有限发展的影子。但基于现行法律制度供给的背景、制度供给主体基础知识（主要指制度供给中关于制度的事实知识、价值知识和方法知识等①）掌握的全面性、国内外经济环境变化、虚拟经济领域不断创新等各种因素，现行法律制度并未全面体现出有限发展法学理论的核心观点。以证券法律制度为例，尽管现行证券法律制度在追求安全、防范风险、强化审慎监管、保护投资者等各方面能够体现出证券业有限发展的倾向，但依然存在与有限发展法学理论不相符的内容，个别制度与有限发展法学理论核心观点的一致并不能反映出制度的全貌，现行证券业立法中有限发展法学理论的体现依然处于缺位状态，宏观上看，这种缺位主要体现在以下方面：

一、现行证券法律制度供给中缺乏有限发展的理念

虚拟经济有限发展法学理论作为一种法学思想，就是虚拟经济运行规

---

① 靳文辉：《公共规制的基础知识》，《法学家》2014 年第 2 期，第 91-102 页、第 178 页。

律、风险发生规律、安全保障规律等客观存在,通过反映在人的意识中并经过一系列思维活动而产生的观点和观念体系,因此其本身就表现为一种看法、思想以及观念等理念性的存在。所以,虚拟经济有限发展法学理论得以指导虚拟经济实践的主要方式,便是将其以理念的形式,在虚拟经济法律制度的构建中得以体现。遵循此逻辑,虚拟经济有限发展法学理论在证券业相关法律制度中的体现,很大程度上就是证券法律制度是否践行了有限发展理念。通常情况下,理念会贯穿实践活动的全过程,而这种主体内心的主观能动性,对客观的实践活动有着重要的影响。理念会影响目标的改变、原则的调整、角色的定位、方式的选择等后续各种实践活动的展开,因此合理的理念确立往往成为行动的先导。① 理想化审视,虚拟经济有限发展理念,应该通过虚拟经济法律制度的目标(立法目的)、原则以及具体规则等形式予以承载。

　　虚拟经济有限发展法学理论视角下,证券业有限发展理念应该作为证券法的精神内核。任何一项法律的创制都必然受制于一定的立法理念②,证券业立法也概莫能外。对现行证券业的法律制度进行审视便可发现,尽管部分法律条文可能体现出证券业有限发展的内涵和要求,但这种局部的偶然性无法反映法律制度的全貌,我们也不能因为在部分法律制度中发现了有限发展的影子,就宣称证券业实现了有限发展。现实的情况是,有限发展理念对证券业立法的影响依然较小,证券业现行法律制度的供给中依然缺乏有限发展的理念。更为具体地看,在现行法律制度关于证券业与实体经济的关系、证券市场运行安全、证券监管原则及具体要求、证券投资者保护等各方面制度的设计中,尽管制度供给的主体在充分考虑各种情况后,做出了较为妥帖的制度安排,这些制度的设计,也有效促进了我国证券市场的繁

---

① 胡光志、荀学珍:《论地方政府参与金融风险治理的法治困境及出路》,《现代经济探讨》2020 年第 10 期,第 112-119 页。

② 高其才:《现代立法理念论》,《南京社会科学》2006 年第 1 期,第 85-90 页。

荣和发展,规避了风险,但在具体实践过程中依然存在这样那样的问题,需要补充完善。

二、现行证券法律制度供给中缺乏有限发展的目标

一般而言,目标是行动的前提,行动方案的设计总会围绕着一定的目标进行。"在任何一个规制体系中,中心议题之一即相关规范所设定的目的或目标及其在规范中的呈现方式。"①证券法律制度想要在证券业发展中扮演一个什么样的角色,主要取决于其价值目标为何,而要对现行证券法律制度进行完善,也必须先明确其价值目标,根据目标检视其在证券业发展中面临的问题,进而进行相应制度的设计。更进一步,法律的价值目标反映了社会的价值标准,是法律获得正当性的一个基础,法律的价值目标通常借助于法律原则和法律规范得以具体化,价值目标统摄了法律原则,而法律原则又统摄了法律规范,由此构成了一个在内容上层层具体化、效力上层层遵循的内在统一和谐的法律体系,且这个体系对外发挥社会作用的方向,取决于法律的价值目标,法律在其价值目标的指引下,在功能上回应社会的需求。② 这也就决定了在证券业立法中,不仅仅是基本的理念的问题,法律的价值目标同样处于重要的位置,证券法律制度想要达到何种社会效果,主要取决于法律目标是否充分反映了社会的价值标准和要求,是否具有足够的回应性和问题导向的品格。

虚拟经济有限发展法学理论中强调的虚拟经济规模不能超过实体经济、虚拟经济理应服务于实体经济、虚拟经济安全和效率并重但安全优先、构建完备的虚拟经济监管机制体制、规范和限制政府干预虚拟经济的权力边界、保护虚拟经济领域内弱势群体等,均是对虚拟经济领域社会现实需求

---

① 科林·斯科特:《规制、治理与法律:前言问题研究》,安永康译,清华大学出版社,2018,第7页。
② 黄建武:《法律的价值目标与法律体系的构建》,《法治社会》2016年第2期,第1-10页。

的有效回应,在很大程度上反映了当下社会的价值标准,这也决定了虚拟经济法律制度的目标应当包括有限发展。证券业作为虚拟经济的典型代表,其法律制度的设计理应以证券业有限发展为目标遵循。但对现行证券法律制度进行检视可知,尽管在以《证券法》为基础的证券业制度供给中,其立法目的条款表现出了对安全的重视、对投资者的保护等,但事实上证券业的有限发展并没有真正成为证券法律制度的目标遵循。这种情形下,证券业的法律制度对外发挥其社会作用的方向便容易发生偏离,方向的偏离通常会使得其功能难以全面发挥,产生的效果也将大打折扣,最终难以有效回应治理(规制)的需求。

三、现行证券法律制度供给中缺乏有限发展的原则

法律原则向上回溯是法之要旨与法律目标的凝炼,向下发展则是法律规则的基础或本源,在法律结构中居于核心地位。[①] 法律原则是法律的基础性真理、原理,或是为其他法律要素提供基础或本源的综合性原理或出发点,是集中反映法的一定内容的法律活动的指导原理和准则。较之法律规范,法律原则更直接地反映出法的内容、法的本质,以及社会生活的趋势、要求和规律性。从法律制定的角度看,法律原则直接决定了法律制度的基本性质、内容和价值取向;法律原则是法律精神最集中的体现,因而构成了整个法律制度的理论基础,对法制改革具有导向作用。虚拟经济有限发展法学理论视角下,虚拟经济有限发展原则,从其产生的基础性条件看,属于一种政策性法律原则,主要受一国虚拟经济发展状况、虚拟经济运行安全状况、虚拟经济风险治理体系和治理能力现实情况的影响;从其对人的行为及其条件之覆盖面的宽窄和适用范围大小看,属于具体法律原则,因为相较于体现法的基本价值的那些基本法律原则(如宪法中的原则),虚拟经济有限

---

① 庞凌:《法律原则的识别和适用》,《法学》2004 年第 10 期,第 34-44 页。

发展原则仅仅属于虚拟经济法律制度的原则;从其涉及的内容和问题不同看,虚拟经济有限发展原则既属于实体性原则,也属于程序性原则,也就是说该原则既可以指向实体性的权利和义务,也可指向程序性的要求、步骤等。

反观现行证券法律制度,证券业有限发展的原则在现行制度供给中的体现并不充分。尽管现行立法中有部分原则(如现行《证券法》第三条规定的"三公原则"以及第四条规定的诚实信用原则等)或者具体规则或多或少体现出了证券业有限发展的要求,但现行立法并未明确提出有限发展的原则。当然出于各种因素的综合考量,在法律条文中无法直接体现有限发展原则也属正常,但在立法说明文件中也未能反映出有限发展的踪迹,这使得证券业有限发展在证券业立法的原则上落空。有限发展原则在现行证券立法中的落空,体现了现行证券法律制度在部分程度上未能充分反映出自身的本质,以及社会生活(虚拟经济发展)的趋势、要求和运行规律。当然,对此我们可以用法律相对滞后于社会生活(特别是金融领域,法律制度总是在做金融创新后面的跟跑者)等进行解释和论证现行制度的合理与正当性,但这并不会改变证券业发展的基本趋势和运行规律,因此需要在虚拟经济有限发展法学理论视角下对现行制度进行检视与补正。

第四章　有限发展法学理论视角下现行证券法律制度的具体问题

与其他理论一样,来源于实践并致力于更好地指导实践是虚拟经济有限发展法学理论的基本路径依赖。来源于实践是对全世界范围内虚拟经济发展运行的历史与现实进行深入细致观察后,去粗取精、去伪存真,总结其规律基础上的一次理论升华;更好地指导实践也是因为其在总结实践经验的同时,发现了实践中存在的各种问题,而问题的克服总是需要一定的理论进行宏观的指引,总结失败教训和提炼成功经验基础上形成的理论,对于此类问题的克服显然更具有指向性和独特优势。因此,虚拟经济有限发展法学理论对证券法律制度的变革进行指导的一个基本前提,就是以该理论的核心要义和基本要求为依据,对现行证券法律制度进行检视,进而发现其中存在的需要进一步变革的主要问题。

第一节　证券经营机构法律制度中妨碍有限发展的主要问题

前文已述,从证券经营机构设立、变更、重要规则的制定以及市场退出等方面的制度供给现状看,部分法律制度体现出了证券业有限发展的理论构想。但从证券经营机构整体法律制度的全貌审视,现行证券经营机构法律制度中依然存在部分妨碍证券业有限发展的问题,需要对之予以检视和完善。从宏观层面看,在现行证券经营机构法律制度的设计中,较大可能忽视了证券业与实体经济之间关系的合理处置、安全和效率之间关系存在一刀切的现象、风险防范和控制之间更偏向于控制、部分监管的机制体制尚不健全的问题,而这些问题恰恰是证券业有限发展所要遵循的准则;从具体制度供给层面看,现行证券经营机构法律制度中妨碍有限发展的主要问题集中表现在以下几个层面:

一、证券经营机构准入管理制度中妨碍有限发展的问题

现行《证券法》在 2019 年修法时对证券经营机构市场准入管理制度进行了较大的修改,使得部分制度更加符合证券业发展的现实需求,也有助于证券业有限发展的实现。如对证券公司市场准入中继续坚持许可制的同时,取消了证券公司股东准入中"持续盈利能力"等的限制,鼓励发展的同时也体现了有限发展。但其中部分制度依然不利于证券业的有限发展。如证券公司股东准入制度中,《证券法》第一百一十八条第二项对"主要股东"并没有做出明确规定,这就使得因为法律条文规定的模糊性,导致对主要股东的监管变得模糊[1],事实上对主要股东(通常指持股 5%以上的股东)的监管是实现证券业安全发展、风险防范的主要举措之一;同时,该法第一百二十条对证券公司的业务准入从许可制变成了核准制,尽管是出于防范风险和维护安全的考虑,但证券公司业务非常广泛,不作具体区分一概实行单一的核准制显得不够周全,本质上是为了维护安全,但却在一定程度上限制了发展。与此同时,有些业务事实上也并非全属于证监会主管,而应由其他机构核准,但现行法律将核准权集中于证监会,也不利于证券公司业务的发展。

二、证券经营机构风险管理制度中妨碍有限发展的问题

以证券公司为主的证券经营机构作为市场组织者、产品创设者与流动

---

① 华东政法大学课题组、吴弘:《证券公司与证券服务机构法律制度完善研究》,《证券法苑》2014 年第 1 期,第 319-354 页。

性提供者,对其经营风险有效管理的制度构建至关重要。因此,通过制度的建立和不断完善有效管理证券经营机构,一直以来是理论和实务的重心所在。《证券公司全面风险管理规范》和《证券公司风险控制指标管理办法》等将其风险分为市场风险、信用风险、流动性风险、操作风险和声誉风险五个方面,且对各个方面的风险管理都做出了一定的制度安排,但依然存在一些妨碍有限发展的问题。比如当下证券公司风险管理的主要模式依然是按照业务线条展开,未形成统一的风险管理体系,风险监控与管理中出现真空或者交叉的现象较为突出;比如针对流动性的管理缺乏明确的部门职责、流程和技术保障①;比如信用风险管理的适用范围、管理标准、方法和流程等相对模糊等。

三、证券经营机构监管制度中妨碍有限发展的问题

证券经营机构的有效监管是证券业安全、有限发展的关键,在对证券公司的监管上,我国采取了分类管理制度。审慎监管背景下,证券经营机构的监管制度,整体上朝着有利于证券业有限发展的方向发展,但部分制度依然不利于有限发展的实现。比如证券经营机构场外股权市场参与的制度缺失,以区域性股权交易市场、互联网股权融资平台等为主的场外股权市场,是多层次资本市场的重要组成部分,同时也是立足实体经济的融资需求导向的一种重要融资渠道②,但当下场外股权的制度除了《证券公司开展场外股权质押式回购交易业务试点办法》外,部分制度尚处于缺位状态,制度的缺失不利于证券市场的安全、有限发展。比如宏观审慎监管下证券公司系统重要性评价体系尚不健全,《巴塞尔协议Ⅲ》提出的金融机构核心资本充

---

① 吴承根、王青山、盛建龙等:《当前证券经营机构风险管理面临的主要问题与对策研究》,载中国证券协会编《创新与发展:中国证券业 2019 年论文集》,中国财政经济出版社,2020,第 1007-1014 页。

② 陈明端:《证券经营机构场外股权业务发展及监管模式探析》,《时代金融》2017 年第 36 期,第 132-133 页、第 138 页。

足率要求,使系统重要性机构评价和监管成为宏观审慎监管的核心内容,目前我国证券公司系统重要性未达到该协议中的宏观审慎监管评价标准,尚未将"太关联而不能倒""太多而不能倒"提高到与"太大而不能倒"同等重要位置,共同纳入我国宏观审慎监管体系。[①] 比如证券公司违反投资者适当性的民事责任制度的不完善,不利于投资者权益的保护,导致投资者在相关诉讼中难以得到有效救济。[②]

四、证券经营机构市场退出制度中妨碍有限发展的问题

证券经营机构的市场退出问题,对于投资者保护、证券市场稳定与风险防范均具有重要的意义。以证券公司为例,证券业作为典型的"三信"产业,由于证券公司在虚拟经济市场的重要和特殊地位,一旦因为其退市过程中出现信任、信息和信心等方面的问题,小则影响投资者权益,大则影响证券市场甚至整个金融市场的稳定,因而一个安全高效的退出制度构建至关重要。关于证券经营机构的市场退出,我国目前并没有专门的规范性文件,而是散见于《公司法》《证券法》《企业破产法》《金融机构撤销条例》《证券投资者保护基金管理办法》等众多法律制度中。尽管已经建立起相对清晰的退出机制,但退出机制中监管方式与监管力度、预警机制、投资者保护以及退出的前置程序等制度的供给依然对证券业的安全、有限发展助益较少,需要进一步完善。

第二节　证券交易法律制度中妨碍有限发展的主要问题

以上文提出的有限发展法学理论在证券业中的五项衡量指标为依据,

---

① 孙国茂、李猛:《宏观审慎监管下的证券公司系统重要性评价体系研究》,《山东大学学报》(哲学社会科学版)2020 年第 5 期,第 131-143 页。

② 孔丽:《证券公司违反投资者适当性义务的民事责任》,载《上海法学研究》集刊 2020 年第 18 卷 总第 42 卷,上海人民出版社,2020,第 41-49 页。

对现行证券交易(广义)进行检视,其中妨碍证券业有限发展的法律制度主要体现在发行法律制度、上市法律制度、交易法律制度以及信息披露制度等各领域的部分制度供给上。

一、证券发行法律制度中妨碍有限发展的问题

证券发行是一种涉众行为,对社会经济秩序可能产生较大的影响,需对其做必要的限制,在这一层面上,就需要充分考虑证券发行的核心旨意,即促进实体经济(企业)的发展,体现融资价值和功能。而这一核心旨意,在虚拟经济有限发展法学理论视角下,主要体现在证券发行中的保护投资者,保证市场的公平、有效和透明以及减少系统性风险,这也是评价现行证券发行制度是否妨碍有限发展的主要指标。从我国证券发行法律制度的整体构造审视,核准制向全面注册制的缓慢过渡,是符合证券业有限发展的要求的。但这并不表示注册制下所有制度的设计都有利于证券业的有限发展,具体而言:

第一,"强政府"与"强市场"并存格局下,政府干预证券市场的权力边界尚不清晰。上文已述,衡量证券业有限发展的一个主要标志就是政府干预证券市场的权责配置是否合理。从我国证券监管体制来看,注册制改革很大程度上是对监管机构自身权力的改革,需要对监管权重新进行合理配置[1],这必然是一项复杂的工作。市场经济条件下,我国政府与市场之间的关系在经历了"强政府""弱市场"的发展阶段后,在不断强调市场资源配置决定性作用,以及要素市场化改革下,逐渐形成了"强政府"与"强市场"并存的格局,有研究指出这种"双强"格局"既非社会主义传统的政府至上论,也非资本主义传统的市场至上论,而是一种兼收并蓄式的中国智慧"。[2] 证

---

[1]　戴昕琦:《我国证券发行注册制改革的制度基础和影响评估》,《四川行政学院学报》2018 年第 1 期,第 35-40 页。

[2]　陆怡:《宏观调控、中国特色与国家治理现代化》,《现代经济探讨》2020 年第 9 期,第 107-112 页。

券市场,注册制改革客观上要求政府"退一步",减少管制,还权于市场,同时
又要"进一步",加强监管,维护市场秩序。① 证券市场需要一个"强政府",
但这里的"强"不是干预和管制能力,而是指监管能力、风险防范和危机应对
等能力。事实上,当下政府在证券市场的权力边界依然比较模糊,特别是监
管部门职能转变、简政放权的改革相对比较缓慢,当然也伴随着相关制度建
设的滞后性。

第二,注册制下高位阶的法律制度供给不足,不利于保障证券业的有限
发展。《证券法》规定了注册制,并将注册制的具体范围和实施步骤交由国
务院具体决定,在国务院分步实施的安排下,暂时并没有出台专门的行政法
规等对之进行规范。现行的制度供给主要以证监会发布的《科创板上市公
司证券发行注册管理办法(试行)》《创业板上市公司证券发行注册管理办
法(试行)》《上市公司证券发行管理办法》以及《首次公开发行股票注册管
理办法》等规章为主。一般而言,基于法律制度、特别是经济法律制度的回
应性,国家不可能等到基础设施、制度供给、法律保障等全部完善后再发展
经济②,但法律制度的长期供不应求也不利于保障市场的秩序、安全和稳定。
因此,在证券发行全面注册制背景下,统一的高位阶法律制度供给显然是必
要的。事实上,按照"国务院关于股票发行注册制改革有关工作情况的报
告"中的内容,证监会推动形成了从科创板到创业板、再到全市场的"三步
走"注册制改革布局,一揽子推进板块改革、基础制度改革、全面注册制改革
和证监会自身改革,开启了全面深化资本市场改革的新局面。③ 这些改革和

---

① 易会满:《国务院关于股票发行注册制改革有关工作情况的报告——2020 年 10 月 15 日在第十三届
全国人民代表大会常务委员会第二十二次会议》,《中华人民共和国全国人民代表大会常务委员会
公报》2020 年第 5 期,第 867-872 页。

② 靳文辉、苟学珍:《构建双循环新发展格局的经济法回应》,《重庆大学学报》(社会科学版)2021 年第
1 期,第 27-38 页。

③ 易会满:《国务院关于股票发行注册制改革有关工作情况的报告——2020 年 10 月 15 日在第十三届
全国人民代表大会常务委员会第二十二次会议》,《中华人民共和国全国人民代表大会常务委员会
公报》2020 年第 5 期,第 867-872 页。

试点使得我们有了总结经验,出台相关法律制度的基础。

第三,证券发行法律制度中信息披露、交易所审核和证监会注册、多元包容的发行上市条件、市场化的新股发行承销机制、公开透明及可预期的审核注册机制、退市等法律制度的供给数量和质量均需改进。这些制度的供给一方面不利于全面注册的实施,另一方面也无法为证券业有限发展提供良好的制度支撑。在既有制度供给质量较低或者缺位的情况下,难以形成有效的市场约束机制,市场主体间互相博弈和制衡的机制难以实现。"卖方市场"的局面短时间内难以改变,投资者合法权益保护依然会面临难题。特别是当前制度对欺诈发行、信息披露造假、中介机构提供虚假证明文件等违法犯罪刑罚力度偏轻,上市公司控股股东、实际控制人"掏空"上市公司、损害中小股东权益的行为在公司法层面缺乏有效制约,新证券法规定的证券民事赔偿制度尚未真正落地。[①] 制度供给能力是治理能力的重要环节,制度供给不足将影响治理效能,证券市场概莫能外。

二、证券上市法律制度中妨碍有限发展的问题

证券上市作为发行和交易的一个中间环节,连接着发行和交易的两端,其是否注重对安全的追求、对秩序的追求、对投资者利益的保护等,对于证券业有限发展的实现起着重要作用。尽管现行证券上市法律制度中部分内容已经有助于落实证券业有限发展,但部分制度依然存在妨碍证券业有限发展的潜在可能,需要以有限发展的指标为依据,进行问题的发现。

证券上市条件与程序、上市暂停与终止制度。证券上市的条件,事实上也是证券交易所和上市申请人协商达成合同的条件。现行管理体制下,证券上市条件、上市程序以及暂停与终止的审核权属于证券交易所,由证券交

---

① 易会满:《国务院关于股票发行注册制改革有关工作情况的报告——2020 年 10 月 15 日在第十三届全国人民代表大会常务委员会第二十二次会议》,《中华人民共和国全国人民代表大会常务委员会公报》2020 年第 5 期,第 867-872 页。

易所根据实际情况做出决定,而证监会主要承担监管职责。整体而言,一方面放权给市场,让市场最大化资源配置;一方面强化监管,看似是有助于证券市场安全、高效的发展。但问题在于,现行制度安排下,效率和安全的位置发生了互换,使得安全保障处于相对靠后的位置。这与有限发展法学理论追求安全与效率并举,安全优先的基本目标出现了偏差。具体制度层面,现行上市制度中,公司债券的上市存在部分与有限发展法学理论不相符的部分,如一线监管、信息披露、债券停复牌等制度均需要进行具体完善。同时,暂停上市制度本质上是为了更好地赋予交易所日常监管权,但由于证券业的虚拟经济属性,使得证券市场是一种信息市场和心理市场,因而暂停上市交易对公司与投资者而言都意味着重大的打击,并可能招致无法估量的损失[①],这就需要交易所制定严格的暂停上市标准,以防止引起市场的波动。

停牌与复牌制度。停牌与复牌的制度在证券上市交易制度中具有重要的地位,制度设计的合理、科学与否关系着证券市场的稳定与投资者利益的保护。作为一种技术性措施,证券的停牌通常要以发生突发事件影响到证券正常交易为基本前提,如重大信息泄露、财务会计报告瑕疵、信息披露义务瑕疵、上市条件变化等。当下停牌与复牌的具体制度由交易所制定,整体上有助于证券业的有限发展,但其中部分制度,如停牌期间信息披露要求的规定模糊、停牌复牌的监管细则尚不明确、重大资产重组后的承诺期限不利于提高上市公司资产重组和恢复股票上市的灵活性与效率等问题,需要进一步予以完善。

股票退市制度。证券市场的健康有序发展,必须要以完善的证券市场退市制度作为基础性制度保障。尽管现行法律制度对资本市场的退出机制进行了较为全面的规定,但在资本市场或者具体到股票市场的规制中,退市制度一直是薄弱环节。尽管《健全上市公司退市机制实施方案》对上市公司

---

① 胡光志:《虚拟经济及其法律制度研究》,北京大学出版社,2007,第 316 页。

的退出予以回应,但我国上市公司的退出制度依然存在退市机制失灵的问题,体现在上市公司在股票市场上"只进不出"或"进多退少"等,使得上市公司和投资者双方都缺乏激励机制,不利于股市资源最佳配置功能的实现和资本市场的持续健康发展。[1] 同时,终止证券上市事关证券公司和投资者切身利益,但现行制度中对证券公司和投资者权利的保障比较有限,还需要进一步扩展。

保荐人相关制度。证券市场上,第三方(机构)机制的作用在于,凭借其出色的信息能力可以大量节约信息搜寻成本,发挥其"守门人"的第一道防线作用事先防范风险,凭借其专门经验以充当监管助手,借助其私人监督的力量节约大量监管和审判资源。[2] 在证券的上市环节,为提高上市公司质量,防范和化解市场风险,保护投资者的利益,需要采取措施,如强化信息披露制度,规定发行人及其董事、控股股东等实际控制人的股份禁售条款等,但其中最为显著和重要的措施在于实施严格的保荐人制度。[3] 当下保荐人制度中与证券业有限发展不相适应的制度,主要体现为保荐人责任机制不健全,对保荐人的处罚基本停留在警告、没收保荐业务收入、没收非法持股所得、罚款、一定时期内的市场禁入,最严重的是撤销保荐代表人的从业资格,但这些处罚停留在行政处罚层面[4],未涉及民事赔偿、刑事追责。对违法违规保荐人的处罚与其承担的责任相比,微不足道,不能对保荐人起到很好的规范以及震慑作用。

三、证券交易(狭义)法律制度中妨碍有限发展的问题

证券交易作为一种以证券为标的的证券转让活动,其行为应当在符合

---

[1]　张妍妍:《中国上市公司退市制度的特征探析》,《经贸实践》2018 年第 20 期,第 41 页。

[2]　耿利航:《中国证券市场中介机构的作用与约束机制——以证券律师为例证的分析》,法律出版社,2011,第 34-36 页。

[3]　董安生、何以等:《多层次资本市场法律问题研究》,北京大学出版社,2013,第 78-79 页。

[4]　王茜茜:《证券上市中保荐人的法律责任研究》,黑龙江大学硕士论文,2017,第 18 页。

公司法等相关法律制度中相应法律规则的基础上,严格遵守证券法规定的交易规则。因为交易的种类繁多,所以各自的规则也不尽相同,这也决定了证券交易法律制度的庞杂。制定主体的多元,加上具体交易类型的复杂多样,导致众多的交易法律制度供给质量参差不齐,部分制度不利于证券业的有限发展。因此,需要以证券业有限发展的基本要求为依据,对现行交易法律制度中可能妨碍有限发展的问题予以发现,并进行相应的完善。

(一)场外交易的法律规范模糊

法律制度层面:在我国,场外交易市场起步较慢,发展尚不成熟,在法律层面亦是如此,现有的规范主要是《公司法》和《证券法》上的原则性规定,还没有对场外交易市场具体的制度规范。对场外交易的态度,也有两种意见。一种认为,场外交易市场有必要规定在《证券法》中。因为《证券法》是规范证券市场全局的基本法律,需要规范整个证券环境,不仅包括狭义的证券交易所,也包括各类场外交易市场;另一种认为,场外交易市场不宜规定在《证券法》中。从证券法的历史发展来看,1998年颁布的《证券法》并没有场外交易市场的规定,这与当时推进建设正式的证券市场有关系;2005年修订的《证券法》没有禁止场外交易,非上市公司的股份也可以流通、转让①,给规范证券市场留下了立法空间,但并未规定场外交易市场的法律地位、市场形态和监管制度等。在现行证券体制下,场外交易市场主要由行政规章进行规范,表现为"规定""通知"等形式的规范。但这些规范层级较低,很难从全国范围内保障场外交易市场的正常运行。要建设、规范我国的场外交易市场,还需要完善相应的法律制度。

监管层面:在证券市场中,虽然我国确定了行业自律监管的制度,但实

---

① 原《证券法》第八十六条:"持有一个股份有限公司已发行的股份百分之五的股东,应当在其持股数额达到该比例之日起三日内向该公司报告,公司必须在接到报告之日起三日内向国务院证券监督管理机构报告;属于上市公司的,应当同时向证券交易所报告。"

际效果不尽人意,更多还是依赖政府监管,这是因为我国早期建立证券市场的经验多来自西方金融发达的国家,缺乏发展证券市场的经验,只能依赖政府主导相关场所的建设来"摸石头过河"。在政府推进发展的过程中,准入制度、交易制度等方面存在浓厚的行政色彩,这在市场建设初期极有必要,但在后续发展中其弊端不可忽视。[①] 具体体现在以下三个方面:

第一,市场参与者问题。在市场参与者方面,融资者数量庞大,需要大量的市场融资,中小企业占有绝对比例,但其存在形态参差不齐。多数中小企业组织结构、产品及产业结构不合理,管理水平、技术创新能力、专业化程度较低。更严重的是,大多数中小企业负债较高,盈利能力较低,在经济市场中信用度较低,相应的经营风险也多。以场外交易为例,无论是国内还是国外的实践经验显示,中小企业的融资成功率较低。除了中小企业,场外交易中的投资者也有很多不足。无论是机构投资者还是个人投资者,对场外交易市场的了解程度以及自身发展规模的认识都有不足。相比国外证券业发达的国家,机构投资者发展历程较短,专业性有待进一步提高,专业基金管理公司、保险机构、社保机构的组织建设存在缺陷,机构投资者或个人投资者股票换手率高,往往都表现出强烈的投机性,过度追求短线交易和高额回报。很多机构投资者普遍缺乏合适的风险防控机制,缺乏激励约束机制,导致风险与收益明显不平衡、不对称;个人投资者在投资市场数量虽然庞大,但普遍缺乏相关专业知识与技能训练,自我决策投资的能力较差,容易受到舆论的引导,这些都是监管面临的问题。

第二,信息披露制度问题。无论是信息披露的内容、对象还是披露方式,都是交易场所制度中的关键内容,体现了一个交易市场的信用程度和交易模式,反映了投资者与政府对于证券市场的评价尺度与价值判断等。[②] 特

---

① 罗红梅:《场外交易市场的监管:1986—2016 年》,《改革》2016 年第 5 期,第 101-113 页。
② 胡燕:《新型资本市场:中国技术产权交易所研究》,《科学学与科学技术管理》2006 年第 2 期,第 34-37页。

别是场外交易市场在我国起步较晚,市场不规范导致信息披露制度远远比不上证交所的场内交易完善,这不仅损害了投资者群体的利益,也不利于多层次、多元化证券市场的健康发展。从实际运作的情况看,我国场外交易市场中信息披露还存在不完整和不全面的问题,完整性要求公司应当将法律规定公开的信息必须予以公开,全面性则要求公司在上市时要提供全面的资料,供投资者充分决策,同样不得隐瞒或重大遗漏。甚至在信息披露中对于那些可能影响证券价格的信息,必须如实、及时公开,不得虚假记载或误导欺诈,做到客观事实无扭曲、无加工,不能超出公布信息的法定期限,避免作废、过时的信息误导投资者。

第三,交易制度问题。在交易制度方面,一般市场主要存在议价交易和竞价交易两种模式,场外交易市场主要采取议价交易的方式。议价交易本质上体现了契约的特征,符合民事合同的一般原则,具有和民事契约相当的自治性与自由度。但是,在证券市场中,通过议价来进行交易可能出现双方恶意串通损害国家、集体或第三人合法权益的情形,引发合同无效,在公开的证券市场中议价交易可能不利于相关主体的利益保护,损害正常的对价交易机制。

(二)证券交易的限制规则尚需细化

为维护证券交易市场的秩序,保护投资者利益和防范风险,证券法等相关法律一般会制定一系列交易的限制规则,这些规则包括对作为交易客体的"证券"的特殊要求,对证券转让期限的限制性规定,对短线交易的限制制度,对关联人员禁止性行为的规制规则,保护客户账户秘密规则,合理收费规则,证券经纪公司业务的行为禁止等。[1] 现行证券法律制度对此予以积极回应,做出了相应的制度安排,但关于证券交易的限制规则中,依然有部分制度与有限发展法学理论的核心要义不相符,需要进一步完善,这些制度主

---

[1] 朱晓娟:《中国证券法律制度》,中国民主法制出版社,2020,第72页。

要包括：

其一，交易主体方面，投资者适当性制度尚不完善。对证券交易的限制，首先应该考虑的就是交易主体中处于相对弱势地位的普通投资者，投资者适当性制度既是一种通过国家公权力对投资者特定交易权利的限制，但同时更是一种对投资者的特殊保护。随着证券市场的发展，现代证券及其衍生品交易的专业性越来越强，对应的风险也越来越大，但普通投资者个人的知识、信息、能力、财力等不尽相同，这就需要通过完善适当性制度，为之提供一种限制和保护。现行证券法在证券交易专章中并没有规定投资者适当性规则。其中《证券法》第二十五条规定的股票投资风险由投资者自负也略显"超前"，特别是当下我国资本市场中集体诉讼制度、信息对称制度以及损害赔偿等制度尚未完全成熟。

其二，证券从业人员买卖证券的制度设计不尽合理。现行《证券法》第四十条对证券从业人员、证券监管机构工作人员等买卖股票做出了禁止性规定。即禁止这些人员在任期或者法定期限内持有、买卖股票以及其他具有股权性质的证券。这一规定主要是为了防止证券从业人员利用内幕信息优势买卖股票，进而形成与普通投资者之间利益关系的失衡，进而维护市场稳定。但现行规定过于一刀切，不利于证券市场的良性发展。根据境外实践经验，可以适度放开这类人员买卖证券的权利，但需要对其进行较为严格的规制，比如建立完善的合规申报机制和违法惩戒制度等。事实上，现行法律制度之下，从业人员借助他人账户买卖股票以及股权性质的证券，在法律上较难发现，在举证和查处双重难题下，使得法律规定因不具有可操作性而落空[1]，出现制定法的失灵，本身就不利于法律的严肃性塑造；与此同时，证券从业人员只要在法律允许的范围内参与交易，因其具有的专业优势，反而

---

[1]　清华大学课题组、王保树、朱慈蕴：《证券交易法律制度完善研究》，《证券法苑》2014 年第 1 期，第 224-250 页。

能够促进资本市场的良性运转。虚拟经济有限发展法学理论的逻辑前提在于发展,发展是基础,有限发展只是对发展趋势的一种理性预想,这也决定了有限发展的制度首先得是有助于证券市场良性发展的制度。

其三,信息披露的法律制度设计存在缺陷。信息是证券业产生和发展的基础,而信息披露制度则是证券法的基石。如何科学、合理设计信息披露制度是各个国家证券法中面临的一个难点。信息披露制度本身就具有双面性,一方面充分、高效和真实的信息披露有助于信息天平的两端实现对称,服务于监管的便利同时也有助于投资者保护,但另一方面信息是有成本的,一味地规定相关主体披露信息而忽视其信息成本的义务配置,显然也是一种不经济的权力运行方式,因此,如何建立起信息的有效流动机制本身就是一个难题。关于信息披露制度的具体问题,下文将专门论述,此处不再展开。

(三)禁止不正当交易的法律制度供给质量不高

为维护证券市场的稳定、保护投资者的合法权益、防范和控制风险,证券法律制度的设计中都会对诸如内幕交易、操纵市场和欺诈客户等行为予以严格的管制。我国证券法律制度亦不例外,对此做了较为严格的规定,整体上有助于证券业的有限发展,但部分制度依然存在与有限发展法学理论不相符的情况,这些制度的存在不利于证券市场的有序、安全和高效发展,需要对之予以检视并完善。

一则,内幕交易法律制度。内幕交易主体范围仍不明确。现行《证券法》在内幕交易主体范围上,依旧沿用了旧法的框架,尽管新《证券法》第五十一条扩大了"知情人"的涵盖范围,但其第九项对知情人的兜底规定仍然采用授权立法①,在授权机构做出补充规定之前,"其他可以获取内幕信息的人"的范围尚不明确。非法获取信息的人的范围的争议长期存在,整个内幕

---

① 即"国务院证券监督管理机构规定的其他可以获取内幕信息的人"。

交易主体范围仍可能继续处于不确定中。① 内幕信息的界定标准存在缺陷。尽管现行《证券法》第五十二条、第八十条对内幕信息的内涵和外延做了规定,且第八十条采用不完全列举的方式进行了规定,但从证监会近年来查处的情况看,影响证券市场价格的内幕信息远远超出既有法律的规定。同时,法律规定的"重大影响"中重大的标准尚不明确,关于"未公开"的标准也存在缺陷,到底是形式公开还是实质公开,内幕交易法律责任尚有欠缺。法律责任的欠缺主要表现为民事赔偿责任的欠缺、刑事责任的威慑不足(自由刑和罚金刑的设计均可能偏低)、信息披露机制不健全等几个方面。这些制度设计与证券业有限发展的要求不相符合,不利于对内幕交易的禁止,需要予以变革。

再者,操纵市场法律制度。利用各种优势或者职权进行的市场操纵,不仅会影响市场价格,还会扰乱正常的市场秩序,甚至引起市场动荡,对此法律进行了积极的回应,特别是 2019 年新《证券法》对操纵市场的行为规制进行了较大的变革(如增加虚假申报操纵),使得法律制度整体上朝着有助于禁止此类交易的方向发展,但部分法律制度的设计依旧存在一些问题,与证券业有限发展的要求存在部分矛盾之处,不利于证券市场的良性发展,如新《证券法》中存在蛊惑交易操纵的行为模式列举不全、要求虚假申报操纵必须撤单不尽合理、交易型操纵与信息型操纵的界限规定不清等问题等②;如交易型操纵与信息型操纵的界限问题,根据现行法律很难确定是使用交易行为还是信息手段进行的市场操纵,而根据中国证监会行政处罚的典型案例显示,交易型操纵行为包括建仓持仓、通过不正当交易行为影响证券价

① 李激汉:《新〈证券法〉下内幕交易主体范围确定之构想》,《北方法学》2020 年第 6 期,第 77-86 页。
② 李珍、夏中宝:《新〈证券法〉中操纵市场条款修订的得失评析》,《金融理论与实践》2020 年第 7 期,第 82-89 页。

格、反向交易获利或谋取其他利益等三个步骤。[①] 与此同时,操纵市场的法律责任规定也不能有效发挥其惩戒作用,行政处罚额度较低,刑事责任也有进一步严格的空间。

四、信息披露法律制度中妨碍有限发展的问题

信息作为虚拟经济产生和发展的基础性条件,不管任何时候都起着极其重要的作用。作为虚拟经济典型代表的证券业,对信息的依赖程度更高,特别是在全面注册制改革,政府不断通过放权给市场,放松管制,加强监管的大背景下,信息披露制度的建设直接关系着证券业安全、高效发展。

(一)信息披露中常见的违法行为

在实践中,信息披露的违法行为常表现为对重大事件的虚假记载、误导性陈述或者在披露信息时发生重大遗漏或不正当披露等。

第一,虚假记载。虚假记载是指在披露信息时信息披露义务人将不存在的事实进行陈述的行为,主要表现为披露的信息文件与客观事实不一致,主观上大多出于故意。虚假记载违反了信息披露的要求,对证券市场环境有重大不良影响,会损害投资者的合法利益。在证券市场中,虚假记载在发行之时可能体现为采用非法方式获取发行资格,在上市交易中则表现为通过错误信息影响投资者的决策,获取不正当利益。[②] 实践中,虚假记载主要表现在财务信息方面,对公司财务状况作出虚假说明,甚至虚构公司的盈利状态;对公司的经营业务、产品服务等详细资料信息作出不实记载;故意对公司经营过程中潜在的各种不确定因素作出与事实不符的记载等,如欣泰电气欺诈发行及信息披露违法违规案,此案也成为了我国因欺诈发行而导

---

① 李珍、夏中宝:《交易型操纵行为影响证券价格的微观机制研究——以连续交易、虚假申报、对倒操纵典型案例为切入点》,《金融发展研究》2020 年第 5 期,第 56-61 页。

② 刘怡情:《我国证券发行信息披露制》,《商业经济》2013 年第 15 期,第 106-108 页。

致强制退市的第一案。[①] 对于发行人及上市公司虚假记载违反信息披露义务的行为,我国《证券法》坚决加以规制。

第二,误导性陈述。误导性陈述是指信息披露义务人在信息披露文件中或者通过其他渠道,披露缺乏依据的信息或者夸大性地披露部分真实信息,做出不完整、不准确的陈述,致使投资者在解读信息时容易产生严重歧义,进而误导投资者作出错误的价值判断。误导性陈述欺骗性大、隐蔽性强,对证券市场的危害程度高,必须加以严惩。早在 1993 年国务院发布的《股票发行与交易管理暂行条例》中就提及了误导性陈述,1999 年颁布的《证券法》从立法层面正式确立了误导性陈述作为一种信息披露违法行为。从字面意思上来看,误导性陈述就是对披露的信息存在多种理解,每一种都有一定的合理性;而且所披露的内容不准确,认定难度大。1934 年美国的《证券交易法》也有类似的规定,要求发行人在招股说明书中对风险披露要使用浅显易懂的语言,采用图表、常用语等日常语言,尽量少用专业性术语,便于投资者理解,不至于产生误导和隐瞒。我国香港地区《证券及期货条例》也将误导性陈述作为市场失当行为。[②]

第三,重大遗漏。重大遗漏是发行人披露的信息中遗漏了影响投资者作出投资决策的重大信息,证券法做了较为明确的列举,是否构成重大遗漏,应当根据披露事项的重大程度、对证券价格的影响大小以及发现遗漏事项的明显程度等多种因素做出综合判断。发行人的信息特别多,重大遗漏的含义在于"重大"二字上,一些信息对投资者的投资决策不会产生巨大影响,而有一些信息则会直接关乎投资者的判断和决策,一旦这些信息没有及

---

① 中国证券监督管理委员会:《中国证监会行政处罚决定书(丹东欣泰电气股份有限公司、温德乙、刘明胜等 18 名责任人员)》2016 年第 84 号,http://www.csrc.gov.cn/csrc/c101928/c1042801/content.shtml,访问日期:2020 年 7 月 15 日。

② 王通平、钱松军:《论证券市场信息披露误导性陈述的界定》,《证券市场导报》2016 年第 9 期,第73-78页。

时、准确、充分披露给公众,公众很有可能因为误解、不理解而做出错误或非理性的决策,最终损害投资者的权益。

(二)信息披露制度面临的主要问题

1.信息披露的部分制度依旧处于缺失状态

随着我国证券市场的不断发展,相关证券法律规范也不断完善,规范信息披露的制度体系逐渐体现出全方位、多层次的特点。包括基本法律、行政法规、部门规章以及两大交易所制定的自律规范等。由于披露内容的重心大多是会计信息,所以,还包括2007年起实施的会计准则体系,如会计基本准则、具体准则和专用指南等。随着我国资本市场改革的不断深入,证券发行产生各种各样复杂的新问题,伴随着注册制改革的推进,我国当前的法律法规已经无法满足信息披露制度的需要,不能保证营造出一个公平、公正、公开的证券市场环境,无法有效保障投资者的合法利益。

从内容的规范性上看,不同的信息披露规则存在交叉重叠的现象,甚至出现相互矛盾的情形,不利于司法实践中具体问题的解决,不利于该制度在证券市场中发生应有的作用。此外,对于披露行为违规的认定、损害赔偿范围、举证责任,法律未涉及或者相关规定过于原则、抽象,具有很大的不确定性,可操作性不强,不利于司法实践中案件的处理,容易损害司法权威。在时效性方面,有的法律规范由于不能适应新形势的需要而不再施行,实践中默认采用新的规范,但是旧的规范没有公布废除,新制定的规范也未正式公布生效,导致法律法规适用的混乱。

2.信息监管制度尚不健全

在我国,证监会依据法律法规的授权,对证券市场进行统一的监管,规范上市公司的经营活动和信息披露行为,提高其信息披露的质量,进而维护资本市场的秩序,促进证券市场的持续健康发展。我国资本市场不像发达国家那样是经过长期的发展才逐渐完善起来,而是在短期内迅速发展起来的,证监会也成立较晚,行政色彩浓厚,监管经验不够丰富,在监管方式以及监管范围上还不够准确和明细,一定程度上导致信息揭露和法律相关的案件调查及事实确认出现困难。另外,由于当前监管部门太多,且各部门的标准也不完全统一,致使对我国证券发行信息披露的监管效率不高;监管执法存在滞后性、透明性不足和非持续性的特点,导致我国证券市场中信息披露问题层出不穷,容易滋生权力寻租和暗箱操作等违法违规行为,不利于投资者合法权益的保护。① 与此同时,开放经济条件下,信息监管制度的不健全,使得我们更容易受外部环境变化的影响。

　　一个有效的证券监管制度,应该合理平衡政府监管和市场自律管理二者之间的关系。证券交易所对于营造透明、安全、高效的市场环境,优化资源配置,切实保护投资者权益具有重要作用。正如前文所述,沪深交易所是我国主要的市场自律监管机构,是实行政府主导下会员制的非营利性法人,其主要职责是对信息披露义务人进行监督,督促其依法真实、准确、及时地披露信息。然而,在过去的实践中,证监会基本包办了发行审核和上市审核,证交所的职能有限,而且得不到有效落实。尽管全面注册制背景下,已经基本划清了证交所和证监会的法律地位,增强了证交所在市场自律监管方面的自主性,但实践中的情况可能与立法初衷有一定的差距,证交所很难实现完全自主自律的权力,政府和证交所两者之间权限存在模糊地带。证交所仍然在证监会的指导下附属运作,其法律地位并不完全独立,自律监管的范围过于狭窄,信息监管就存在游离空间。

3.信息披露责任制度不完善

　　证券市场存在和发展的基本前提是投资者能充分掌握与投资决策相关的信息,当其投资知情权得不到保障时就要有依法救济的通道,唯有如此,

---

① 周友苏、杨照鑫:《注册制改革背景下我国股票发行信息披露制度的反思与重构》,《经济体制改革》2015 年第 1 期,第 146-150 页。

才能保证证券市场的有效运行,切实保护投资者权益,才有助于促进证券市场的高效运行。目前,投资者很多方面的权利,譬如知情权、求偿权还较难有效保障,操纵市场、内幕交易、虚假记载等违法行为层出不穷。目前,我国立法、司法、行政领域在信息披露违法行为的责任追究问题上存在定义模糊、内容不统一的现象,法律责任的规定还不完善,《证券法》虽有对信息披露不准确、不真实发行人及相关主体要承担民事赔偿责任的规定,但投资者利益还不能从实质上得到有效保护。

我国《证券法》和《刑法》对信息披露违法行为作出了明确规定,违反信息披露强制性规定所应承担的法律责任包括民事责任、行政责任和刑事责任三种形态。然而,现实中信息披露违法行为发生时,受害人的民事赔偿责任很难实现,监管部门的行政查处难度也较大,对相关人员的刑事责任追究就更难。目前,我国有两部司法解释对民事诉讼赔偿制度予以明确规定,但其设置的起诉前提条件苛刻、赔偿数额小、可操作性不强、程序僵化,极大限制了投资者的诉讼积极性,不利于合法利益的保护。投资者诉讼获得赔偿的前提是虚假记载人必须已为此行为受到了行政处罚或是刑事追究,诉讼周期长,权益得不到及时救济;另外,民事赔偿费用远远低于虚假记载人所获得的利益,赔偿数额过低,违法成本太小,仅以弥补实际损失为限,导致虚假记载行为频繁发生,严重损害中小投资者的权益;再有,诉讼程序僵化,基于虚假记载行为而遭受损失的投资者数量众多,而且单个受害者的损失相对较小。根据法律规定,投资者只可以采用基本的民事诉讼方式起诉,诉讼效率低下,不能及时保护投资者的合法利益。这些规定无形中增加了投资者尤其是中小投资者救济自己合法权益的成本,极大限制了投资者提起诉讼的积极性以及起诉的权利,从而无法有效救济投资者的合法权益,必然导致投资者对市场信心的不足,不利于实现整个证券市场的良性运作。

4.现行制度下中介机构的作用被弱化

证券发行中的中介机构主要是指主承销商、会计师事务所和律师事务所等机构,中介机构和人员承担着上市公司很多重要信息的审查任务,保证上市公司披露的信息符合证券法的要求和规范,是证券市场信息披露环节的重要主体。主承销商对募集文件中披露的信息进行审查,确保其真实性和准确性;会计师事务所对相关材料进行鉴定并出具审计意见,可以有效反映出企业的规模、经济实力以及资信状况;律师事务所经过审查后出具法律意见书,必须确保其意见的真实性。中介机构作为独立的第三方监督者,对资本市场起着重要的社会监督作用,防范发行人及上市公司的虚假信息披露行为,提高信息披露的质量,最大限度地维护证券市场的健康运行。

在证券市场中,中介机构由于其专业特性,掌握上市公司的很多重要信息,参与上市公司信息披露的程度很深,与上市公司有天然的相连关系。然而,这种紧密联系极易导致中介机构与上市公司串通共谋,违反相关法律规定,违规披露信息。同时,由于发行证券对于发行人和中介机构来说能获取高额利润,为了谋取各自利益的最大化,中介机构与发行人容易相互勾结,不愿意发挥应有的监督作用,反而扰乱证券市场秩序。加之缺乏相关的法律规定保障机构本身的独立性以及业务的独立性,在共同利益的作用下中介机构未能有效发挥自身的监督作用,丧失其独立性,屈从于发行人的意志和违法要求,出具不实的审计信息,严重损害了投资者的合法权益,未能有效发挥其外部约束作用。此外,长期以来的核准制模式,监管机构对发行人实行实质审查,从理论上来说,上市公司均是由政府筛选的"优质"公司。投资者对此容易产生依赖心理,自身缺乏必要的理性分析判断能力,盲目认同上市公司的投资价值,无法作出审慎的投资决策。在全面注册制背景下,要强化中介机构的监管责任,对作出违法行为的中介机构加大处罚力度,增加其违法成本,充分发挥中介机构的作用,确保信息披露规制有效,促进证券市场的持续健康发展。

第三节　危机预警防治制度中妨碍有限发展的主要问题

我国证券业至今发展仅有几十年的历史,但走过了发达国家资本市场发展一百多年的路,证券业规模快速增长。在整个发展过程中,面临着很多挑战,一次次化解危机的过程中也在不断探索危机预警和防控机制,尽管我国正在逐步构建系统化的危机预警和防治制度,但目前整个行业在危机预警及防治过程中还存在许多问题。

一、危机预警制度中妨碍有限发展的问题

危机预警制度的建设尽管重要且不容忽视,但以有限发展的标准对现行制度进行检视,其中不利于证券业有限发展的问题主要体现为危机预警意识、危机预警联动性、危机预警及时性以及危机预警透明度等方面。

(一)危机预警意识的缺乏

风险控制和合规管理是对证券公司进行监管的左手和右手。合规管理是指证券经营机构制定和执行合规管理制度,建立合规管理机制,防范合规风险的行为。具体而言,就是通过对证券经营机构内部规章制度、重大决策、新产品和新业务方案等进行合规审查,对经营管理和执业行为的合规性进行监督和检查,在事前就保证各项业务符合要求,从而降低了产生风险的可能性。风险管理是指证券经营机构监测、评估、报告公司整体风险水平,并为业务决策提供风险管理建议,协助、指导和检查各部门、分支机构及子公司的风险管理工作。

风险管理侧重于在事中对风险进行检测,一旦出现风险,及时处置风险。无论是合规管理还是风险控制,体现在证券行业的日常工作中,就是烦琐地盯市、报数据、填表格、算指标,工作量并不小,也不直接产生经济效益。

在市场平稳运行的情况下,很多证券公司,特别是基层从业人员缺乏危机预警的意识,没有对危机始终保持警惕性。如:因为股市涨势喜人,两市日成交量一度超过 1.5 万亿,很多证券公司在交易量上涨的同时并没有特别关注信息系统风险问题,华泰证券 APP 功能崩溃,不少券商系统出现卡顿,投资者交易受影响。[①] 按照信息系统建设规定,交易系统除了基础的交易功能外,还需要有数据预警等功能,此轮行情并未超过以往行情的成交量,但系统却已经承载不了,暴露了行业对危机预警重要性认识不到位的问题。

（二）危机预警联动性不足

近些年来,虽然我国逐步完善危机预警及防控体系,银保监会、证监会都颁布了众多法律法规和监管规则,保障金融业的稳步发展,但是面对系统性风险,危机预警联动机制尚未形成。2015 年股市波动的主要原因是融资融券、场外配资、分级基金造成杠杆率过高,市场大跌时出现了流动性危机,进一步加剧市场恐慌情绪,进而造成踩踏式下跌。2015 年 1 月 16 日,证监会现场检查发现 21 家券商机构存在两融违规问题,当时证监会就已经预见到两融业务存在的风险,将两融门槛提高到 50 万元,但当时仅是将两融风险作为业务风险,尚未形成市场风险。除了券商的两融业务带来的杠杆资金,还有一种看不见、摸不透的杠杆资金,即场外配资。场外配资相较于两融业务而言,门槛更低、杠杆率更高,主要模式是杠杆资金对接网络 P2P 平台,P2P 投资人融出资金投向平台换取固定收益,P2P 融资人通过支付固定收益向平台融入资金投向股市,配资的表面形式是网络贷款,法律实质是民间借贷,因此处于监管盲区,监管部门甚至无法掌握场外配资的准确规模。

另有一种大规模资金来源于分级基金,在分级基金中,常常见到银行投资于优先级,获取固定收益,普通投资者投资于劣后级,博取更高收益并承

---

① 康旭阳:《两市成交量连续四日突破 1.5 万亿元,投资者跑步进场,券商 APP 再现"宕机"》,江南时报融媒体,2020 年 7 月 9 日。

担更大风险。① 券商的融资融券业务确定是由证监会监管,但是证券监管的系统仅能统计业务数据,不具有数据分析功能,杠杆资金对市场的影响完全依靠监管部门的经验判断。场外配资基本上都是依托 P2P 平台,互联网金融迅猛发展,全国性的互联网金融专项整治行动尚未开始,很多小额贷款公司借助互联网平台野蛮生长,也没有监管部门。分级基金同样面临问题,尽管基金属于证监会监管,银行属于银保监会监管,投资分级基金对于银行是风险小、稳收益的合规投资行为,一旦巨量银行资金投入股市就给股市带来了巨大风险,证监会和银保监会同为监管部门,但是因为没有统一的危机预警机制,银行的钱没管住流入了股市,基金的口也没收住,大量的热钱快速涌进股市,造成了市场急涨急跌,等危机已经爆发,监管部门采取措施时,不可避免地造成市场恐慌、断崖式下跌。危机预警机制未在部门之间形成联动之势,应对系统性风险时不免乏力。

(三)危机预警及时性不强

无论是证监会还是证券交易所,危机预警机制的基础都是信息系统。尽管证券公司的风险控制部门每日都会检测风险控制指标,但是按照《证券公司风险控制指标管理办法》规定,一般情况下证券公司每月向证监会派出机构报送风险控制指标监管报表,只有在各证监局有特别要求时,才会按周或者按日编制并报送各项风险控制指标监管报表。而证监会内部的 CISP系统,数据来源也是证券公司每月向系统报送的数据。

因此,来自证券公司的危机预警数据存在三个突出问题:一是数据具有滞后性,待全部证券公司报齐数据再汇总后,很可能市场行情已经发生了变化。二是数据的真实性无法保证,所有数据来源均是证券期货经营机构自行采集和上报,除非采取核查手段,否则数据的真实性无法验证。三是数据

---

① 孙亚超、孙淑芹、龚云华:《分级基金的优化运作模式及合理折算位探讨》,《证券市场导报》2014 年第8 期,第 71-73 页。

有时候不具有兼容性。尽管遵守共同的会计准则，但是对金融资产的评估和计量一直就是难点，证券业业务种类繁多，深度交织，有时数据填报口径不统一，直接影响了计量的准确性，在对危机预警时还需花费时间对数据进行甄别，势必影响预警的及时性。证券交易所的危机预警系统在及时性方面同样存在问题：一是证券交易系统并未和监管系统联网，发生极端行情时，监管部门还是依赖交易所提供数据，汇总并上报耽误的时间大大影响了危机预警的及时性；二是证券交易所的数据有偿提供给万得资讯、同花顺等具有即时行情查询功能的交易软件，却未直接提供给监管部门，监管部门查询公司债券发行、违约等数据还需要通过交易软件，这也使危机预警的及时性大打折扣。

（四）危机预警透明度不高

市场参与者需要关于市场或者产品全面而准确的信息来测量潜在收益和风险敞口。市场透明度缺乏，有关产品特征和市场现状的信息披露不足，会引起价格不稳定等问题。产品透明度的缺失会导致无法正确评估其风险和价格，风险低估和风险错误定价反过来又会导致更严重的风险。[1] 危机产生的一大原因就是透明度不够，危机预警也暴露出透明度不够的问题。行业数据多数时候能成为危机预警的先导，目前，我国证券业的行业数据基本都不公开。登录监管部门和行业协会官网，每日、每月更新的数据仅是指数涨跌、成交量等股市交易的基本信息，通过其他公开渠道均可以查询到，披露的季度行业经营情况也仅包括全行业情况，行业平均水平和重要的风险控制指标都未进行披露。上市公司信息披露方面，很多异常交易披露流于形式，交易背后所隐藏的危机上市公司都避而不谈，如果不是市场关注度特别高的公司有媒体和机构投资者的监督，很多上市公司的信息披露并不到

---

① 卢露、杨文华：《杠杆率监管能有效降低银行体系系统性风险吗？——基于内生性网络模型的模拟分析》，《财经研究》2020 年第 2 期，第 52-66 页。

位,危机预警的功能并未显现。

二、危机控制制度中妨碍有限发展的问题

为了有效应对风险,我国现行法律制度已经建立起了初步的证券业危机(风险)控制制度,这些制度整体上为证券市场的逐步有序开放奠定了基础。为建立以净资本和流动性为核心的风险控制指标体系,加强证券公司风险监管,督促证券公司加强内部控制、提升风险管理水平,我国基本上形成了以《证券公司风险控制指标管理办法》《证券公司风险控制指标计算标准规定》《证券公司全面风险管理规范》《证券公司流动性风险管理指引》等法律制度为主的证券公司风险控制体系。为加强期货交易风险管理,保护期货交易当事人的合法权益而制订和历经几次修订的《中国金融期货交易所风险控制管理办法》,以保证金制度、价格限制制度、持仓限额制度、交易限额制度、大户持仓报告制度、强行平仓制度、强制减仓制度、结算担保金制度等①为基础,构建起了期货交易所的风险控制体系。当然,诸如深交所发布的《关于加强恢复上市和股改方案实施复牌首日股票交易风险控制的通知》等,也有助于证券业危机(风险)的控制。这些既有的风险控制法律制度,从整体上构建了以证券公司风险控制和期货交易所风险控制为核心的风险控制体系,有助于证券业的安全、有限发展,但也存在部分妨碍有限发展的问题:

第一,危机(风险)控制体系及其制度供给无法适应证券业的有限发展。宏观层面,从风险控制体系及其法律制度的构成看,投资主体理性培育制度、信息公开制度、上市公司质量制度、证券公司外部监管、证券市场对冲机制、证券公司多元融资渠道、做市商制度等均能起到风险控制的作用,但部分制度作用尚未被激活,或者作用不大,因而无法确保风险控制的效果。微

---

① 《中国金融期货交易所风险控制管理办法》第二条。

观层面,以证券公司风险控制指标体系的建设为例,当下证券公司风险控制指标体系尽管历经反复修改,但依然存在部分专业类证券公司风险控制指标存在"虚高"、资产负债期限错配增加了流动性风险、现行的风险控制指标体系无法反映子公司风险状况等问题。[①] 当然,相应的法律制度供给也尚未注意到这些问题的存在。指标的不合理以及制度的缺乏使得证券公司风险控制体系与证券市场发展及风险的现状不相符合,从而不利于风险的控制。

第二,危机处置机制尚不健全、制度供给需要细化。作为一种危机(风险)管理活动(过程),危机处置机制及法律制度的供给在风险管理中起着至关重要的作用。当下我国证券业危机处置的法律制度主要以《证券公司风险处置条例》为代表,规定了停业整顿、托管、接管、行政重组、撤销、破产清算和重整等风险处置的主要方式。现有制度尽管起到了重要的作用,但依然存在处置机制的顶层设计不合理、全方位危机处置理念不够、市场化危机处置思路不清晰、危机处置方式方法的科学与合法等方面的问题。与此同时,危机法律制度的模式,应以危机的发生与发展过程和应对危机的机制为设计主线[②],进而对危机状态的决定和宣布制度,实施制度、变更、撤销和终止制度等进行修改和完善,并进一步强化协调制度和社会支持制度。

三、危机化解制度中妨碍有限发展的问题

相较于危机预警以及危机控制,危机化解属于证券市场风险治理的后端机制,也是极为重要的环节。近年来,在防范和化解系统性金融风险、守住不发生系统性风险底线的战略要求和政策目标下,总结我国在 2008 年金融危机,以及 2015 年股市波动中风险化解经验,并及时吸收和借鉴美国《紧急经济稳定法案》(简称 EESA)、《多德—弗兰克华尔街改革和消费者保护

---

① 焦娜:《证券公司风险控制指标体系完善研究》,《当代会计》2019 年第 9 期,第 107-108 页。

② 戚建刚:《我国危机处置法的立法模式探讨》,《法律科学》(西北政法大学学报)2006 年第 1 期,第 90-96 页。

法》中对我国系统性金融风险的防范处置制度建设有益的启示,如救助制度、处置方案、权力制约和利益平衡等。① 在此基础上,我国逐步建立起了有利于证券业安全、投资者保护的风险化解机制,并提升了依法化解危机的意识,在法律制度上也取得了突破。但当下危机化解制度中依然有部分制度不利于证券业的安全、有限发展。

首先,危机化解的法治意识和法治方式不强。尽管法治在经济治理中不具有逻辑上的优先性,但法治的重要作用却无法被忽视。历史和事实充分证明了,法律上建立完整有效的危机应对机制,对风险的治理起着极其重要的作用。有研究明确指出:面对证券市场系统性风险,政府出手"救市",但效果并不理想,甚至进退两难。究其原因,就是政府"救市"的法治思维和法治方式还有欠缺,我国证券市场危机管理的法治顶层设计以及相关制度安排不够完善。② 以我国历次证券市场危机中政府的救市为例,尽管起到的积极作用不容忽视,但其中也出现了政府救市目标偏差、缺乏明确的法律程序、缺乏对政府救市适度性的效果评价及法律责任制度等问题。③ 而产生这些问题的主要原因就在于法治意识和法治方式的欠缺。

其次,危机化解具体方式及其法律制度供给不足。法律层面完整有效的危机应对法治,经济层面建立全国性的股市风险救济基金等,均可助益于证券市场风险的化解;同时,坚持统筹兼顾,将化解风险与创新发展相结合,才能从根本上建立起防范化解风险的长效机制,促进行业的长期健康发展。④ 但这些在现行风险化解的制度设计中,并未得到完全的体现。当下风险化解的具体方式中,如对上市公司的规范与监管,特别是上市公司治理、

---

① 李秦:《美国 EESA 法案系统性金融风险处置的反思与启示》,《金融发展研究》2019 年第 8 期,第 46-52 页。

② 袁达松、张志国:《论证券市场危机管理的法治顶层设计》,《证券法律评论》2016 年,第 366-376 页。

③ 杨帆:《证券市场危机中政府救市的法律规制——以救市适度性为视角》,浙江大学硕士论文,2017,第 12-15 页。

④ 李至斌:《证券公司风险处置的回顾与启示》,《中国金融》2019 年第 5 期,第 42 页。

强制信息披露,上市公司再融资等的监管中,存在部分不利于风险化解的制度设计;当然,制度供给层面也存在缺位的现象,如现行关于风险化解的法律制度,可能忽视了诱发证券市场风险的深层原因,因而难免出现不能"对症下药"的情况。

第四节　投资者保护制度中妨碍有限发展的主要问题

　　虚拟经济背景下,实体经济中资源稀缺性问题引发的社会不公平问题,在虚拟经济领域不仅没有得到解决,反而有扩大趋势[①],这就使得对虚拟经济领域弱势群体的保护显得尤为重要。以利益冲突为视角,胡光志教授将虚拟经济领域的社会不公平现象主要表现为:贫富分化与贫富之间的利益冲突、违法者与守法者之间的利益冲突、大投资者与中小投资者之间的利益冲突、不同身份投资者之间的利益冲突、投资者与利益相关者之间的利益冲突五个方面。[②] 因为资源占有和支配能力的差距,这五个方面的社会不公平现象产生的一个共同结果往往就是虚拟经济领域强者越强[③]、弱者越弱。此情形下,通过法律制度的设计来解决这种不公平问题,进而保障虚拟经济领域的弱势群体便是一种必然选择。以证券业为例,作为虚拟经济典型代表的证券业,虚拟经济引发的社会不公平现象在证券领域得以全面显示。而解决这些社会不公平,实现投资者保护的有效途径便是建立完善的监管机制体制及其制度保障、打击证券领域违法犯罪以切实维护守法者的利益、建立投资者平等保护的法律机制、注重实质公平并加强对中小投资者的保护

---

① 胡光志等:《中国预防与遏制金融危机对策研究:以虚拟经济安全法律制度建设为视角》,重庆大学出版社,2012,第61页。

② 胡光志:《虚拟经济及其法律制度研究》,北京大学出版社,2007,第119-126页。

③ 之所以用"强者越强"而不是"强者恒强",是因为虚拟经济属于一种适者生存的速度经济,是贫富差距不断扩大的经济,同时,基于虚拟经济的高风险和不确定性,即便强者也有可能一夜间沦为乞丐,所以"恒强"在虚拟经济领域是常态,但不是一种永恒态。

等,而这些制度的构建和完善恰恰也是有限发展法学理论的目标所在。因此,证券业有限发展在投资者保护领域的实现,就需要对这些制度进行全面检视,发现其中妨碍投资者保护(证券业有限发展)的制度,为进一步的制度变革提供指引。

一、证券业监管法律制度中妨碍有限发展的问题

证券业监管法律制度,事实上就是国家干预证券市场的法律化,是国家干预体制机制、干预目标、干预领域、干预手段、干预程序等的法律表现。从范围上看,证券业监管法律制度包括市场监管主体设计(监管者、监管权配置)、市场主体监管(市场准入与退出等)、市场服务监管、市场信息监管、市场交易行为监管、违法活动监管及异常风险监管等。[①] 鉴于市场准入与退出、市场服务、信息披露、交易行为以及违法犯罪的惩治等在相关章节已有较为充分的论述,因此在监管法律制度专门部分将主要围绕监管主体设计进行具体的问题分析,即从他律监管和自律监管两个层面出发,分别检视现行监管法律制度中妨碍证券业有限发展的问题,并以此为完善证券业监管法律制度的依据。

(一)他律监管中妨碍证券业有限发展的问题

第一,现行监管制度弥补市场自我调解局限的能力不足。政府对证券业的监管,实际上是政府作为外部力量干预证券市场的体现。证券市场完全是一个逐利的场所,其逐利性会造成市场调整机制的失灵,在证券发行和交易中,由于上市公司、投资者等参与主体所处地位不同,整个竞争很难达到完全的地步,总会在不同程度上存在着不完全竞争的现象。[②] 同时,市场参与主体的投机性容易显现出证券市场的风险性和不可控制性,虚假记载、

---

① 胡光志:《虚拟经济及其法律制度研究》,北京大学出版社,2007,第 313 页。

② 李昌麒:《经济法学》,法律出版社,2007,第 39 页。

内幕交易、市场操纵等不正当乃至犯罪行为难以靠市场机制自行杜绝。从宏观角度看,证券市场失灵会造成金融秩序混乱,并由此带来经济波动。正因如此,需要对证券业加以监管,凡是证券市场自身无法自我调节的地方都是需要监管的地方,凡是不利于证券有序发展的行为,都是需要监管的对象。但事实上,我国证券市场的监管制度设计在当下依然不能有效回应市场失灵的各种问题,其中主要原因在于我国证券市场领域是一个国家逐渐放权,退出市场的过程,这一过程最显著的特点就是放松管制和强化监管。因为前期政府对证券业的发展更多的是一种管制状态,公权的控制力在证券业发展中的作用较为明显,在逐渐市场化改革的过程中,放松管制后,由于前期监管的经验以及制度供给不足,所以难免产生监管制度乏力的状况。

第二,现行监管制度规范政府监管中不当行为的能力不足,即再监管的制度供给不足。从历史发展的角度来看,政府与市场的关系表现出类似钟摆的动态变化。[1] 即当市场自由发展到一定程度时,市场出现失灵,政府介入干预和主导市场;当政府干预达到一定程度时,由于政府的信息处理效率低、市场创新动力匮乏,导致“滞胀”问题,市场再次出现低迷时,人们又再次选择市场主导。究其原因,在于政府干预的局限性,即政府干预也会出现失灵。就政府干预而言,政府虽然拥有强大的权力,相对个人和其他社会组织能够更有效地整合、利用各类资源,但是,人们无法保证政府能够完全作为公正、睿智而高效的计划者,相反,政府权力的介入容易侵害市场主体的权利,妨碍经济发展,这说明政府行为并非完全公正和道德。[2] 政府外部监管的必要性毋庸置疑,但是监管结果的优劣却难以确定,这就需要通过外部制度对政府监管施加一定的限制。一方面,监管的领域是否与市场失灵的领

---

[1]　李俊生、姚东旻:《财政学需要什么样的理论基础?——兼评市场失灵理论的“失灵”》,《经济研究》2018 年第 9 期,第 20-36 页。

[2]　李俊生、姚东旻:《财政学需要什么样的理论基础?——兼评市场失灵理论的“失灵”》,《经济研究》2018 年第 9 期,第 20-36 页。

域重叠,即监管是否针对了应该被监管的对象取决于政府的经济分析应对能力;另一方面,监管的手段、方法是否恰当,也不能完全确定;再有,监管效应的迟滞性,即监管政策实施后,产生效应需要一定时间,而这段时间内,市场形势可能已经发生变化,已经实施的监管政策可能不起作用甚至产生反作用。证券市场中的政府监管过度也会导致证券竞争受限、寻租问题、谨慎度降低、市场效率低下等问题,这些都会导致政府失灵。因此,鉴于市场中的政府干预具有局限性,政府对市场的监管应当适度有限,应当受到法律制度的约束,尤其是监管权的合理配置与高效运行,这也成为世界各国市场发展相关法律及政策的共识,作为现代市场经济重要组成部分的证券市场当然也不能例外。但当下对政府监管中可能出现的不当行为进行规范的制度供给依旧不足,无法有效限制政府权力的规范运行。现行法律制度下:“一方面,在证券监管机构权力扩张的同时,未能同步推出保障权力不被滥用的约束措施;另一方面,保障证券监管权有效行使的配套措施或制度亦不充分。前者集中体现在新增的证券监管措施规定上,后者则从证券行政和解制度的规定中可见一斑。”①从实证分析,《证券法》应当界定市场主体与行政主体之间的权利配置与责任边界,从规范分析,《证券法》需要权衡市场与监管之间的公正与效率、成本与收益。②

第三,现行制度中部分领域和环节的监管制度供给存在缺陷。现行证券监管法律制度的构建中,对部分领域和环节的制度供给不利于证券业的有限发展,以市场准入和基础性监管方式为例,现行市场准入及其基础性监管方式不适应注册制的现实需求。全面注册制背景下,理想的状况应该是不断降低市场准入条件,但通过建立和完善强制信息披露制度,以此来确保大幅度降低市场准入后带来的监管难题。但当下的制度供给虽然对放松市

---

① 李敏:《证券监管机构权力配置之评析与反思》,《证券法律评论》2020 年,第 334-356 页。
② 席涛:《〈证券法〉的市场与监管分析》,《政法论坛》2019 年第 6 期,第 115-129 页。

场准入条件有了改善,但强制信息披露制度仍存在较大的问题,需要进一步完善,强制信息披露制度作为政府实施外部监管证券市场程度最低的监管方式之一,成为世界各国证券市场监管的主要手段,当强制信息披露制度存在较大问题时,对整个监管机制都会产生一定的影响。以资产支持证券监管为例,有研究者指出目前我国对资产支持证券的法律监管分散在不同部门所制定的指导性规则或者办法中,存在监管制度的位阶效力较低、监管分散、信息披露、行业自律等问题。[①]

（二）自律监管中妨碍证券业有限发展的问题

第一,自律监管的整体制度供给不足。自律监管的构建意味着要对现行监管机制体制进行较为体系化的重构,而监管体系的重构事实上就需要对以他律监管为主导的监管权进行重新配置,也即是要将一部分本属于公权机关的权力进行限制,并将部分权力配置给证券交易所以及证券业协会等自律性组织,但权力天然具有的扩张属性决定了对权力进行限制的难度之大。尽管我国证券市场整体上遵循了政府逐渐退出市场,还权于市场的趋势,但在放松管制的同时,监管权的扩张却也没有放慢其脚步,对市场自律监管机制的重视程度依然不够。在2019年《证券法》修法中,与进一步强化证监会监管权形成对比的是,自律管理的规定较为模糊且整体呈现出制度供给不足的问题,在明确证券交易所以及证券业协会可以按照既有制度的规定,对证券违法行为实施相应的自律监管措施的同时,将证券交易所和证券业协会等的自律管理置于证监会的监督之下。在证券交易所以及证券业协会的自律监管权配置上,交易所的权限相对较大,比如可以决定停牌、限制交易等,但证券交易所的自律监管行为依旧需要受到证券会的较多限制。有研究指出:"在实践中,自律组织成为证监会的辅助执行机构,其自身

① 王林娜:《资产支持证券监管及法律对策研究》,载《上海法学研究》集刊2020年第17卷总第41卷,上海人民出版社,2020,第86-94页。

具备的管理权限非常小,所起作用极为有限。在证券市场监管方面,行政监管权高度集中在证监会手中,同时《证券法》不断强化证监会的监管权,而交易所、证券业协会等的自律管理是有限且'碎片化'的。"①

　　第二,证券交易所的证券监管机制及法律制度供给不足。相较于国外部分资本市场发达国家,我国证券交易所发展的时间并不长,同时从其产生上看也是行政主导的结果,交易所的自主性和权威性在很大程度上要受证监会的影响,这一监管机制的构建整体是符合我国证券业发展需求的,尤其是缺乏经验的前提下,为了保障安全由政府主导并无不妥,但随着自身经验的不断积累,加之证券业市场化程度的不断增强,就需要做出适度的调整。就证券交易所自律监管的法律制度看,我国在多次《证券法》的修法后,以及伴随相应配套制度的变革,现行法律制度中对交易所自律监管做出了规定,进一步明确了交易所独立的法律地位、组织形式、与证监会的关系、交易所自律监管的职能确定,在此基础上逐渐将部分监管权下放到交易所,有助于自律监管作用的进一步发挥。但事实上,以有限发展法学理论为视角进行审视,当下交易所的自律监管制度依然存在较大的问题,主要表现为:其一,交易所并非纯粹的自律监管组织,也就是其"法人资格"并不明确。这是因为交易所人事任免几乎都由证监会决定,证券监管机构不当干预交易所的情形难以避免,事实上,《证券法》对交易所自律监管的规定较为模糊,而《证券交易所管理办法》作为部门规章,整体上不利于证券交易所独立地位的形成。其二,交易所自律监管的范围受到严格的限制,对于交易所有哪些监管职能法律并没有明确做出规定,这使得交易所的自律监管与行政监管之间的关系无法有效处置。其三,交易所自律监管行为司法介入不足,交易所的自律监管并不是完美的,交易所也会出现监管失灵以至于损害投资者利益

① 孙彦、姜立文:《论注册制下我国证券市场行政监管偏向的纠正》,《湖北经济学院学报》(人文社会科学版)2021年第4期,第103-106页。

的现象,对此需要外部机制予以限制,除了来自证监会的外部约束外,司法力量的引入,通过司法来衡量自律监管中可能出现的利益冲突,是交易所自律管理制度的外在动力。[①]

第三,证券业协会的行业监管职能及其制度供给不足。证券业协会作为我国证券市场自律监管的主要组成部分,其自律监管功能的发挥对证券市场的监管、投资者合法利益的保护,实现证券业有限发展具有重要的意义。根据现行法律制度的规定,证券业协会属于非营利性社团法人,在证监会指导下,主要履行"自律、服务、传导"三大职能,推进行业自律管理、反映行业意见建议、改善行业发展环境等。作为政府与证券行业的桥梁和纽带,其自律监管职能的发挥可以有效促进政府与市场关系的互动。理想化审视之,制订证券业职业标准和业务规范,对会员及其从业人员进行自律管理,负责对首次公开发行股票网下投资者进行注册和自律管理,负责非公开发行公司债券事后备案和自律管理,负责场外证券业务事后备案和自律管理,推动投资者保护,对会员及会员间开展证券非公开发行、交易相关业务活动进行自律管理等均应当属于证券业协会的自律职能,但当下证券业协会自律监管职能的发挥及其制度供给存在不足,使得部分职能难以发挥,特别是自律意识、信息提供能力以及加强国际交流与合作等方面需要进一步进行制度的完善。

二、证券违法犯罪惩治制度中妨碍有限发展的问题

证券违法犯罪是证券业有限发展的主要阻碍,会破坏市场秩序、损害投资者合法权益、阻碍资本市场的健康发展。有限发展法学理论视角下,要保证证券业的有限发展,必须要对证券违法犯罪的行为进行惩治。证券违法行为,主要是指证券法律关系主体在证券的发行、上市、交易、监管以及其他

---

① 林成伟:《注册制下我国证券交易所自律监管制度完善研究》,兰州大学硕士论文,2020,第 19-21 页。

相关活动中,违反国家证券法律法规,破坏证券市场秩序,损害投资者利益
的行为。① 按照违法的严重程度,可以将其分为严重的证券违法行为(即构
成犯罪)和一般的违法行为。对于每一类违法行为,我国证券法律制度都规
定了相应的法律责任,对证券违法犯罪的惩治,主要就是通过对证券法律责
任的合理设计来实现的,换言之,证券市场违法的成本直接体现为相应的法
律责任。通常情况下,证券法律责任具有多重性,对证券违法犯罪的惩治,
主要通过民事法律责任、行政法律责任以及刑事法律责任三种手段分别或
联合得以实现。证券法律责任基本的价值目标就是通过民事责任制度填补
投资者损害,通过行政责任制度和刑事责任制度,打击各种不当行为以维护
市场秩序,并对违法行为者施以威慑、惩罚等制裁手段来促进资本市场的健
康发展。② 我国证券法律制度也相应地建立了三种法律责任机制,在很大程
度上为促进我国证券市场的有序发展、维护投资者合法权益做出了应有的
贡献,但当下三种责任机制中依然有部分规定不利于证券业的有限发展。
如有研究发现"我国证券法律责任实现存在的问题表现为,行政案件相对于
民事、刑事案件数量较多,民事赔偿不充分和刑事责任追究不到位,法律责
任实现的时效性不足、不同类型法律责任实现之间的联动性不够"③。

　　首先,证券法律责任的价值取向与目标设定方面尚需要进一步明确。
任何法律制度的制定,均体现着规则制定者所要追求的价值及其通过制度
的设定所要达到的预期目标。证券法律制度的价值取向和目标遵循,从理
念层面看就是对证券法律制度要规定什么样的法律责任,这些法律责任在
证券法律制度中处于何种地位,这些法律责任之间的关系如何协调,这些法

① 胡光志:《虚拟经济及其法律制度研究》,北京大学出版社,2007,第325页。
② 中国社会科学院课题组、陈甦:《证券法律责任制度完善研究》,《证券法苑》2014年第1期,第481-516页。
③ 王一:《我国证券法律责任实现机制研究》,《中国证券期货》2019年第4期,第72-79页。

律责任最终要达致一个什么样的目标等①；从具体规则层面审视，证券法律责任的价值取向和目标遵循就是如何通过每一个法律条文科学、合理的设计，将具体的证券违法责任在实体上得以规定，在程序上保障其得以落实。尽管现行证券法律制度中规定了较为详尽的法律责任，但对于法律责任的多元价值及其之间的平衡协调关注不够，而证券法律责任机制的建构，必须对相互冲突的价值目标进行恰当地协调和平衡②，如何协调与平衡多元价值目标下的各种法律责任，事实上也是对证券法基本价值取向的认识问题；与此同时，在证券法律责任的目标构建中，责任类型的分配、责任内容间的有效衔接、责任的竞合等问题的处理也是证券法律责任得以发挥其效果的关键，这些都需要进一步予以明确。

其次，各种法律责任之间的关系、责任一体化实现的机制尚需要进一步明确。证券违法行为的多样性及其造成的损害不同，相应的责任也不尽相同，这也就决定了法律责任的多样性和复杂性，此情形下各种法律责任之间关系的处理与协调，如何实现责任的一体化等均是证券法律责任制度设计中应该考虑的问题。从责任实现的角度看，证券法上民事责任、行政责任以及刑事责任有着各自的产生前提与存在基础，要建构科学合理的证券法律责任体系，就要从法律责任体系意义上进行通盘考虑，用系统论的观念，全面考虑不同责任种类间的界限、各责任种类间的衔接以及各种责任的协调与平衡的问题。③ 各种法律责任的配置结构必须科学合理，各法律责任的制度功能清晰且能各司其职，各法律责任之间还能在保持相对独立的前提下互相配合、相互促进与相互协调，进而共同构成一个结构完整、功能齐全的

---

① 中国社会科学院课题组、陈甦：《证券法律责任制度完善研究》，《证券法苑》2014 年第 1 期，第 481-516 页。

② 赵旭东：《内幕交易民事责任的司法政策与导向》，《法律适用》2013 年第 6 期，第 19-23 页。

③ 中国社会科学院课题组、陈甦：《证券法律责任制度完善研究》，《证券法苑》2014 年第 1 期，第 481-516 页。

责任体系。但事实上,我国当下证券法律责任的配置,三种责任之间存在重合,责任一体化实现机制不健全,重行政责任、轻民事和刑事责任的痕迹尤在。行政监管的过度控制在制度上和实施效果上都压缩了司法机制的作用空间,进而使得民事责任和刑事责任,特别是民事责任的实现变得较为困难。关于当前三种责任的关系,有研究指出:案件数量上,行政责任远远领先于民事和刑事责任;时效性上,行政责任远远强于民事和刑事责任;联动性上,行政责任与民事责任存在一定的脱节;实现过程上,刑事、民事责任均受制于行政责任的实现,监管部门的职能部分地涵盖了民事和刑事责任的实现机制。[①]

最后,部分法律责任的内容规定不合理,救济机制尚不健全。从规则的具体设定看,科学合理的法律规则是立法目标得以实现的关键环节,从责任落实的过程看,"无救济不权利",救济机制的健全是落实法律责任的关键环节,程序的正义是实体正义的有效保障。事实上,尽管证券法等相关法律在历次修法时均注重对证券法律责任的修改与完善,但当下部分法律责任的内容以及结构设置上还存在一些问题,同时救济机制也并不成熟,不利于证券业的有限发展。如证券民事、刑事和行政责任三者出现重合的情况,如内幕交易违法行为的行政处罚与刑事处罚可能存在的重合(行政上的罚款与刑事上的罚金),行政责任中对违法所得处理与刑事上对违法所得处理的重合等;如行政责任的刑事化问题,使得行政责任的适用上较为受限;如民事责任的体系存在不完备现象、规范存在不合理情况、救济机制尚不健全等,容易导致民事责任设定的填补投资者损害、实现利益平衡和投资者保护等目标难以实现;如刑事责任的惩罚力度和威慑力不强,不能有效发挥其威慑、惩罚等惩罚犯罪与预防的功能。[②]

---

① 王一:《我国证券法律责任实现机制研究》,《中国证券期货》2019 年第 4 期,第 72-79 页。

② 中国社会科学院课题组、陈甦:《证券法律责任制度完善研究》,《证券法苑》2014 年第 1 期,第 481-516 页。

三、投资者保护(狭义)法律制度中妨碍有限发展的问题

在虚拟经济有限发展法学理论视角下,投资者保护制度的构建是证券法律制度的核心和主要内容。之所以如此强调投资者保护,是因为:一方面投资者是证券市场的主要资金流入源,证券市场的发展高度依赖投资者,即"投资者撑起资本市场这片天,保护其合法权益是第一要务"[①];另一方面投资者,特别是普通(大众)投资者在证券市场相对弱势地位的理论假设。对于投资者的保护,各个国家资本市场的立法都给予高度的关注,我国也不例外。证券法律制度构建的主要目标之一便是投资者合法权益的保护,在此目标下不同层级、不同体系的法律制度得以建立,构建起了相对完备的投资者保护制度体系,整体上有助于促进证券业的有限发展。特别是新修订的《证券法》对投资者保护制度进行了专章规定,使得对投资者保护的重视程度达到一个全新的高度,向市场释放了积极的信号。对此有人评价新证券法对投资者的保护是:立法形式与实质保护并重,实体规则与程序保障并举,正面赋权与义务强化并行,社会多元主体协同保护。[②] 对此,我们在整体上是赞同的,但在为法制的进步欢呼的同时,也要理性地审视,看到其中的不足。以有限发展法学理论下证券业有限发展的核心指标为依据,现行证券业投资者保护法律制度中的部分设计的合理性及其实际效果尚需要进一步的思考,如:

第一,专章规定投资者保护的合理性及其实际效果有待实践验证。尽管我们无法否认以专章规定投资者保护的积极效果,但专章规定的投资者保护的合理性,特别是立法技术的合理性却是值得思考的,同时其产生的实际效果也有待实践的进一步检验。事实上,整部《证券法》都是围绕着更好

---

① 袁元:《投资者撑起资本市场这片天 保护其合法权益是第一要务》,《证券日报》2021 年 3 月 27 日第A01 版。

② 张钦昱:《证券法用系统性思维　完善投资者保护制度》,《证券日报》2020 年 4 月 30 日第 A02 版。

保护投资者进行的制度设计,投资者保护在发行、交易、上市、服务、退出等各个阶段,各个环节均有着思想的渗透或者具体制度的体现。在此情形下,专章规定"投资者保护",容易使人产生某种错觉,即凡涉及投资者保护的条款,均集中于该章的专门规定中,从而疏忽了其他章节体现的投资者保护价值①,但事实却并非如此。这种立法技术的选择,既容易淡化《证券法》其他章节中投资者保护制度的功能,也容易使得该专章内容显得杂乱不堪,因为以专章的形式规定投资者保护就意味着,之后凡是与投资者保护相关的制度,不管是实体的还是程序的,不管是证券的还是公司内部治理的,只要与投资者保护相关,其他法律制度或者其他章节不方便列入的均可以放入该专章,从而使得该专章内部杂乱,有可能变成一个零散条款的"集装箱",甚至与其他章节规定产生冲突,反倒减损了专章规定"投资者保护"的价值。②与此同时,在这样的立法技术下,投资者保护的实际效果如何,短期内尚不明确,还需要时间去检验。

第二,投资者适当性制度不是对投资者"溺爱式"的保护。尽管投资者适当性制度的主要着眼点在于:证券服务提供者应当主动向投资者承担义务和责任,突出强调"卖方责任"以保护作为买方的投资者,但投资者适当性制度不能也无法对投资者提供"溺爱式"的保护,投资者适当性制度的核心还是"适当性"。既然是适当性,那就有两个方面的适当性:一方面对卖方而言,在销售产品和提供服务时,应当履行"了解客户""了解产品""风险揭示"以及"适当推荐"等义务,做到依法合规、勤勉尽责、审慎推荐。③另一方面,对作为买方的投资者而言,也应当具有风险自担、理性选择投资的义务。不管是出于发展多层次资本市场的实际需要,还是投资者保护的需求,风险

---

① 叶林:《〈证券法〉专章规定"投资者保护"的得失》,《金融时报》2019 年 7 月 29 日第 010 版。

② 叶林:《〈证券法〉专章规定"投资者保护"的得失》,《金融时报》2019 年 7 月 29 日第 010 版。

③ 杨宇非:《适当性制度不等于对投资者提供"家长式"保护》,《中国证券报》2020 年 6 月 3 日第 A03 版。

自担下"买者自负"的制度设计可以引导投资者科学理性投资、正确认识和识别风险。事实上,现行制度设计有些过于强调"卖方责任"而忽视了作为买方的投资者的义务,忽视了经营机构与投资者之间利益的平衡,尽管有助于证券业的安全发展,但却忽视了市场效率,整体上与有限发展法学理论主张的"安全与效率并举"的原则有部分出入。

第三,投资者保护基金制度中部分设计尚需细化,投资者救济机制尚需进一步完善。证券投资者保护基金制度作为投资者保护体系的重要部分,自建立至今在有效促进投资者保护方面发挥了较大的积极作用,但在有限发展法学视角下,随着资本市场的发展创新,该制度的一些问题也得以凸显。如基金界定有待进一步明确,原则性的制度设计导致的操作性不强,基金公司组织结构行政性过强,法律规定零散且层级较低,赔偿和监管制度不完善等诸多问题。[①]《证券投资者保护基金管理办法》尽管在 2016 年做了修订,但因其法律位阶低、未能全面贯彻开放创新的金融思想、保障范围及对象不明、管理者权限不足等原因,依旧无法有效回应金融混业经营、金融产品创新和多层次资本市场的变化。[②] 此外,投资者救济的制度也需要进一步完善,尽管新《证券法》规定了颇具中国特色的证券集体诉讼制度,但具体的落实还有待时间和实践的双重检验,同时其他相应的救济机制如证券行政和解以及先行赔付等制度也需要做出调整,以适应投资者保护的新要求。

[①]　唐煦:《论我国证券投资者保护基金赔偿制度的完善》,辽宁大学硕士论文,2019,第 1 页。

[②]　巫文勇:《我国证券投资者保护基金法律制度重塑——基于域外经验和五大金融保障基金的衔接》,《证券法律评论》2018 年,第 469-482 页。

第五章 有限发展法学理论视角下证券法律制度变革的基本原则

规范证券业有限发展须提供制度框架和运行规则,这就要求立法必须遵循最基本的原则,这些基本原则应贯穿于证券业有限发展的始终,以开放经济条件下证券业安全运行为核心目标,对证券业有限发展起统帅作用,应集中体现证券业有限发展的根本价值和本质特征,具有抽象性、基础性和宏观指导性的功能和作用。其中,基础性是指证券立法原则是证券市场运行所有规则中最基本和最重要的规定,是证券业有限发展的基础和保障,如果舍弃或违背这些基本原则,那么证券业发展的根基就会受到动摇,证券业为实体经济服务的目的就难以实现。所谓抽象性,是指证券立法原则要为证券业有限发展提供一种精神和理念,其存在有助于人们准确地理解和正确地适用证券发展的相关规则,为证券业有限发展提供一种指引和规范力量。而宏观指导性是指证券立法要对证券监管部门开展各项监管活动起根本性的指导作用,并为证券监管的运作指明方向。① 也正是这种宏观指导性,为证券业有限发展所追求的价值做出了原则性把控。基于以上特性,为了切实做到证券立法为证券业有限发展提供保障作用,可概括归纳出以下基本原则。

---

① 李东方:《论证券监管法律制度的基本原则》,《北京大学学报》(哲学社会科学版)2001 年第 6 期,第138-143 页。

第一节　安全保障原则：证券法律制度变革的首要目标

在虚拟经济有限发展法学理论视角下,证券法律制度变革的首要目标理应遵循安全保障原则。之所以将安全保障原则放在如此重要的地位是因为:首先,从简单的逻辑顺序看,虚拟经济有限发展法学理论是虚拟经济安全的逻辑依据,正是因为虚拟经济有限发展法学理论对虚拟经济安全的重视,所以作为虚拟经济典型代表的证券业,贯彻有限发展法学理论的主要方向就是对安全的追求。其次,从深层角度看,"理论的东西本质上包含于实践的东西之中"①,理论是应实践的呼唤而产生的,它必定要对发展实践有解释和指导,只有回到实践中,理论才能保持生机与活力。② 虚拟经济有限发展法学理论,正是基于对人类虚拟经济发展历史规律的深刻总结,对历次虚拟经济危机及其治理规律总结反思的基础上提出的一种虚拟经济安全保障理论。因此,安全保障原则作为证券业发展的首要原则,是由其自身发展与实践的规律所决定的。最后,安全保障原则之所以能够成为证券法律制度变革的首要目标,是因为法律本身就具有安全价值,本身就体现着对安全的追求与塑造。

一、安全保障原则是有限发展法学理论的核心要义

审视虚拟经济有限发展法学理论与虚拟经济安全的关系可知,虚拟经济有限发展是虚拟经济安全的实践需要,而虚拟经济有限发展法学理论是虚拟经济安全内涵的逻辑依据。安全保障既是虚拟经济有限发展法学理论的目标追求,也是该理论的主要支撑和实践基础。虚拟经济有限发展首先

① 黑格尔:《法哲学原理或自然法和国家学纲要》,范扬、张企泰,译.商务印书馆,2017,第15页。
② 姚建宗:《法律与发展研究导论》,吉林大学出版社,1998,第8页。

需要虚拟经济运行的安全,只有安全的发展才是有限的、可持续的发展。历史的经验告诫我们,失去安全保障的发展在绝大多数情况下都会酿成经济运行的"大祸"。

从虚拟经济有限发展法学理论的提出目的看,虚拟经济有限发展法学理论以虚拟经济安全为核心追求。前文(第二章第一节)已述,该理论致力于通过协调虚拟经济结构、提升虚拟经济领域政府监管的有效性、虚拟经济市场运行机制的有效性、虚拟经济外部环境适应性、增加虚拟经济领域法律制度供给及变革的高效性、加强虚拟经济司法打击虚拟经济违法犯罪行为等,实现虚拟经济的安全发展。该理论致力于通过对虚拟经济运行安全法律保障制度进行充分的研究,为如何保障我国虚拟经济的运行安全提出相应的对策建议,为我国虚拟经济实务部门的监管提供决策参考,特别是为我国经济管理部门提供预防和遏制金融危机、守住不发生系统性风险的底线提供重要的决策参考。理论总是要解决一定的实际问题,不解决实际社会问题的理论,或者不能指导实践的理论便会失去其存续的土壤。虚拟经济有限发展法学理论从构思到提出,经历了一个漫长的科学论证过程,最终将主要目标聚焦于虚拟经济安全,而实现虚拟经济安全的有效途径在于有限发展,在于通过法律制度为虚拟经济的运行设置"信号灯",设置宏观边界和判定标准。因此,虚拟经济有限发展法学理论主要致力于解决虚拟经济运行的安全问题。

从虚拟经济有限发展法学理论的实践基础看,安全保障原则是对实践的有效回应。世界范围内虚拟经济的历史实践充分表明,虚拟经济有限发展是国家经济安全的根本保证,如果放任虚拟经济中系统性风险的星星之火,其成燎原之势的金融危机、经济危机势在必然。历史上危机的发生很大程度上是虚拟经济过度发展所致,如 2008 年美国爆发的次贷危机,在全球的席卷再一次向世人发出警告,虚拟经济放任发展所产生的风险不是任何国家和经济体能够轻易承受的。因此,通过积极的法律制度建设,以法律制度来防范、化解虚拟经济风险,促进虚拟经济安全显得至关重要。将经济和社会变革的压力理解为认知的来源和自我矫正的机会,使法律更多地回应经济发展和社会治理的需求,是法律现实主义者的一个主要目标。[①] 基于回应虚拟经济风险和维护其安全运行现实需求而提出的虚拟经济有限发展法学理论,具有高度的实践性品格,是对预防与遏制虚拟经济危机对策的经验总结与升华,是关于虚拟经济历史上对发展和安全、效率和安全、风险和安全之间关系处理实践的一种有效回应。同时,理论紧密结合了开放经济条件这一时代背景,结合了国内外虚拟经济发展及其风险治理的最近现状,结合了健全金融机构治理、促进资本市场健康发展、防止资本无序扩张、金融创新必须在审慎监管的前提下进行等顶层设计和具体要求。因此,不管从哪个角度审视,安全保障原则都是虚拟经济有限发展法学理论的实践基础和目标遵循,是其核心要义。

综上,不管是从虚拟经济有限发展法学理论的提出背景、目的,还是从虚拟经济有限发展法学理论的实践基础审视,安全始终都是该理论的核心,理论的构建和完善都是围绕虚拟经济安全而展开。证券业作为最能体现虚拟经济属性和特点的金融业态,其风险的发生和发展对整个金融市场、整个虚拟经济领域都有着深刻的影响。因此证券业的有限发展是虚拟经济有限发展法学理论的首要目标和题中之意。证券相关法律制度的构建和完善,必须以证券市场的安全、风险的防范和化解、投资者的保护为基本遵循。

二、安全保障原则是证券业有限发展的基本前提

虚拟经济有限发展法学理论视角下,证券业要实现有限发展,必须以安全为其基本前提和目标遵循。毋庸置疑的是,证券业肯定要发展,这是因

---

① 诺内特、塞尔兹尼克:《转变中的法律与社会:迈向回应型法》,张志铭,译.中国政法大学出版社,2004,第73-86页。

为：一个良好的证券市场不仅是资金供需的桥梁，而且发挥了金融媒介集中社会资金、扩大生产和经营规模、实现社会资源优化配置以配合金融调控等一系列重要的国民经济服务功能。[①] 同时，也可促进资本集中进而推动社会化大生产、强化外部压力进而促进企业改善经营机制、变革分配方式进而保障经济持续发展、分散市场风险进而维护经济稳定、与实体经济一道进行财富积累。[②] 与此同时，必须要看到的是：证券业的发展必须是安全的，必须是在一个风险可控的范围内进行发展，而不是自由放任下的"脱实向虚"和野蛮、无序增长。换言之，只有安全有序的发展，证券业的上述服务实体经济的功能才能够得以充分发挥，而历史实践也已经充分地证明了失去控制的无序、自由发展最终酿成的经济危机等惨祸，不仅无法发挥其服务实体经济等功能，反而会给人类经济、社会发展造成严重的危害和损失。因此，证券业的有限发展，必须以安全作为基本前提，在安全的基础上实现高效的发展。

证券法律制度作为证券业发展的外部性促进和保障机制，在证券业有限发展的前提下，法律制度的变革也需要以有限发展法学理论为指引，将安全保障原则作为制度变革的首要目标遵循。从新制度经济学的视角看，制度及制度创新在经济增长中起着关键性的作用，制度是影响到经济发展水平、经济增长率和经济增长速度的易变动性的更重要的因素。[③] 这就决定了科学合理的法律制度设计对于证券业实现有限发展的重要性。从证券业安全的制度需求看，完善的产权法律制度、合同法律制度、货币和信用法律制度、现代企业法律制度、担保法律制度、征信法律制度等构成了证券业安全

---

① 陈丽：《浅析证券市场监管的必要性》，《时代金融》2007 年第 4 期，第 8-9 页。
② 胡光志：《虚拟经济及其法律制度研究》，北京大学出版社，2007，第 79-89 页。
③ 楼朝明：《制度在促进经济发展中的相对重要性》，《宁波大学学报》（人文科学版）2005 年第 4 期，第 123-128 页、第 132 页。

运行的基本法律环境[1]；从世界各国应对金融危机的对策及其法治化视角看，证券业安全的法律制度主要包括宏观调控法律制度、金融监管法律制度、企业信用评级法律制度等一系列制度保障体系；从我国证券业安全保障法律制度的构成看，主要包括证券业安全保障主体法律制度、管理法律制度、应急处理法律制度、投资者保护法律制度、市场退出法律制度、法律责任制度等[2]。因此，我国证券法律制度变革也就是对上述法律制度中不利于证券市场安全、不利于证券业有限发展的法律制度进行变革，以使其符合安全、高效发展的要求，而制度变革的首要目标和最终追求便是安全保障。

综上，证券业的有限发展必须以安全为前提，只有安全得以保障的发展才称得上是有限发展，失去安全作为其根基的有限发展法学理论必然是不成立的。也正是以证券市场运行的安全为其基本前提，决定了有限发展法学理论对现行证券法律制度的检视和变革具有了指导性的作用。

第二节　利益保障原则：证券法律制度变革的价值指引

法律本身就具有分配与调整利益的功能。从静态视角看，法律机制涉及利益结构中的主体、客体等各要素；从动态视角看，法律机制是分配利益、并为这一分配提供具体保障的统一机制，为了能够顺利分配与协调各种利益关系，法律必须设定相应的利益保障机制。[3] 证券法律制度作为宪法之下的法律，是在宪法分配社会基本利益的基础上，对具体社会利益的一种延伸性与补充性分配机制，事实上也就是对证券法律关系各主体间利益及其与

---

[1] 胡光志等：《中国预防与遏制金融危机对策研究：以虚拟经济安全法律制度建设为视角》，重庆大学出版社，2012，第 29-46 页。

[2] 胡光志等：《中国预防与遏制金融危机对策研究：以虚拟经济安全法律制度建设为视角》，重庆大学出版社，2012，第 138-156 页。

[3] 李琦：《利益的法律分配及其保障——对现当代法律机制的整体性描述》，《厦门大学学报》（哲学社会科学版）1998 年第 4 期，第 73-79 页。

社会公共利益之间关系的分配与调整,而利益的分配必须要建立相应的保障机制,所以证券法律制度不仅具有利益分配的功能,还具有利益保障的功能。虚拟经济有限发展法学理论视角下,证券法律关系中的各种利益都需要通过法律予以充分的保障,也只有对这些利益进行合理的配置并建立稳定的可预期的保障机制,才能维护证券市场秩序,追求实质正义,促进证券业有限发展。正因如此,利益保障原则可作为证券法律制度变革的价值指引。当然,根据各主体能力的强弱,以及其所代表的利益的重要性,证券法律制度变革中的利益保障也有所区别。利益保障原则在指导证券法律制度的变革时,主要从投资者利益保障、经营者利益保障和社会公共利益保障三个层面分别展开。

一、投资者利益保障:证券业有限发展的活水之源

根据国际证券会的总结,证券监管有保护投资者、确保市场公平有效透明及减少系统风险三个目标。其中保护投资者的合法利益是证券监管的首要目标,也是之所以要让证券业在既定"轨道上"有序、有限发展的要求所在。在证券市场中,需要确保投资者的资金供给才能激活整个证券金融市场,否则一切证券活动的规则设计都是虚空的,也就正如一场声势浩大的博览会,没有参观者尤其是没有购买商品的参与者,这场博览会没有任何实质意义,也无法正常持续下去。在证券市场上,投资者对证券市场的信心是证券市场得以存在和发展的基本保证,只有真正保护好投资者利益的市场,才能给投资者以安全感和信心,从而使证券市场得到长远发展。但投资者却是证券市场中的弱势主体,各国都在通过立法建立独立董事制度、完善上市公司治理结构、提高上市公司质量等具体制度来保护投资者的利益。[1] 因

---

[1] 贺强:《进一步完善证券市场监管　有效保护投资者利益》,《价格理论与实践》2011 年第 3 期,第 12-13 页。

此,尊重和保护投资者利益是证券业发展的核心限度,也是证券业立法规制的关键所指,一个有效的证券规则体系,其设计的出发点应是最大程度地保护投资者利益,而非任由上市公司随意融资不受约束。

以美国和英国为代表的西方发达资本主义国家,他们也无一例外地建立了系统且全面的证券规则体系,以严密、有效的制度规则去强化上市公司、证券交易所、中介机构等参与主体的规范化运作,其在巩固证券市场基础的同时间接保护了广大投资者的利益。实证研究表明,一个完善而有效的证券市场规则体系最为重要的表现,应有完整的投资者权益保护制度,对损害投资者利益的违规或违法行为给予有效的惩戒或处罚。证券市场的正常运行首要基础就是对投资者利益进行充分保护,也正如此,才能够对证券市场自身存在的缺陷予以矫正和补充。这就应建立完整、严密的信息披露制度来实现对投资者利益的保障,通过完整、准确、全面、及时的信息披露制度使投资者在最大限度和范围内获取有关证券产品信息,有效避免证券发行与交易活动中的内幕交易、价格操纵、欺诈和过度投机等违法行为,从而避免由于信息不公开、不公正而损害投资者利益的行为,为投资者提供高透明的交易环境。①

基于投资者利益的重要性,投资者利益保障理应成为证券法律制度的主要组成部分。而除了对安全的追求外,虚拟经济有限发展法学理论的另一个重要目标便是致力于对证券市场投资者,特别是通过对中小投资者等相对弱势群体利益的保护,以此来保证证券市场的活力。基于此,虚拟经济有限发展法学理论视阈下,证券法律制度变革的过程,需要以投资者利益保障为基本原则,使投资者利益保障能够贯穿于证券法律制度并有效指导整个法律制度的完善与变革。

---

① 陈小林:《信息环境、法律制度与投资者利益保护》,《经济经纬》2011年第4期,第131-135页。

二、经营者利益保障：证券业有限发展的动力机制

经营者利益之所以也需要得到有效保障，主要有两方面缘由：其一，从弱势群体的保护视角看，保护社会弱势群体是实现社会实质公平和法律实质正义的基本要求，作为经济法主要组成部分的证券法律制度，坚持社会本位、崇尚社会公共利益和追求社会公平是其保护弱势群体的思想基础，追求实质正义是其保护弱势群体的价值目标。[1] 在证券市场，投资者往往被视为弱势群体加以特别保护，事实上不具有理论的争议性，但必须要看到的是，弱势群体本身并不是一个确定的概念，而是一种相对状态。整体而言，相较于经营者，证券投资者（机构投资者除外）属于弱势群体，但经营者事实上也并非一直处于强势地位，经营者自身内部就包含了强弱之分，外加之风险本身并不区分经营者和投资者，因此经营者利益依旧需要得到保障。其二，保护经营者的合法利益有助于激发证券市场的活力，促进证券业发展。经营者作为证券市场的基础性条件与重要参与者，是证券市场得以持续发展的动力来源。经营者参与证券市场的主要目的在于对利益的追求，逐利性是市场主体的天然属性，因此其利益能否得到保障，直接关系着其参与市场活动的积极性。

证券法律制度的设计及其变革，不仅要看到广大投资者的利益，还必须要看到经营者等相关参与主体的利益。作为证券市场的主要参与者，任何一方利益得不到有效的保障，都不利于证券市场的发展。这就需要发挥法律的利益分配、平衡与保障功能，在保护投资者利益的同时，也需要对经营者合法权益进行必要的保障，只有各种关系利益处于一种相对平衡的状态，才能推动证券市场的发展与繁荣，才能在保障安全的前提下提高市场效率。

---

[1]　胡光志、张军：《弱势群体的经济法保护》，《重庆大学学报》（社会科学版）2014 年第 6 期，第 129-134 页。

以投资者适当性制度为例,投资者适当性通常被当作是对投资者的倾斜性保护,但事实上"适当性"本该是双向的,一方面经营者应该承担适当性义务,另一方面投资者也应该承担诸如如实告知提供真实信息等义务。

　　经营者在证券市场往往被视为天然的强势群体,因而制度的设计多增设其义务性条款,而忽视其权利的赋予。事实上,经营者在部分情况下也可能处于弱势地位的状态,且上文已述,经营者的积极性直接关系着证券市场的活力,因此经营者的利益,尤其是一些核心利益必须在法律层面得以体现,必须得到法律的有效保障,这与虚拟经济有限发展法学理论对公平、正义、安全、和谐的追求一致。虚拟经济有限发展法学理论不仅强调投资者的利益,而且对经营者的利益有所强调,只有投资者和经营者的合法利益均在法律上有实现之可能,一个安全、高效的证券市场才有可能形成。因此,虚拟经济有限发展法学理论视角下,现行证券法律制度的变革,要以证券经营者利益保障为原则,进而指导具体方案的设计和制度的供给。

三、社会公共利益保障：证券业有限发展的理想图景

　　公共利益的概念常常被看作一个巨大的空瓶子,不同时期,根据主体的不同需要可以装进去不同的内容,且由于各个学科、各个领域的研究者都试图往里面装自己喜欢的材料,因此使得该瓶子内变得混杂不堪。但即便是这样,也丝毫没有影响公共利益的概念出现在各种社会辩论和学术讨论中,无论在规制的语境下,还是在干预的语境下,或者在其他语境下,公共利益一直都是政治学、法学和经济学等学科日常话语中不可或缺的一部分。基于证券业虚拟经济的本质,因而本书关于公共利益的讨论首先需要从经济学的视角去审视,当然这并不意味着我们会通过一套经济学公式去"计算"公共利益价值几何;基于证券法律制度的法律属性,本书关于公共利益的视野自然也无法脱离法学的认知范畴;当然,也无法脱离政治学的认识范畴。基于此,本书所谓的社会公共利益,事实上是将经济学、法学和政治学相关

论说集合在一起,在一个"三边"视角下考察公共利益的内核及其在证券法律制度中的体现。①

　　社会公共利益的确定,事实上类似于"对无价值的东西进行估价"的一个过程。这不仅需要对经济利益进行考量,更要超越经济利益,从社会责任、民主价值等视角去考量。虚拟经济有限发展法学理论的提出,一定意义上就是站在社会公共利益的视角,对虚拟经济运行特征、规律、风险等进行充分研判后,通过安全促进发展,通过安全促进公共利益的一个理论命题。因此,虚拟经济有限发展法学理论本身就包含着社会公共利益的属性,在虚拟经济相关法律制度的设计中,出现为社会公共利益而规制的情形便是该理论所追求的一种理想状态。虚拟经济有限发展法学理论所追求的社会公共利益,可以以更为具体的形式在虚拟经济各组成部分中得以体现,如证券业、银行业、保险业等,其中各自所要实现的社会公共利益有所不同,实现路径也有所区别,但整体上都有效统合在虚拟经济所追求的社会公共利益层面。

　　回到证券领域,虚拟经济有限发展法学理论视角下,社会公共利益的保障本身就是证券业有限发展的题中之意,当然更是对证券业有限发展理想图景的一种形而上的描摹。从虚拟经济有限发展法学理论本身看,该理论主张通过一系列制度的合理设计与安排,促进虚拟经济安全、高效发展,保障虚拟经济领域的弱势群体利益,促进国家经济安全,其最终落脚点依然是社会公共利益的实现。从证券法律制度本身的目标看,现行《证券法》第一条立法目的条款旗帜鲜明地提出了"为……维护社会经济秩序和社会公共利益……制定本法"。同时,其他相关证券法律法规以及政策性文件中,公共利益也经常出现在其中。在此意义上,社会公共利益本身就是证券法律制度自身天然的一种追求。

---

① 迈克·费恩塔克:《规制中的公共利益》,龚捷,校,戴昕,译.中国人民大学出版社,2014,第3-13页。

同样,尽管在证券领域社会公共利益依然是一个难以界定和明确的概念,但这并不是放弃社会公共利益保障的理由。有研究指出"公共利益"就是全部私人利益之和,而法律的基本目标就是个人利益的最大化,这对于认识社会公共利益有所助益,但将个人简单的相加事实上也并不能完全代表社会公共利益。以证券法律制度为例,证券法律制度所要保障的社会公共利益,尽管也无法将其具象化,但通过对证券市场秩序的维护、对投资者合法权益的保障、对经营者合法利益的保障、对证券市场安全的保障、对国家经济安全的维护,证券法律制度所要保障的社会公共利益便能得到相应的保障。因此,证券业的有限发展需要对社会公共利益予以保障,证券法律制度的变革也需要将社会公共利益作为其有限发展的一种理想图景。虚拟经济有限发展法学理论视角下,证券法律制度的变革应该以公共利益的保障为一项指导原则。

第三节　"三公"原则：证券法律制度变革的核心要求

公平、公开、公正原则是证券交易市场所遵循的三大原则,也是各国证券市场持续健康发展的核心要求,当然也是我国证券法中所确立的基本原则。"三公"原则与虚拟经济有限发展法学理论的追求一致,且只有通过对"三公"原则的坚持,才能更好地实现证券业的有限发展,更好地融入世界虚拟经济发展的大潮之中。因此,证券法律制度的变革要充分体现"三公"原则,以此为指导来确保证券业发展的有限性。

一、公开原则及其制度供给

一般意义上,公开就是保障相关主体的知情权。公开意味着不加隐蔽,意味着想知道相关信息的主体通过一定的途径和技术均可以获得相应的信息,意味着公开主体将自身置于阳光之下。在虚拟经济领域,信息的依法有效公开是经济活动中各主体有效获得交易信息、监管信息、市场信息、风险信息等各类信息,做出交易与否的判断,解决虚拟经济领域信息不对称不充分的关键。因此,虚拟经济的有限发展需要信息的公开。这体现在证券业,就是需要在证券的发行与交易活动等各个过程中,应该以信息公开为原则和常态,不公开为例外。

证券的发行与交易活动,必须遵循公开原则。[①] 公开原则肇始于英国,发扬光大于美国。公开原则在英国又被称为形式管理原则,意指证券的发行和交易只要求发行人全面、真实公开披露上市公司的资料信息,至于证券产品是否具有投资价值,不进行实质性的审核,其他信息有赖于其他证券机构的自我管理和自我约束。英国早在 1843 年的公司法就对公开说明进行了立法规定。1929 年,美国证券市场非法投机、欺诈与操纵行为等大肆蔓延,全球经济危机爆发,随后的罗斯福新政中就包括了证券立法的改革,其中公开原则被确立为证券立法的指导理论,贯穿于美国证券法律。[②] 借鉴英国的经验,美国于 1933 年颁布的《联邦证券法》正式确立了证券公开原则。受美国影响,日本、菲律宾和瑞士等国家也相继把公开原则作为证券业首要原则。[③]

在证券法领域,信息公开是证券法律体系的基石。从实际意义上看,作为证券法的基本原则之一的公开原则的贯彻实施,既有利于保护证券投资者的利益,也有利于对证券市场进行有效的监管。从公开的实质看,应公开原则之要求而产生的是公开义务,分为发行前、发行时公开义务和发行后之继续公开义务。从义务的强制性看,违反公开义务必然产生相应的民事责任。[④] 具体而言,证券立法应以具体的制度形式将公开原则巨细化,其主要

---

① 《证券法》第三条规定:"证券的发行、交易活动,必须遵循公开、公平、公正的原则。"
② 李麒:《证券立法中的公开原则》,《法学》1994 年第 12 期,第 39-41 页。
③ 陈绍方:《公开原则与实质管理原则》,《上海金融》1998 年第 6 期,第 29 页。
④ 王俊涛、张业斌:《论证券法公开原则及其民事责任》,《朝阳法律评论》2012 年第 2 期,第 190-200 页。

包含以下几方面的内容：

其一，首次公开发行证券时，发行人应当依法如实披露可能影响投资者作出投资决策的所有信息，即首次公开发行应奉行全面信息制度，尤其是招股说明书所记载的内容要全面真实，如发行人的治理结构，包括董、监、高任职情况等；公司的业务经营状况、拟发行证券的种类、证券的销售方式或证券承销商转售证券的方式、公司的财务报表等。这些发行前（发行时）的信息公开，有助于投资者全面了解基本情况，掌握发行主体的经营状况，风险承受能力，盈利可能性等各种信息；有助于政府监管规则的制定和实施。

其二，证券发行后，发行人在其经营过程中应依法持续披露可能影响投资者决策的经营、信用状况以及财务信息等，证券立法须规定发行人的财务状况，要按照季度或者年度持续不断地向投资者及其他公众公布，便于公众做出理性的投资决策。另外，还要规定证券发行人以及证券公司一些特殊人群所持股票的数量情况，规定关联交易状况的持续性公开等内容。

其三，发行人在发行证券后不仅需要定期或不定期披露自己的经营、信用状况以及财务信息等，而且还有义务及时向投资者披露其他相关主体能够影响投资者交易决策的所知信息。

其四，应公开监管主体、监管规则和监管过程，包括监管规则的制订过程要科学化、民主化和透明化，监管规则制定后应依法通过审核并及时让公众知晓，监管部门的执法行为要透明公开，依法受到监督。

公开原则是在为证券市场提供一种秩序规范，证券立法为秩序构建树立受尊崇的权威，不能让证券自由放任、无序随意地发展。同时，也是为现代经济社会创设一种安全可靠的投资环境，有利于充分发挥证券市场资本融合与配置的作用。证券作为一种虚拟资本，依托于实体经济而存在，其本身的价值与实体商品的价值紧密相连，就其本质来说，不具有任何价值或使用价值，只是公司股权或债权的凭证，其价格受上市公司经营状况、资产状况及信用状况的影响巨大，是投资者预期收益的资本化，投资者在整个证券交易过程中的收益预期同信息的公开透明程度息息相关,没有公共的信息市场作保障,投资者的所投资金无法得到有效保证,市场的可信度也就无从谈起。① 在这一层面上,公开原则是证券立法的基石,也是保证"有限性"的最好防腐剂。

为此,立法就是要保证资本市场的运行践行公开原则,持续保证上市公司内部管理及财务状况的透明,让证券监管部门和社会公众能对其实行有效监督,也只有如此,才能进一步促进公司完善其管理制度,提高管理效能,树立可信赖的公众形象,为投资者提供更为全面的投资决策信息,对那些违反规定的不当行为予以惩戒,维护证券市场的公平和公正,保证证券市场持续、稳定、高效运作。

二、公正原则及其制度供给

作为一种价值判断,公正往往意味着公平正直,不偏不倚。从证券法视角审视,公正原则指的是在以保护广大投资者利益为宗旨的标准和规则之下,证券市场的监管者对证券发行、交易活动中的当事人一视同仁地适用该标准和规则,禁止证券欺诈、操纵证券市场和内幕交易行为等。另外,还包括自律管理机构的自律管理也要公正。因此,范畴上公正包括适用标准和规则的公正,监管行为的公正。②

纵观中外证券业相关立法,几乎所有国家在证券立法和执行过程中,都毫无疑问地把"公正原则"作为保护投资者利益和维护证券市场秩序的一项重要原则。在证券市场中,监管部门是重要的市场参与者,甚至曾为主导者,在证券市场准入、证券交易发行等过程中,证券监管部门都是重要的主体,其行为可能使其他的参与者遭受不公的待遇,也有可能因为证券监管部

① 陈矍:《论〈证券法〉的立法原则》,《浙江社会科学》1996 年第 3 期,第 99-102 页。
② 张宇润、杨思斌:《论证券法"三公"原则的制度内涵》,《法商研究》2002 年第 5 期,第 71-80 页。

门内部的成员为了自身逐利而做出不当的违法行为。为此,公正原则成为证券立法的重要内容,也是保障证券业健康有序发展的重要原则。

通常而言,公正原则应该包括规则的公正和执行规则的公正两个方面。规则的公正是指证券法律规则本身具有公正性,要能够为证券业的发展提供平等的机会,能为证券市场参与主体提供一套合理的利益分配机制,如美国的《证券法》(1933 年)、《证券交易法》(1934 年)、《投资顾问法》(1940年)、《内幕交易与证券欺诈实施法》(1988 年)等赋予了证券交易委员会监管的职权和责任,其享有证券规则的制定权、行政命令权、调查权、处罚权和制裁权等权力,然而,其享有的这些权力都要受到相应的约束。[1] 执行规则的公正指证券监管部门在执行证券规则时不仅要符合立法的要求,还要符合证券市场的运行规律。[2] 如过去由证券机关决定证券发行价格,就应改为由市场决定,才符合市场配置资源的基本规律。证券监管部门是证券发行、交易中很多规则的制订者,但自身在执行规则时就应定位准确,认真履职,要切实关注证券市场主体的行为,不能让这些主体为了谋取私利做出证券违规、内幕交易、不当竞争、虚假记载等行为,要站在维护证券市场秩序的高度,为社会整体利益的实现而执行规则。[3]

正如庞德所认为:"正义并不是指个人的德行,也不是指人们之间的理想关系,它意味着一种体制和对关系的调整以及对行为的安排,以使人们生活得更好,满足人类对享有某些东西或实现各种主张的手段,使大家尽可能在最少阻碍和浪费条件下得到满足。"[4]在证券立法中,要保障证券业的有限发展,证券监管部门的监管非常重要,但监管过程中规则公正和执行规则行为的公正同等重要。只有规则公正,监管部门才能根据具体的规则去实施

---

[1]　张宇润、杨思斌:《论证券法"三公"原则的制度内涵》,《法商研究》2002 年第 5 期,第 71-80 页。

[2]　张宇润:《试论经济法属性的证券法基本原则》,《安徽大学学报》2000 年第 5 期,第 63-68 页、第117 页。

[3]　张宇润、杨思斌:《论证券法"三公"原则的制度内涵》,《法商研究》2002 年第 5 期,第 71-80 页。

[4]　高桂林、杜晓成:《论经济法的根本价值追求:社会效益》,《社会科学家》2009 年第 12 期,第59-62 页。

行为,才能在尊重证券市场本身运行规律的前提下,恪守尽职履行监管行为,对公正的美好期待也就自然有机会得以实现。相反,在标准或规则不具体或缺失时要体现执行行为的公正就要依赖于监管部门的理念,这其中有一个核心的参考指标是把握证券市场的内在规律,将保护投资者利益和社会整体的公共利益作为核心要旨,执行规则就是公正的行为。还有就是,监管部门要对所有证券市场的参与主体依法一视同仁,对他们应同等地进行保护和惩戒。

三、公平原则及其制度供给

公平作为正义重要内涵之一,作为恒久的法律价值,被宣布为法律本身的救世主,并成为人们一直不懈追求的目标。[1] 但事实上公平作为价值的概念,到中世纪后,才开始具有某些法律意义的强制性色彩。根据中世纪欧洲寺院教义,商人之间禁止高利贷活动,商人转售商品的价格不得高于购买价格的一定比例。欧洲法典化时期,确立显失公平对合同效力的影响。现代公平原则不仅要求行为人本着公平观念从事各种活动,还要求建立起更为严谨的民商事规则体系。[2] 公平意味着每个主体在尽了其应尽的义务后,平等地享受权利,受到公正的对待。在证券法律制度中,集中体现为主体资格的平等性,主体权利、地位的平等,主体利益分配符合正义要求(公正与秩序)。公平原则是虚拟经济有限发展法学理论的题中之意。

公平原则是指证券发行和交易按平等、自愿、有偿的原则进行,证券关系中无论是机构投资者,还是个人投资者都要受到公平对待,各方当事人的地位是平等的,不得利用优势地位压制对方,损害对方利益。[3] 公平原则是

---

① 哈罗德·J.伯尔曼:《法律与革命——西方法律传统的形成》,贺卫方、高鸿钧、张志铭,译.中国大百科全书出版社,1993,第 25 页。

② 宋伟岩:《公平原则在证券法律关系中的有效适用》,《长春师范学院学报》2007 年第 7 期,第25-28 页。

③ 张宇润、杨思斌:《论证券法"三公"原则的制度内涵》,《法商研究》2002 年第 5 期,第 71-80 页。

证券立法保证证券发行和证券交易的重要原则,公平是一种具有参照性标准的判断标准,本身就不是既定不变的,公平与否很多时候是由他人来判断。在证券市场中,除了前文所论的程序公平价值外,在立法原则上,公平原则还应包括机会平等、结果公平、监管公平等涵义。

机会平等指在证券市场中进入和参与的平等。虚拟经济有限发展法学理论视角下,机会平等应然的状态是,各方主体进入证券市场的条件平等,在满足市场准入的基本条件下,只要自愿进入证券市场从事,符合证券立法上规定的相应标准,不管各市场主体先天的自然条件是否相同,相关主体均可以凭借平等的机会进行公平竞争。机会平等是结果公平的前提条件和基本保证,只有保证平等参与证券市场的机会,形式上的公平才能进一步促进实质上公平的有效实现。

结果公平是一种实质公平的理念。虚拟经济有限发展法学理论视角下,证券市场的结果公平指证券的发行和交易价格不过分偏离其内在价值。结果公平要求尽量避免交易双方因信息获取不对称而在失衡供求关系状况下进行交易,从而使结果严重偏离其内在价值的现象出现。如在市场交易中,一些资金雄厚的投资者表面看没有违背自愿交易的规则,但其频繁的交易或者操纵市场的交易已经违背了证券本身围绕实体企业发展服务的规律,导致的交易结果肯定就不公平,特别是对于那些处于弱势地位的中小投资者而言。

监管公平指监管者不偏不倚,秉公执法,尊重市场运行规律与通过价格和竞争机制的资源配置规律。监管机关的监管,应关注和充分尊重市场交易等价有偿的价值规律。尽管证券产品本身属于虚拟的商品,没有价值,但各种证券的交换价值主要取决于发行该证券的上市公司的经营状况、收益状况、财务状况以及信用状况等。一定程度上,证券价格也受制于市场供求关系、国家的宏观经济等因素的影响,但是总的来说,公平的证券监管行为无疑应遵循等价有偿的价值规律。① 监管公平对市场参与者具有正向激励作用,同时也有助于证券市场的安全、高效发展。

第四节 依法审慎监管原则：证券法律制度变革的底线思维

正如前文所述,证券业因其本身的特殊性,虚拟价值由市场供需、投资者的预期等因素确定,服务于实体经济是证券业出现的根基,尽管随着科技的发展,证券业已经有其自身的内在发展脉络,似乎可以离开实体经济的运行机制而独立存在,但其内在价值必须依赖于实体企业的现实发展,一切脱离实体经济发展的证券经济,都会以泡沫形式破灭。为此,证券业立法要保障证券业的健康发展,反过来,证券立法又必须秉持证券业有限发展的原则,在设计相关的具体制度时,要考虑通过一系列的制度来予以约束,具体而言,可通过以下外部监管机制来凸显对有限发展予以具体化。

一、适度监管原则及其制度供给

监管是证券业领域一个永恒的话题,该不该监管,谁来监管,如何监管,监管技术和监管方案为何,监管目标为何等,均是持之以恒的学术和实践话题。以监管的有效性或者监管的必要性为例,有研究以 2007—2018 年我国 A 股上市公司为研究对象,从同行业未受罚公司的角度研究了证券监管的溢出效应。发现行业内证券监管处罚比例越高,其他未受罚公司面临的融资约束越严重,而且行政处罚和信息披露违规的负面影响更明显。同时,溢出效应主要存在于信息环境较差、行业竞争压力较大、制度环境较不完备的样本中。处罚向利益相关者传递了行业信息,投资者采取的自我保护策略

---

① 郝旭光:《论证券市场监管的"三公"原则》,《管理现代化》2011 年第 2 期,第 47-49 页。

形成了发挥处罚效力的市场机制。[①] 虚拟经济有限发展法学理论观点明确地指出虚拟经济的安全运行需要监管,但同时也指出这种监管是一种必要的监管,是尊重"市场在资源配置中起决定性作用和更好地发挥政府作用"条件下的监管,监管的目标既致力于对"有效市场"机制的培育,也致力于对"有为政府"目标的追求,而适度监管被认为是实现这一目标的主要途径之一。

　　证券业适度监管,是指在不影响证券市场正常运行的情况下,应当保证证券市场各主体遵循自身的运行规律。让证券市场充分发挥其本身自我调节的功能,证券监管部门只有在证券市场自身调节失灵的情形下才予以干预,也即应将证券监管严格限制在证券市场可能失灵的范围内。一旦强调证券监管部门的行政干预或行业措施,那必将导致正常的市场运行秩序被扰乱,长此以往将不利于证券市场的持续发展。对此,学界一致认为,对于证券市场能自行调节好的经济活动,监管部门若干预过多反而有害。相反,在证券市场发生过度投机、内幕交易、垄断市场以及徇私舞弊等扰乱证券市场正常运行的行为时,证券监管部门则应立即以裁决者的身份代表国家实施严厉监管。尤其是在我国证券市场发展还不太成熟,需要逐渐积累经验的情况下,面对开放经济的现实需求,就需要通过政府的适度监管,来降低外源性风险的冲击。

　　政府规制理论认为,政府对市场干预的程度无非有三种情况,不是"过多"干预,就是"过少"干预,居中则为"适度"干预。从我国和西方资本主义国家经济发展的历史经验或教训来看,对市场的"过多"或"过少"干预其教训都是相当深刻的,自市场经济发展以来,许多国家已走出这两个极端,从极端的经济发展中汲取教训,都在谋求一种中立发展的道路,采取适度的政

---

① 牛玉凝、黄鹏宇:《证券监管处罚的行业溢出效应——基于融资约束的证据》,《山西财经大学学报》2021 年第 6 期,第 114-126 页。

府干预原则。证券市场一直被看作是市场经济状况的"晴雨表",证券立法就应在法律上划定政府干预的边界,要求证券机关部门的监管行为是一种受到法律规则约束的行为,是一种尊重证券市场在自发调节无效下的适度干预行为,立法应将适度监管作为证券业有限发展的重要遵守原则来予以确定。

具体来说,适度监管要求证券监管部门不能直接管理证券市场参与者,应当由证券市场主体本身对其直接自我约束,使其充分发挥自主经营权。对于证券交易所、证券协会等自律性机构,以及会计师事务所、律师事务所、信用评级机构等社会中介机构,要充分发挥证券业自律机制和社会中介机构的作用。① 尊重市场运行规律,给予其相应的自主权,政府只是在市场需要的地方及时予以回应,而不是无限制无边界地将权力的触角伸入市场。这种适度的监管,既可以保障市场自主性的同时激发市场活力和创造力,又能通过必要的监管维护证券市场的安全运行,对证券业的有限发展可以起到一定的助推作用,与桑斯坦等学者所主张的去除繁文缛节,简化政府进而更好地规制的理论预期基本吻合。因此,证券业的有限发展需要适度监管原则,证券法律制度的变革需要以有限发展原则为指导。

二、高效监管原则及其制度供给

效率是每个市场主体的追求,也是作为监管主体的政府的追求。高效的市场运行机制。以及高效的监管机制对证券业市场的发展都有重要的促进作用。虚拟经济有限发展法学理论尽管以安全为核心要旨,但并非全然放弃效率。前文已述,在效率和安全的价值序列中,虚拟经济效率是基本价值,虚拟经济安全是核心价值,所以在坚持安全和效率并举的同时,安全价

---

① 李东方:《论证券监管法律制度的基本原则》,《北京大学学报》(哲学社会科学版)2001 年第 6 期,第 138-143 页。

值优于效率价值。因此,效率在虚拟经济有限发展法学理论中依然占据着重要的地位。证券业作为虚拟经济典型代表,其法律制度的构建及变革不可能。也无法放弃效率,其监管也应该秉承高效监管原则。

证券业是一个充满各种活跃因素的行业,其发行、交易等各环节往往相互制约,一个环节只要出现效率问题,就可能导致整个证券行业混乱,因此,效率是证券市场的核心要旨。立法规制证券业的发展,不是将证券业"管死",而是"管活"。证券市场的发展必须与实体经济发展的速度相适应,实体经济发展需要证券市场高效的融资。在现实背景下,证券发展必须能够及时满足发行企业筹集资金的需要,为筹措资金提供制度激励作用和引领功能;另外,及时预防和扫清可能阻碍证券业健康发展的各种障碍,以促进证券业的有序性和规范性,并增强社会资金的高速流动和有效利用。

高效监管,不仅要求监管机构以价值最大化的方式来实现证券监管的目标,降低监管成本,而且要通过监管来促进证券业的高效发展。高效不仅要求监管机构对证券业进行必要的监督与管理,还要求不能对证券业应有的活力造成束缚。[①] 为此,证券立法应保障证券监管部门对证券发行的注册,对证券机构设立的审批,以及对证券机构从业人员的经营行为的监督和管理有制度依据,且能高效率执行。

还要注意,违法行为的及时发现和惩治也是证券业高效监管的主要内容。立法反映证券业较其他行业更容易产生投机、欺诈或垄断等违法违规行为,为监管部门在众多活跃因素中迅速辨别积极合法行为或消极非法行为提供制度参考,通过及时有效地制止非法行为来保护证券业健康发展,以促进整个证券业的高效运转。最后,随着证券市场与其他金融部门、国际证券市场的逐步融合,与此相适应,对证券业实施监督与管理的制度体系也必须与时俱进,未来的全球市场对证券监管体系与制度的建设提出了更高的要求,高效监管应当

---

① 李东方:《证券监管法的理论基础》,《政法论坛》2019 年第 3 期,第 78-88 页。

贯穿于证券业发展中,才能为证券业有限发展提供长期动力。

三、审慎监管原则及其制度供给

随着科学技术的发展和进步,各金融体系不再孤立,它们相互影响、相互作用,这就会传播和扩大金融系统性风险。由于证券业较其他行业的高风险和公益性,须对证券业进行审慎性监管,以此保障证券业发展的有限性。审慎监管是指对证券机构的流动性和金融风险进行监管,其终极目的是控制证券业的系统性风险。审慎监管通过维持证券经营机构良好的财务状况和合理的资产流动性,从而保护投资者的资金和证券安全,这就要求对证券经营机构的清偿能力和财务风险进行有效规制。审慎监管可分为宏观审慎监管与微观审慎监管,宏观审慎监管关注的是整个金融体系,主要防范的是系统性风险,继而减少金融危机对经济秩序的损害;微观审慎监管主要指传统的金融监管体制,侧重于单个金融机构的个体风险,确保审慎运作,以维护消费者的利益。[①] 就国外监管经验看,审慎监管在国外资本市场比较发达的国家具有较强的适用性,这也说明了开放经济条件下,审慎监管原则的确立将有助于资本市场的高水平对外开放,进而降低制度性交易成本。

就审慎监管的内容而言,一般包括最低自有资本限制、最低资本充足性限制和定期报告制度等具体内容。最低自有资本限制要求证券经营机构在设立时应具备最低限度的自有资本,以维护证券公司债权人及相关主体的利益,从而维护证券市场的稳定性和证券经营机构的风险承受能力。最低资本充足性限制,旨在通过对证券发行人和证券经营机构负债比率和流动性比率进行限制,确保证券发行人及证券经营机构保持充足的资产流动性,以防止经营失败时有足够资金去承担投资者的兑现要求,以应对可能存在

---

① 蒯立华:《基于宏观审慎原则的中国金融监管》,《时代金融》2012 年第 18 期,第 116 页、第 121 页。

的债务危机和市场风险。[①] 定期报告制度目的是确保其业务的安全性,并通过定期掌握证券机构的财务和经营状况,以及上市企业的内部治理结构,重要管理人员的持股变动情况等,以促使他们忠实地履行其义务。

以上三种监管在实际运行中,证券监管部门都要依法监管,法律制度为各种监管划定了行为的边界,证券监管的行为必须在法律规定的框架内进行,监管行为不得违法。证券监管部门的地位确立和监管权的取得必须源于证券立法,依法监管就是证券有限发展的"外因"或外部约束力量,只不过说,监管时要注意适度性、高效性和审慎性相融合,监管部门行使的权力不得超出法律的授权范围,即必须遵守实体法并恪守程序法。同时,应当加强法律对证券监管部门的规制和约束,以防止证券监管部门权力过于膨胀,防止证券监管权力被滥用,滋生腐败行为,以保证证券监管高效且有序运行。依法监管是当下证券监管部门切实贯彻依法治国的重要体现,是深化金融改革的具体落实。

在开放经济条件下,虚拟经济有限发展法学理论的核心主旨在于虚拟经济运行的安全,而证券业审慎监管的目标也在于通过对证券机构的流动性和金融风险进行监管,最终防范和化解证券业的系统性风险。因此,审慎监管原则与虚拟经济有限发展法学理论在安全领域实现了耦合,而两者的耦合也恰恰说明了有限发展法学理论的科学与实用性,证明了有限发展法学理论对实践的指导性。因此,在虚拟经济有限发展法学理论的视角下,证券法律制度的变革,需要以审慎监管为原则,指导具体证券法律制度的供给,指导监管制度中关于监管目标、监管方案、监管工具(手段)、监管规则、监管责任等的设计。

---

① 罗滨川、孙晨征:《刍议我国证券业规制问题》,《湖北行政学院学报》2007 年第 S2 期,第 106-107 页。

第六章　有限发展法学理论视角下证券经营机构法律制度变革

　　在虚拟经济有限发展法学理论视角下,我国证券经营机构制度供给,应该从以强制性供给为主到强制性与诱致性供给并重,从以中央政府为主到倡导多元供给主体,从以改革目标为主到以市场目标为主,从以政策为主到以法律为主。[①] 同时,有限发展法学理论视角下,在变革证券经营机构相关法律制度时,应结合我国证券市场实际,对现状和问题有清晰认知的基础,凡是行业自律和市场机制能够较好发挥作用的领域,如经营管理等其他内部事务,法律规则的配置比重可相应降低;相反,对于涉及系统性风险和公共利益而又约束不力的地带,行政监管的法律制度供给还要适时到位。从范围上看,开放经济条件下证券经营机构法律制度的变革主要涉及证券公司、信托公司以及投资咨询机构、资信评级机构等其他证券服务机构,但鉴于证券公司是我国直接从事证券发行与交易业务的主要经营机构,信托投资公司在很多地方没有开展证券业务,且有专门的立法对之予以规范,而那些负责提供咨询服务的机构(如会计师事务所、投资顾问、资信评级机构等)的法律制度也需要进一步完善。为此,以下结合有限发展法学理论,只对证券公司以及证券服务机构法律制度变革进行探讨。

---

① 胡光志:《虚拟经济及其法律制度研究》,北京大学出版社,2007,第133-146页。

第一节　有限发展法学理论视角下证券公司法律制度变革

整体而言,以证券业有限发展的标准为基本参照,证券公司法律制度的变革主要应该聚焦在:完善证券公司准入管理,对证券公司的设立条件和审核机制做出规定,使得其符合有限发展的目标;根据市场发展趋势细致规定证券公司的业务范围,并按审慎监管的原则,完善业务准入和分类监管的模式;加强对证券公司董事、监事、高级管理人员的任职资格管理;进一步健全证券公司风险控制的指标体系,强化包括防火墙制度在内的证券公司内部控制制度;合理设置证券公司开展各项业务时的规则底线;从实体和程序两方面继续完善对证券公司的监管措施;对证券公司市场退出问题做出妥善设计,包括退出方式、风险处置和责任承担等。①

一、证券公司市场准入管理法律制度方面的变革

市场准入制度,是有关国家和政府准许公民和法人进入市场,从事商品生产经营活动的条件和程序规则的各种制度和规范的总称。它是商品经济发展到一定历史阶段,随着市场对人类生活的影响范围和程度日益拓展和深化,为了保护社会公共利益的需要而建立和完善的一种市场进入机制。市场准入的目标、条件、规则等受一国经济发展状况和市场成熟程度等因素的影响较大。典型的市场准入方式包括许可制、注册制、核准制等形式。虚拟经济有限发展法学理论视角下,证券公司市场准入管理制度的变革,需要以安全为核心价值目标,以效率为主要价值目标,在安全和效率之间寻求平衡,在保证安全的条件下适度、逐步放开准入条件,简化准入程序。

---

① 华东政法大学课题组、吴弘:《证券公司与证券服务机构法律制度完善研究》,《证券法苑》2014 年第 1 期,第 319-354 页。

其一,设立制度的变革。我国对证券公司的设立采用了较为严格的许可制,符合当前我国的经济发展实际,有利于风险的防范,在当下及未来一段时间不宜进行变革。在当前经济低迷背景下,实体经济受到极大的冲击,近几年以来,虚拟经济的发展已经呈现出其弊端,一些领域脱离了实体经济的本质。对于证券市场而言,证券公司对证券业的有序发展至关重要,对我国金融市场秩序以及投资者利益回报有着密切的联系,关系到我国的金融安全和经济安全,对其市场准入必须加以严格限制。设立证券公司应受到《公司法》和《证券法》的共同约束,具体在二者的法律适用选择上,在设立证券公司方面《证券法》上有直接的规定,就适用《证券法》的规定,如果《证券法》对证券公司的设立没有特殊规定的,就适用《公司法》的一般规定。

其二,明确证券公司股东准入的条件。股东是证券公司得以成立和运作的基础,是公司在法律上主要的利害关系人,股东与公司的关系较为复杂且具有多重属性,这就决定了股东准入条件,特别是主要股东的明确对于证券公司具有重要意义。对主要股东,现行证券法做了规定,但还不够清晰。为此,需要对现行《证券法》第一百一十八条第二项"主要股东"进行清晰的界定,以防止因为法律规定的模糊性而导致法律无法具体适用,并由此引发各种不利于证券业安全、高效发展的情形。法律的主要价值之一就是提供一种确定与可预期性,进而发挥其指引、规范、评价的作用,引导和激励人们的日常实践,证券法律制度也不例外。根据相关规定及证券市场实践经验,可将持股份额达到5%以上的股东界定为主要股东,并对其进行特别监管。

其三,对业务准入制度进行适当变革。现行证券法将业务准入从许可制变成了核准制,尽管有助于风险的防范,但不具体区分证券公司的业务,一刀切的准入方式可能无法适应证券公司业务发展现状。特别是业务日益庞杂的背景下,反而限制了部分业务的发展,不利于证券业有限发展的实现。因此建议对于其中部分业务规模简单、易于控制、不容易形成较大风险的业务可以实行注册制试点。也就是遵循渐进式的制度变革之路,选择部分领域先行试点,积累一定监管和风险控制经验后,再根据市场实际需求在其他领域逐渐扩展。事实上我国注册制的改革也是遵循立法放开,但实践稳步试点的"试错"路径。与此同时,证券业务准入领域,对于部分不属于证监会主管的业务,可通过行政法规、部门规章等形式将主管权授予实质管理主体,以实现有效监管,进而防范风险。

其四,最低注册资本制度的变革。尽管在资本制度的改革后,《公司法》降低了最低资本注册,出现了"一元公司"的特殊情形,但作为独立的法人,需要拿法人财产对外承担责任,如果财产相对于交易活动太少,容易在司法实务中诱致"法人人格否定"等情形①,且注册资本是最能直接反映公司风险承受能力的外在指标之一,因此从一般意义上看,法律的精神内核以及市场的行为激励都鼓励较高的注册资本。证券公司作为市场领域流动性和风险都高的主体类型,其对整个证券市场甚至金融市场的重要性决定了注册资本的特殊性,为此《证券法》规定了不同于《公司法》的注册资本要求,但目前的最低注册资本依然不利于风险的防范。证券公司业务最低注册资本的要求方面,根据审慎监管和风险程度的要求,建议适度提高《证券法》第一百二十一条第一项规定的五千万的最低注册资本,以增强风险应对能力。

二、证券公司风险管理法律制度方面的变革

其一,建立统一的风险管理体系,以避免风险监控与管理中出现真空或者交叉的现象。根据《证券公司全面风险管理规范》的要求,可操作的管理制度、健全的组织架构、可靠的信息技术系统、量化的风险指标体系、专业的人才队伍、有效的风险应对机制是构成全面风险管理体系的主要组成。② 关于证券公司风险管理,当下我国基本上形成了一套较为完备的管理制度体

---

① 中国政府网:《取消最低注册资本不意味鼓励设立注册资本为一元的公司》,2014 年 6 月 11 日。
② 《证券公司全面风险管理规范》第三条。

系。为推动证券公司强化风险管理意识,建立健全风险管理体系,提高自身风险管理能力和水平,我国形成了《证券公司风险处置条例》《证券公司风险控制指标管理办法》《证券公司风险控制指标计算标准》等他律性规范,以及《证券公司全面风险管理规范》《证券公司流动性风险管理指引》《证券公司压力测试指引(试行)》及《证券公司风险控制指标动态监控系统指引(试行)》等自律规则为主的风险管理制度体系。这些法律制度在整体上有助于我国证券公司风险的管理,但法律制度之间的衔接机制依旧需要进一步完善,风险管理的真空需要填补、风险管理中权力(利)交叉、责任交叉等需要进一步理顺,构建一个统一有序的风险管理制度体系,进而确保证券业的有限发展。

其二,具体风险应对制度的变革。证券公司具体风险主要包括流动性风险、市场风险、操作风险、声誉风险等。对流动性风险的管理,需要通过制度明确管理部门的职责、流程和技术保障;对信用风险的管理,需要对信用风险的适用范围、管理标准、方法和流程等进一步予以明细化;对市场风险的管理,应建立对各个资产价格有效监控的制度机制,并根据周期规律对未来价格进行预判,在投资策略、定价机制上做出及时调整[1];对操作风险的管理,应加强制度建设;对声誉风险,应加快《证券公司声誉风险管理指引》的出台,并根据该管理办法建立相应的声誉风险管理规定,对由于证券经营机构行为或外部事件及其工作人员相关行为,导致相关主体对证券公司形成负面评价,损害其品牌价值,不利其正常经营,对影响到市场稳定和社会稳定的风险进行治理。[2] 总体而言,需要建立完备的风险管理制度,对可能出现的上述各类风险进行准确识别、审慎评估、动态监控、及时应对。

其三,在综合类证券公司的规制方面,需要建立一个合理的管理体系,

---

[1] 吴承根、王青山、盛建龙等:《当前证券经营机构风险管理面临的主要问题与对策研究》,载中国证券协会编《创新与发展:中国证券业 2019 年论文集》,中国财政经济出版社,2020,第 995 页。

[2] 《证券公司声誉风险管理指引(修改稿)》第二条。

对自营业务与经纪业务分业进行管理。如何抵御住金融市场所存在的高风险，其自身是否具有一个良好的管理机制至关重要，只有拥有一个合理的内部管理机制才能使公司的运营呈现出良性的循环，这就要求制订好业务人员的操作规范以及相应的处分办法。分业经营制度的设立，也是为了能够使公司在经营自营与经纪业务时，不把自营业务的资金与作为中间商代他人经营的资金所混淆，防止一些不法行为发生，使综合类证券公司在同时经营多种业务时能够将其厘清，更有效率地完成相关的业务。

三、证券公司监管及退出法律制度方面的变革

前文已述，有限发展法学理论与审慎监管的理念基本上是趋同的，因此证券公司监管法律制度的变革，应继续朝着依法审慎监管的基本方向进行变革。而针对证券公司监管的制度设计，还是应该坚持分类管理制度，根据业务及风险的不同进行相应的管理制度设计。在此基础上：

第一，监管规则的完善。补充完善证券公司场外股权市场参与制度。对以区域性股权交易市场、互联网股权融资平台等为主的场外股权市场制订相应的监管规则，支持多层次资本市场发展的同时，以寻求证券市场的安全，防范部分因制度缺失而可能引发的潜在风险。有研究认为，目前对场外股权交易市场的监管存在政府监管和自律监管两方面的问题。政府监管执法依据缺失及下沉、自律监管者的激励与约束手段不足、自律监管与政府监管的分工不明确降低了监管的有效性。因此，需要明确政府监管的执法依据，制订和完善相应的监管规则，使得他律的监管发挥有效作用；与此同时也需要明确自律监管的执法依据，增加自律监管的激励与约束手段，政府激励自律监管的内生性、约束自律监管的冲突及局限。通过对这些方面制度的变革，能够更好地提升场外股权交易市场他律监管和自律监管的有效性，

进而形成监管合力。① 也有研究者以风险监管为视角,研究了区块链技术在场外股权市场交易中的应用,具有一定的意义。② 与此同时,需要进一步完善证券公司违约的责任机制、违反投资者适当性的民事责任制度等,进而实现对投资者的有效保护。

第二,监管路径的变革。健全证券公司系统重要性评价体系及其制度供给,从而形成以核心资本充足率为方向的监管路径。《巴塞尔协议Ⅲ》提出的金融机构核心资本充足率要求,使得系统重要性机构评价和监管成为宏观审慎监管的核心内容,证券公司系统重要性评价对于宏观审慎监管至关重要。为此有研究结合国内外系统重要性金融机构评价研究与宏观审慎监管实践,建立了证券公司系统重要性评价体系和计算方法,对我国证券公司系统重要性进行排名和分析。发现虽然目前我国证券公司系统重要性未达到宏观审慎监管评价标准,但总体分化严重,存在多种引发系统性金融风险的问题。因此在监管路径上,要将防范关联性金融风险和中小证券机构可能发生的群体性金融风险相结合,将"太关联而不能倒""太多而不能倒"提高到与"太大而不能倒"同等重要位置,共同纳入宏观审慎监管的制度和实践体系中。③

第三,完善证券公司市场退出法律制度。妥善处置证券公司的市场退出,关系到我国的金融安全和国家经济安全,涉及众多的证券投资者的利益,妥善处理有问题的证券公司市场退出,及早采取措施,直至其退出市场,对保障金融秩序,维护社会稳定具有十分重要的意义。④ 尤其是开放经济条

① 罗红梅:《场外股权交易市场自律监管之有效性——依据监管数据的对比分析》,《商业研究》2017 年第 8 期,第 99-108 页。
② 周广益:《区块链技术在场外股权市场交易中的应用研究——风险管理的视角》,上海交通大学硕士论文,2018,第 4 页。
③ 孙国茂、李猛:《宏观审慎监管下的证券公司系统重要性评价体系研究》,《山东大学学报》(哲学社会科学版)2020 年第 5 期,第 131-143 页。
④ 丛林:《论我国证券公司市场退出机制的构建》,首都经济贸易大学硕士论文,2011,第 4 页。

件下,我国更加需要规范证券公司的市场退出行为。虚拟经济有限发展法学理论视角下,证券公司市场退出法律制度方面,为更好保护投资者利益、维护证券市场的秩序与防范和化解风险,对散见于《公司法》《证券法》《企业破产法》《金融机构撤销条例》《证券投资者保护基金管理办法》等众多法律制度中的退出制度进行整合,进一步明确退出机制中监管方式与监管力度、预警机制、投资者保护以及退出的前置程序等具体制度。

第二节　有限发展法学理论视角下证券服务机构法律制度变革

从业务范围上看,证券服务机构涉及的领域较多,包括会计师事务所、律师事务所以及从事证券投资咨询、资产评估、资信评级、财务顾问、信息技术系统服务的证券服务机构。这些服务机构尽管没有如证券公司那样处于证券市场的核心地位,但其依旧发挥着重要作用,其勤勉尽责对投资者保护、市场稳定性预期、资产和信用评估、风险防范和控制等具有重要意义,这也决定了必须对其予以规制,使得其业务的展开有助于证券业有限发展的实现。鉴于会计师事务所以及律师事务所有自身专门的法律规范体系,资产评估机构有专门的《资产评估法》以及相应的行政法规和部门规章等构成的完整的制度体系,此处将结合虚拟经济有限发展法学理论重点探讨证券投资咨询、资信评估以及信息技术系统服务等机构监管的法律制度及其变革方向,具体而言:

一、证券投资咨询机构监管法律制度变革

证券投资咨询公司的核心业务包括接受政府、证券管理机关等的委托,提供宏观经济及证券市场方面的研究分析报告和对策咨询;接受证券投资者的委托,提供证券投资、市场法规等方面的业务咨询;接受公司委托,策划公司证券的发行与上市方案;接受证券经营机构的委托,策划有关的证券事

务方案,担任顾问等。对证券投资咨询机构进行严格管理,是证券市场监管的重要内容,需要制订相关的规定来规范投资咨询活动。特别是我国证券市场发展时间不久,具体制度尚不健全,且中小投资者占绝大比重,他们的专业投资知识和经验相对不足,迫切需要专业投资咨询服务。为此,需要以虚拟经济有限发展法学理论为指导,在发展和安全之间寻求平衡,一方面需要鼓励投资顾问的发展,另一方面需要加强对证券、期货投资咨询机构的管理,规范投资咨询活动,确保资本市场运行安全,保障投资者的合法权益。

证券投资咨询机构作为专门为别人买卖证券提供有偿资讯和建议的机构,通常要凭借自己的专业知识对有关证券的价值进行分析预测,向投资者提供信息和投资建议。[1] 因为其做出的分析预测和投资建议,对投资者和市场均有较大的影响,出于投资者利益保护、证券市场秩序的维护、开展市场纠错、优化市场资源配置的现实需求,必须通过法律制度对其进行一定的监管。事实上,我国对证券投资机构的法律监管相对较早,因此相关制度也较多,近年来逐渐形成了以《证券法》《证券、期货投资咨询管理暂行办法》《证券投资顾问业务暂行规定》等法律制度为主的规则体系。但在有限发展法学视阈下,设立条件、业务规则、信息披露要求、市场交易规则以及监管部门职责等方面依然需要进一步完善。尤其是在互联网金融创新不断推陈出新的背景下,互联网和新媒体的发展促使"荐股骗局""黑嘴"、市场操纵等传统问题进一步演化升级,如信息型市场操纵等严重扰乱市场秩序[2],影响投资者利益的实现。

有限发展法学视角下,证券投资咨询机构法治制度的变革,总体上可遵循"先规范、后发展"[3]的监管制度供给思路,再此基础上通过制度建设重塑

---

[1] 朱晓娟:《中国证券法律制度》,中国民主法制出版社,2020,第14页。

[2] 林雯、黄坤、王琦:《互联网环境下证券投资咨询乱象分析及监管建议》,《证券市场导报》2019年第7期,第73-78页。

[3] 林雯、黄坤、王琦:《互联网环境下证券投资咨询乱象分析及监管建议》,《证券市场导报》2019年第7期,第73-78页。

监管权威,加强监管协作,提高监管效能并注重自律监管,以此来破除行业乱象。具体而言:首先,需要通过法律制度重新界定符合中国金融市场发展的证券投资咨询监管边界,在法律制度中明确将私募投资基金管理人、第三方财富机构等纳入证券投资咨询机构的范畴;在法律上进一步明确投资顾问的概念,将部分应该纳入投资顾问的主体予以纳入,进而制订相应的监管规则。其次,在法律上确立原则性的证券投资咨询行业监管理念,建立以合格投资者制度为基石,以服务实体经济、促进资本生成为本质目的,以信义义务为核心的监管制度体系。① 最后,尝试由目前的投资建议模式逐渐向全权委托账户管理模式升级,并进一步细化违规行为形式并加大处罚力度,如不能承诺收益、不得传播虚假以及误导性信息、不得从事内幕交易以及操纵证券市场等。

二、资信评级机构监管法律制度变革

资信评级(评估)机构主要评定证券发行公司的信誉、财务状况、偿债能力、投资人的投资风险等,进而出具资信等级报告。因为准确、负责的资信评估结果是对企业还本付息能力的客观体现,其评估结论也在大多时候关系着投资者的选择和市场风险的预期。投资者关于证券市场风险和价格信息的获取,大都源自于被评估企业的资信等级,不管是出于投资者保护的需求,还是证券市场风险控制的需求,都决定了对资信评估机构监管是实现证券市场有限发展的一种必然举措,为此需要变革现行资信评级机构监管法律制度中妨碍有限发展的部分,以保障证券业有限发展的实现。

我国资信评级的法律制度主要以《证券市场资信评级业务管理办法》(以下简称《办法》)为主,《办法》对评级机构的准入、日常业务、评级原则、

---

① 王宏宇、刘刊:《证券投资咨询制度变革及路径选择研究》,《清华金融评论》2019 年第 3 期,第 83-88 页。

机构和人员管理、业务规则、独立性要求、信息披露要求以及监管等做出了较为细致的规定。但整体上因为法律层级较低,加上部分制度难以适应证券市场有限发展的要求,需要对之进行变革。

首先,条件成熟时可提升评估制度的法律位阶。高位阶的法律制度具有实施上的优势,当然也需要更高的立法成本和试错成本。尽管当下资信评级法律位阶较低,但却不宜通过单独立法的形式提高其位阶。单独的立法一方面会消耗过多的立法成本,另一方面可能会产生立法资源的浪费,且实用性未必就会增强。对此,可在相关法律中加入资信评级的内容,如在《证券法》证券服务机构一章中,用专门条文明确规定评级机构的评级原则、方法、职业道德和业务规则等内容[1],从而与《办法》相互配合,增强《办法》的适用性。这一法律制度变革的路径既可以优化法治资源的供给,也有助于节约成本和提高效率。

其次,在法律制度中进一步强化资信评估机构及其业务的独立性。资信评估机构及其业务的独立性有两个方面,一方面体现在机构自身的独立性,即机构不受外部影响,能够独立开展相关评估工作,另一方面体现在机构内部业务的独立性,即评估业务本身不会受到机构管理者,机构以外相关人员的干扰,进而保证评估过程和结果的中立性与客观性。只有机构和业务的充分独立,不受干扰才能发挥其评级的价值,《办法》对独立性进行了细致的规定,但都是从评估机构的视角,忽视了外界干预评估机构的可能性,因此完善相关制度时可增加外界干预评估的法律责任等,保证其独立性。

最后,机构监管体制的进一步变革。尽管从 2000 年开始,我国的金融监管整体上已经开始了从合规性监管向风险性监管的转变,但部分领域转型依然不足,合规性监管依然占据主要地位。虚拟经济有限发展法学理论

---

[1] 华东政法大学课题组、吴弘:《证券公司与证券服务机构法律制度完善研究》,《证券法苑》2014 年第 1 期,第 319-354 页。

视角下,安全成为首要任务,因此风险监管的重要性得以凸显。为此,针对资信评估机构的监管也需要做出相应的调整。监管体制需要从合规性监管向风险性监管转变,通过风险性监管以防止风险积累,及时防范和化解风险;同时,需要从准入阶段的监管进一步向日常监管转变,以减少其违法(规)行为,确保证券资信评估市场的健康有序发展,进而为证券业的有限发展提供服务,增强开放经济条件下面对外部风险冲击的承受能力。

三、证券登记结算机构法律制度变革

设立证券登记结算机构的目的,在于提高证券交易效率,降低证券市场风险。证券交易风险来自多种因素,其中证券交易结算规则对证券市场风险便是其中之一。不可避免的是,任何证券交割或交付过程中,都会遇到各种风险。在有纸化交易场合下,实物证券的毁损或者灭失,会使证券持有人无法向购买方交付约定的证券,证券持有人财务状况恶化、被司法机关采取强制措施时,也会影响其实物交割能力。这都会使证券购买者面临巨大商业风险,甚至会影响到证券购买者向其他权利人交付证券,从而引起连锁反应。进入无纸化时代后,并没有从根本上改变证券交易风险的存在。在无纸化交易中,交易频繁的证券市场环境,必须最大限度地提高交易效率,减少证券逐笔交割和重复交割;必须建立必要的法律制度,确保证券卖方是证券的合法持有人,有能力按期交付所出售的证券,以实现证券交易的最大安全性。因此,虚拟经济有限发展法学理论视角下,消除证券交割风险,提高证券交割效率,是现代证券交易制度的重要内容,也是实现证券业有限发展的有力保障。

进一步分析,证券登记结算机构处于证券登记结算各项法律关系的中

枢地位,统领证券登记、存管和结算机制,并且连接着证券发行和交易机制。[①] 从其重要性看,不仅在微观上保障证券财产和证券交易的安全,而且在宏观上承担了促进证券市场运行效率,防范资本市场区域或系统性风险的重任。[②] 因此,对证券登记结算机构的法律监管和风险控制,在一定程度上关涉着整个证券市场的安危;此情形下,证券业的有限发展,离不开对证券登记结算机构法律制度进行检视与变革。事实上,现行《证券法》对证券登记结算机构已经做了专章规定,建立起了相对完备的,符合无纸化时代登记结算要求的法律制度,同时《证券登记结算管理办法》也进一步进行了细化。但部分制度依旧需要进一步完善,以更好地实现证券业有限发展。

具体而言,机构准入方面,现行证监会批准的制度体系有助于风险的防范,但为进一步强化风险应对能力,可对自有资金的限额(现行法律规定为两亿)进行适当提升;对证券交易所,以及国务院批准的其他全国性证券交易场所交易的证券之外的其他证券的登记和结算机构及规则可进一步明确,即对现行《证券法》第一百四十八条第二款进一步明确;证券登记结算机构数据安全保障措施[③]的规定较为模糊,《证券登记结算管理办法》也没有进一步明确相关细则,因此需要进一步明确相关细则,以保证数据的安全;风险防范和控制措施中部分制度需要予以细化,如对登记结算机构与交易所之间配合,建立系统性风险防范的规定[④],可出台相应的细则,将之转化为可操作的规定;登记结算机构需要建立完善的内部业务、财务和安全防范等管理制度。

[①] 李东方:《证券登记结算的法理基础研究》,《中国政法大学学报》2018 年第 5 期,第 67-81 页、第 207 页。

[②] 中国人民大学课题组、叶林:《证券登记结算法律制度完善研究》,《证券法苑》2014 年第 1 期,第 355-392 页。

[③] 《证券法》第一百五十二条。

[④] 《证券登记结算管理办法》第五十四条。

四、信息技术系统服务机构监管法律制度变革

随着技术的不断进步以及金融科技的不断创新,信息技术服务在证券业的发展中开始扮演着越来越重要的角色,技术的"双刃剑"属性也暴露无遗。良好的信息技术能够促进证券市场的繁荣发展,但脱离监管的信息技术其"恶"的一面也显露无疑。信息技术系统服务机构这一全新的证券服务机构,在 2019 年证券法修法时首次入法,引起了各方的关注。信息时代,证券市场的安全平稳运行,对信息技术系统有着前所未有的依赖。尤其是随着大数据、云计算、人工智能、区块链等金融科技在证券期货市场广泛的应用,降低了成本,提高了效率,成为市场创新发展的重要推动力之一,同时,其安全问题和规范问题也备受关注。[1] 而信息技术系统服务机构的安全,直接关系着证券市场的安全,因此有必要以有限发展法学理论为参照,对其基本制度进行完善。

从既有的制度体系看,《证券法》第一百六十条规定了关于信息技术系统服务机构设立及业务活动的基本要求。在此基础上,证监会《证券服务机构从事证券服务业务备案管理规定》,进一步对相关备案行为进行了规范,建立起了备案信息采集系统。同时,证监会《〈证券服务机构从事证券服务业务备案管理规定〉第九条的适用意见——证券期货法律适用意见第 16号》,对证券服务业务和重要信息系统的认定提出适用意见;《监管规则适用指引——科技监管类第 1 号》,对信息技术系统服务机构备案类型、备案程序、备案种类(首次备案、重大事项备案、年度备案)、备案材料及报送方式等作出了具体规定。[2] 这些法律制度在一定程度上有效促进了信息服务机构

---

[1]　中国经济网:《证监会:将依法开展信息技术系统服务机构备案工作》,https://baijiahao.baidu.com/s?id=1681385387996853963&wfr=spider&for=pc,访问日期:2021 年 4 月 24 日。

[2]　中国证券监督管理委员会上海监管局:《关于开展信息技术系统服务机构备案工作的通知》,http://www.csrc.gov.cn/shanghai/c103863/c1068964/content.shtml,访问日期:2021 年 4 月 24 日。

的法治化运行。

　　整体上,从上述制度可知,现行法律制度对信息技术的发展并没有选择漠视,而是予以积极回应,做出了相应的技术选择和制度安排。但因为是首次面对此类机构的监管,许多制度和监管规则的设计在一定程度上缺乏必要的信息和经验积累,因此现行监管制度依然比较原则性,尚不足以应对信息技术服务机构的监管需求。对此,需要在积累实践经验和借鉴相关主体经验的基础上,进一步细化现行法律制度,条件允许时可以出台专门的规定,就证券信息技术系统服务机构的准入(备案制度)、日常监管制度、风险防范和控制制度、投资者保护制度、市场退出制度等进行较为明确的规定。

第三节　　有限发展法学理论视角下证券经营机构行为规制变革

　　之所以在此处单独讨论证券经营机构的行为规制,主要是因为,对于证券经营机构的行为如何进行规制,是理论和实务两个层面均面临的难题。而这一问题的有效解决,关系着证券业有限发展的制度构建和落实途径的选择。对此,有学者认为对证券经营机构可采取定期报告、外部控制和内部控制三种规制办法。对于定期报告制度,目前各国法律都对此做出规定,譬如美国就规定了月报和季报制度。外部控制通常指监督机关依照法定程序,对有关证券经营机构进行定期检查或不定期检查的规制。内部控制则是指在证券商内部设立一些监督机构专门负责对公司的账目进行检查,以此来保证证券商的运营。[1] 结合证券经营机构的运营实际,再加之外部监管的配合,以下结合虚拟经济有限发展法学理论的基本要求,具体从报告行为、保证行为和禁止行为三个方面对证券经营机构的规制进行探索,以期构建出一套符合证券业有限发展的规制体系。

---

[1]　余雪明:《证券交易法》,中华民国证券市场发展基金会,1989,第98-99页。

一、报告行为规制及其变革

对报告行为的规制,是落实证券业有限发展的必然要求。有限发展法学理论视角下,证券经营机构报告制度,是指为了保障投资者的合法利益,证券经营机构需要向主管机关定期报告自己的经营状况,并且让投资者知晓与投资者权益相关的信息。设立报告制度的目的是为了使投资者能够充分了解证券经营机构的实际营运状况,避免出现因投资者无法了解到证券商的信息而盲目投资所带来的不利影响。目前,这一制度为世界各国所接受,大部分国家的证券法都规定了证券经营机构需要定期向证券主管机关,以及社会大众公布自己的有关经营状况和财务状况。只有将定期报告作为证券经营机构的法定义务,才能真正起到监督证券经营机构的作用,以达到督促证券经营机构合法进行经营的目的。

日本《证券交易法》规定了证券经营机构有义务在每一个年度向大藏大臣递交该年度的营业报告书,该报告书主要是为了说明证券公司在这一年度里进行了多少次证券交易、交易的情况如何、公司的董事会在这一年里通过了哪些重要决议、公司年度内是否对公司员工进行了裁员或新增了多少业务人员,以及公司一年的收益和亏损情况等,上述内容都需要反映在营业报告书当中。一般情况下,大藏省只根据证券公司所提交的营业报告书来了解该公司的经营状况,如果大藏大臣认为应当对某一个证券公司进行单独检查时,可派出执法人员对该公司的经营状况和账簿进行检查,也可以要求被检查的证券公司将其营业报告书发布在公开的报纸上。

美国法律也对文件报告制度作出了有关规定,证券商及其投资顾问有向证券主管机关提交财务报告的法定义务,并且对于证券主管机关要求其保存的有关账簿以及代理他人买卖证券的协议、票据、登记簿和其他证券主管机关指定的文件,证券商应当保存三年,如果证券商向主管机关提交的相关资料与实际情况不一致时,证券商应当马上向主管机关申请修改相关资料,以确保主管机关所了解到的信息及时准确。如果有证券商不遵守相关的规定,则由证券主管机关对违反规定的证券商进行处罚,具体可以延缓、取消或者撤销该证券商的注册,也可根据情况选择宣布证券商注册无效。

我国证券法中并没有规定证券经营机构负有向证券主管机关提交财务报告的义务,而仅仅规定了证券发行公司负有向证券主管机关报告的义务以及证券公司对证券主管机关有义务提交报告,就是公开发行股票,代销、包销期限届满,发行人应当在规定的期限内将股票发行情况报国务院证券监督管理机构备案。[①] 也就是说,目前我国的报告制度尚不完善,公众很难准确了解证券公司的财务状况,也难以对证券公司的实力作出正确判断,不利于对证券经营机构的监管。因此,未来还应当出台相关的行政规章,将证券公司定期向证券主管机关提交经营状况以及财务状况纳入法定义务中,以此完善现行报告制度立法存在的不足。

二、保证行为的规制及其变革

证券业是一个信息极不对称的行业,尤其在财务信息方面。为此,需要通过设定财务保证制度来维护投资者的权益,以防证券市场的无序发展,进而实现证券业的有限发展。财务保证制度,是为了确保证券经营机构的资产实力,保证证券经营机构有能力履行自己的义务,有足够的资金来保障业务的正常开展,以便于证券经营机构需要承担相应的法律责任时,有能力承担经济责任。[②] 只有财务合法,证券经营机构的运营才有利于市场经济的发展,促进证券公司财务合法,是为了预防证券公司资产运转不良时可能会侵害投资者的合法权益,对证券公司财务的高要求能防患于未然,有利于树立

---

① 《证券法》第三十四条。
② 李东方:《证券监管法律制度研究》,北京大学出版社,2002,第183页。

证券公司良好的商业形象和信用。将财务保证制度规定于证券法之上,就是防止证券公司的放任行为,即便发生了证券公司损害投资者利益的情况,有了财务保证制度,受到损害的投资者也能获得相应的赔偿。具体而言,财务保证制度的内容主要包含:净资本限制、投资者保护、保证金提存等。

（一）净资本限制制度

净资本限制是指法律规定证券公司必须要有一定数额的可以快速变现的资产,同时限制证券公司的负债比例,通过对负债比例进行限制以及要求最低净资本流动的指标,以此来防范金融风险和金融泡沫。证券法律要求证券公司对能够快速变现的资产做好充足准备,就无须担心证券公司过多损害投资者的利益,即便证券公司经营出现问题,只要净资本符合标准,就能够应对投资者的兑换股权的要求。另外,净资本限制也有助于证券经营机构抵御市场可能发生的风险。即便是在倡导自由市场的世界其他国家也有类似的规定,在日本,如果证券商的负债会计金额与净资产额的比值大于大藏省的规定,或者证券商的金钱或有价证券的借入、受托或贷出,或是证券商对有价证券和其他资产的保有情况违反了大藏省规定的安全规则,那么大藏大臣可以在其认为合理的限度内,命令证券商对其业务开展的方式做出必要的改变,或者要求证券商在三个月内停止其全部或部分的业务。美国《证券交易法》也有净资本限制的相关规定,证券商须保持净资本的最低比例;法国也规定证券公司如果代客户保管其资产,须以流动资产的形式进行保管,不能以固定资产的形式保管。

（二）投资者保护制度

与其他领域和环节的投资者保护相同的是,财务保证制度的投资者保护也是以保护投资者的利益为出发点和落脚点。不同的是,财务保证制度是一种间接的保护,也就是通过对投资资金的保护,进而实现对投资者利益的保护。要求证券公司将客户的资金与证券公司自己的资金进行严格划分,不得将投资者的资金擅自挪作他用。美国《证券交易法》规定,证券商要每日结清客户的超额保证金,以确保遵守超额保证金的规则,且证券商要定期计算客户的资金,或是通过使用客户证券所得到的资金;同时,应当计算出与客户之间的差额,若有盈余就应当存入美联储的特别账户。这些规定都是为了阻碍证券公司用客户投入的资金去经营自己的业务,维护投资者的合法权益,以各种规定来要求证券公司划清客户账户的资金与公司自己的资金。

（三）保证金提存制度

日本《证券交易法》规定,证券公司需要按照法律的规定交纳准备金,具体包括买卖损失准备金、收益准备金以及证券交易责任准备金。买卖损失准备金是为了保证投资者的利益,在证券公司的经营过程中如果证券公司处于亏损大于收益的状态下,允许证券公司提取该准备金来弥补亏损与收益之间存在的差额,其目的就是为了维持证券公司的资本,在证券公司出现亏损时也不会危及投资者的利益,以此来维护投资者的资金安全。除此之外,证券公司需要交纳收益准备金,让证券公司在每一个结算期将所获得的收益数额按比例进行提存。证券交易责任准备金,是指证券公司在进行证券交易时,需要以交易的数量为依据提取出一定比例的资金,该准备金的目的是为了当证券公司的行为侵害到投资者的合法权益时,将该准备金用于弥补因为相关的证券交易而受到损失的投资者,以此来维护交易的公平与正义。德国规定对不同经营范围的证券商要求的提存保证金金额不同;我国台湾地区对此也作出了规定,对于证券自营商而言,对自营商的提存要求为按照自营商设立时实际缴纳的资本额提存,而证券公司须按照其设立时实际缴纳的资本进行提存。

我国法律制度对此也做出了积极回应。例如,我国《证券法》也规定,证券公司必须从每一年度的税后利润中提取出一部分金额作为交易风险准备金,但具体需要提取多少资金需由证监会同财政部门规定。如果因为证券公司在为投资者进行证券交易时出现错误或者出现事故,可以用这笔准备金来补偿由于证券公司的失误所导致投资者所遭受的相关损失。[①] 这些既有规定尽管具有重要的作用,但是相比于日本已经非常成熟的保证金制度而言,我国的保证金提存制度因为发展时间相对较短,实践经验不足等因素,在整体上仍然比较粗放,尚没有具体的操作指南,也没有规定相关的提存程序如何计算保证金的利息以及相应的法律责任等也还需细化。

三、禁止行为的规制及其变革

与有限发展法学理论对安全和秩序的追求一样,禁止制度是指国家为了维护证券市场的交易秩序,防止有人通过一些不法的手段来谋取自身利益。颁布一些禁止性的条文,明确划定什么行为可为,什么行为不可为,证券公司及其从业人员在进行业务经营时必须符合法律规定的行为规范,不得实施有违法律的行为。对于不同的国家而言,由于各国经济发展水平的差异,发展阶段也不同,在如何对证券市场进行监管的问题上可能存在差异,一些国家明令禁止的交易行为可能在其他国家就不触犯法律,比如融资融券行为被一些国家认为是扰乱市场交易秩序的行为,受国家禁止。但对于另一些国家而言,融资融券行为因为有利于带动交易而被提倡。涨停板也是处于同样的情形,涨停板制度的存在是为了防止市场上的某一支股价出现暴涨暴跌的情形,规定了股票单日最高只能涨到什么幅度,这样可以抑制一些投机行为,防止有人扰乱市场秩序。有了涨停板制度,国家可以对交易量有一个大体的估计,能够防止出现过量交易的行为,而对于没有实施涨停板制度的国家而言,如何才能防止出现过度投机的行为以及怎样才能有

① 《证券法》第一百二十七条。

效控制证券市场的交易量,需要采取一些其他的方式,我国的证券市场也有一些禁止性行为。

(一) 禁止自营与经纪相混合制度

自营与经纪相混合存在损害经纪业务的潜在风险,不利于投资者利益的保护。对于综合型的证券商而言,其经营的业务范围既包括自营业务又包括经纪业务,对于自营业务而言,证券商就是交易一方的当事人,代表着自身的利益,而对于经纪业务而言,证券商是受客户的委托而办理证券交易的中间商,如果不将自营业务与经纪业务区分开来,就会出现证券商既是证券交易的当事人,又是受客户委托代替进行交易的中间人。此种情况下,证券商很有可能会为了自身的利益而牺牲委托人的利益,这种混合操作的行为给了证券商牟取自身利益的空间,证券商既作为一方当事人,又代替另一方当事人和自己进行交易的行为,在民法上被视为"自己代理",为民法所禁止。同样的,证券公司如果同时有自营业务又有经纪业务,则必须分业经营,不能进行混合操作,如果进行混合操作,将会危及投资者利益,不利于塑造一个良好的交易环境。

(二) 禁止不当投资劝诱行为制度

对证券投资者而言,他们需要的可能不是更多、更严格的法律,而是更多有关产品的信息。如上市公司的业务、财务、经营情况、风险承受能力等信息,而且这些信息的传播应该真实、及时和有效,以便于其做出理性的投资。与过去相比,随着金融科技的不断创新,使得依托大数据、云计算等技术的进步,初步实现信息的交互成为可能,如今是一个信息爆炸的"互联网+"时代。借助于高度发达的互联网技术和相关科技创新,各市场主体在理论上可实现信息的交互,而信息在主体间的高效流动有助于解决信息不充分、不对称的问题,更好地保护投资者的知情权和选择权。但不幸的是,如何确保信息在各主体间实现有效的互相融通成了一个新的难题,金融领域尤其如此。这意味着尽管互联网技术的发展,以及金融科技的创新在理论上改变了人们的信息失衡状态,但实际上却可能会出现因信息流动不畅引发的信息极度匮乏,或者因信息流过大但识别能力不足而引发信息过载等新的信息难题,让人们陷入另一种信息困境之中,反而不利于投资者及时、准确地确定投资信息,特别是在信息不对称的情况下,面对不当投资诱劝行为时,投资者往往显得"手足无措"。

对于普通大众而言,要了解到每一个上市公司的业务情况和财务情况非常困难,尤其是普通个人投资者在面对纷繁杂多的投资对象时,虽然证券法规定了上市公司必须定期向证券监管部门披露自己的信息,但投资者应当如何选择投资对象,想要在投资时能够全面且准确了解上市公司的信息却十分困难。[①] 证券公司比普通投资者可以了解到关于上市公司更具体、更专业、更真实的信息,作为投资桥梁的证券公司,所了解到的信息在普通投资者的眼里具有专业性,投资者很愿意相信证券公司给出投资建议,在证券公司与普通投资者所知道的信息不对等时,证券公司可能为了获得更多的利润而对投资者进行诱骗,给投资者提出一些建议。其目的是为了增加交易以便获得佣金,或证券商为了操纵某一支股票的价格劝诱投资者进行投资,这种劝诱投资者的行为毫无疑问应被认定为不合法,证券公司利用自身的信息优势哄骗投资者以达到自己获利的目的,有损投资者的利益。我国《证券法》明确规定为牟取佣金收入而对客户进行诱骗,导致客户进行了不必要的证券买卖的行为,应当加以禁止。

(三)禁止对投资者承诺制度

禁止对投资者承诺制度的法理依据在于,证券公司在证券交易中除了自营商角色外,还是一个中间商的角色,不属于任何一方当事人,只是为交

---

① 李东方:《证券监管法律制度研究》,北京大学出版社,2002,第186页。

易双方搭一座桥梁,使交易双方能够顺利交易借以赚取佣金。[1] 在这样的角色定位下,证券公司不得以向客户进行利益承诺的方式与其他同行竞争。根据我国《证券法》第一百三十五条的规定,证券公司不得对客户证券买卖的收益或者赔偿证券买卖的损失作出承诺。[2] 由此可见,证券公司如果向其客户承诺证券交易稳赚不赔,或是向客户承诺如果证券买卖导致亏损的,由证券公司来承担,诸如此类的承诺都属于违法行为,须承担相应的法律责任。

在证券交易过程中证券公司充当交易一方委托代理人的角色,而作为一个代理人,证券公司所能做的是按照当事人的指令,由当事人自行选择买进什么证券、买进多少数量、什么时候卖出等,证券公司根据当事人的意愿来与当事人选择的交易方进行交易,至于证券交易能否达到委托人的目的,交易能否使委托人获利或是导致亏损,这些利益或是风险都直接由委托人自行承担,委托人无权要求证券公司承担,充分体现风险自担原则。

证券交易可能有收益,同时也伴随着亏损风险,如果证券交易获得了红利,收益也仅归属于投资者,与证券公司毫无关系,同理,如果因为证券交易致使投资者亏损,也只能由投资者自己承担,不能要求证券公司赔偿损失。证券公司不得主动向投资者承诺能获取投资利益,在证券公司与投资者达成委托协议时,不得口头或书面与投资者达成利益的承诺,证券公司只能按照交易规则在证券交易中赚取佣金,不得再与投资者达成其他的利益协议,如果证券公司以承诺投资者获得利益的方式来增加客户,以此作为吸引投资的手段,将不利于证券市场的公平竞争,不符合证券交易的公正原则,会造成证券市场竞争秩序的混乱。

---

[1] 李东方:《证券监管法律制度研究》,北京大学出版社,2002,第187页。
[2] 《证券法》第一百三十五条。

（四）禁止接受客户全权委托制度

证券公司作为投资者与上市公司之间进行交易的桥梁,由投资者基于信任自行选择。通常情况下,投资者对证券公司的授权仅限于一般业务,而非全盘包办或全权委托。所谓全权委托,是客户在选择证券公司帮助自己进行投资时,选择哪一种证券进行投资、投资多少、买进或者卖出证券的价格是多少等,全都由证券公司做主。也就是说,一旦投资者选择了全权委托的方式让证券公司为自己进行证券交易,那么证券公司就有绝对的权利去调动投资者资金账户里的金钱进行交易。[①] 全权委托尽管对委托人而言更为便利,但与之相对的是,其面临的风险也将会显著提升。

之所以禁止全权委托,主要是出于风险防范和投资者保护的现实要求。毫无疑问,这种方式对于证券公司来说有很大的操作空间,可以对客户的账户资金自由支配和管理,这样一来,对投资者而言账户可能安全性不够,将投资事宜全部交给证券公司来处置将会给投资者带来巨大的风险。同时,对证券市场的秩序也会带来一定的秩序混乱。因为投资者一旦全权委托证券公司,证券公司直接调配的资金就非常庞大,如果证券公司把这些资金全部集中投资某一个证券,就可能出现证券公司利用资金优势来操纵市场,或利用媒体渲染炒作,对证券市场的影响或对其他普通投资的影响都非常巨大。甚至可能出现证券公司作为证券买卖双方的代理人,在双方当事人都不知情的情况下,进行证券交易而获得佣金。

对于投资者而言,选择全权委托证券公司处理自己的证券业务,可能会激励证券公司为了牟利做出损害投资者利益的行为。因此对于这种全权委托,我国民法中也予以禁止,我国《证券法》规定,证券公司办理经纪业务,不得接受客户的全权委托而决定证券买卖、选择证券种类、决定买卖数量或者

---

① 李东方:《证券监管法律制度研究》,北京大学出版社,2002,第 186 页。

买卖价格。[①] 这样一来,就能够有效避免证券公司通过动用客户的资金对市场进行操作,可有效防止证券公司为了赚取佣金而出现双方代理的行为,损害客户利益。

---

① 《证券法》第一百三十四条。

第七章　有限发展法学理论视角下证券交易法律制度变革

　　证券交易(广义)法律制度供给的不足,对整个证券市场的安全、秩序、效率以及投资者保护都会产生直接的影响,而这也决定了交易法律制度变革的必然性。有限发展法学理论视角下,证券交易法律制度的变革,需要以开放经济为基本的背景和依据,以证券业有限发展的指标为参照,以证券市场安全运行为目标,对不利于证券业有限发展的部分制度进行变革,使其符合证券业有限发展的要求,进而促进证券市场的发展,增强其服务实体经济的能力,维护社会经济秩序和社会公共利益。

第一节　有限发展法学理论视角下证券发行法律制度的变革

　　有限发展法学理论视角下,证券发行法律制度的变革可从两个层面展开。首先,需要明确对证券发行予以限制的必要性,事实上不管是哪种发行模式,是核准制还是注册制,其最终的目标是相同的,这也就构成了对证券发行进行限制的正当性基础;其次,对现行法律制度进行比较分析,找出其中不适合有限发展的部分,并对制度的变革提出相应的方案,具体而言有以下方面:

一、证券发行限制的必要性

相较而言,核准制加强了监管部门的监管,更加符合安全原则,而注册制提高了新股发行的市场化,更加符合效率原则。但无论何者,都是对证券发行潜在影响的不同监管态度。证券发行是一种涉众行为,对社会经济秩序可能产生较大的影响,需对其做必要的限制,在这一层面上,就需要充分考虑证券发行的核心旨意,即促进实体企业的发展,体现融资价值和功能。具体而言,证券发行中投资者的保护,保证市场的公平、有效和透明以及减少系统性风险等,均应该是证券发行限制的核心要素。

(一)减少系统性风险

"股市有风险,入市需谨慎"是股市里最著名的一条提示语。在开放经济条件之下,证券市场上的风险来源有多种因素,很难完全规避,甚至有些风险的存在对于投资者来说意味着机遇。因此,证券发行的有限性不是也不可能将风险一律控制在摇篮里,监管部门也不可能做到让投资者的投资变为零风险,但是作为一个关乎社会经济秩序的活动,应对其加以必要的引导和限制,优化风险管理的措施,明晰系统风险的管控重要性。外部因素是实体企业发生系统性风险的重要原因,实体企业作为证券市场的核心主体,自身要在系统性风险防范中发挥作用。但受制于多重因素的影响,企业本身无法完全规避风险,因为系统风险来临时波动面大、周期性长。为此,要通过立法手段和证券监督部门的有效干预,从源头上管控好证券发行的过程,尽量将市场系统风险控制在一个可以接受的范围内,从而提升证券市场公信力,完善健全市场运行机制与证券市场的健康发展。无论是保护中小投资者、维护证券市场良好秩序还是减少系统风险,都是紧密关联的重要考量因素。综合来看,证券发行要以维护市场秩序为核心,保障市场运行良好,才能最大程度上保护投资者特别是中小投资者的财产权益不受损害,才能进一步减少系统风险对证券市场带来的影响。这一切的源头都是证券发行的有效规制,不管是核准制还是注册制,只是在发行层面的介入时间、介入条件、介入程度上有所不同而已。

（二）维护证券市场秩序

正如前文所论,证券发行的有限性是保护投资者合法利益不受侵害的有效途径之一。严把发行关就是为了使不符合条件的公司无法进入证券市场,从而给予投资者一个相对公平、透明的投资环境,不受过多不良信息的干扰,并且能够最大限度地获取其需要的投资信息,使投资者尤其是散户投资者不受证券欺诈的困扰。因此,需要为投资者建立一个公平、公正、风清气正的投资环境,在证券市场中,良好的秩序是经济稳定运行的基础,证券市场的良好秩序至少应包含以下内容:

1.信息实时公开

信息是处理一切事务所必需的参考依据,真实、准确、及时的信息可为证券市场特别是投资者带来不可估量的经济收益。有时一个准确及时的市场信息,就会对投资者的投资行为产生巨大的影响。相反,虚假、滞后的信息,也会使投资者遭受不可估量的损失。确保证券市场信息实时公开,就是让投资者在尽可能公平的地位上与交易相对方进行交易,尽量减少信息不对称带来的地位差异。这里所说的信息既包括证券发行时公司应当公开的公司信息,也包括上市交易过程中的公司信息、交易价格、交易量等,最大限度地将市场信息透明化、及时化,使投资者更及时、更容易获取需要的信息,从而利用这些信息进行初步的投资风险分析,做出自己的投资决策。

2.公司有效治理

公司治理的有效性是证券市场风险防范的重要环节,证券发行过程中的公司治理显得尤为重要。以"绿大地事件"为例,董事长因为"欺诈发行股票罪"逮捕,无数的小型投资者在这一事件中损失惨重甚至倾家荡产。在该案中,绿大地虚增资产、虚增收入、虚增利润,投资者最为关心的三项内容统统造假。在虚假的信息支持下,绿大地成功发行、成功上市,吸引了无数投资者热切的目光。在虚假的信息被揭露后,投资者一片哗然,投资者受到的巨大损失与虚假证券信息有着如此重要的关联。因此,想要将一个真实诚信的上市公司呈现在投资者面前,需要的不仅是增强上市公司信息的透明度,而且需要提高信息的有效性,促进上市公司准时、完整、真实地向投资者公布信息,尽量减少信息失真的空白地带。要想保证证券市场的长久发展,就必须对公司股东、监事、高管等的不规范行为早发现、必处理,同时对于监督措施要更加完善和多元,强化监督的价值和功能,不能放任上市公司的自由经营行为。

3.中介机构诚信

中介机构各司其职,为证券发行提供专业服务,但也会带来一些负面影响,最明显的就是一类中介机构通常只需对其负责的部门进行审查,他们的意见会使得发行人及承销商基于合理信赖而减轻了自身的合理注意义务。同时,从责任上看,一类中介机构只须对其出具的书面意见负责,不管其他方面合法合规与否。因此,在证券发行虚假记载的责任认定上也只是区分对待,但在证券发行过程中,中介机构提供的专业意见是发行重要的参考依据,也是中小投资者信赖的根源。在这一层面上,专业的中介机构出具的不仅仅是书面意见,更是对自己职业道德的一种把控。所以,在证券发行的有限性方面,对中介机构的监管也是极为重要的一个环节,中介机构的诚信一定要严守,只有如此,才能在一定程度上减少虚假记载、违规发行事件的发生。

(三)投资者合法利益的保护

在证券市场中,中小投资者通常情况下并不具备充足的专业知识,他们大多是从事与金融证券无关的职业,而且大量散户投资者并没有良好的金融教育背景和雄厚的经济实力。一旦证券市场上存在着不良的市场行为，特别是从证券发行开始的把关不严，没有及时发现公司的资料造假、背景造假、经济状况造假等情况，都会对后面的上市交易行为造成非常不良的影响，而中小投资者又极易受到不良信息的干扰而做出非理性的投资行为。因此，保证证券发行的有限性在保护投资者的角度来说就显得尤为重要。发行的有限性其本质就是严把发行关，不能任由其发展而不加以管控，有限度的发行才能带给证券市场更长久的公平与公正，才能从源头上将一些不符合条件的公司排除在证券市场的大门之外，才会在一定程度上保护投资者特别是中小投资者的财产利益不受侵害。

二、证券发行制度变革的展望

证券发行与证券交易紧密关联、相互影响，证券发行涉及主体众多，且利益关系复杂，主要包括证券监管部门、证券承销商、发行人和投资者等。实质上，证券发行制度是支配股票发行行为和明确市场各参与主体权利和责任的一系列规则体系。一个有效的制度安排要使各方利益得到有效平衡，各方行为目标趋于一致。核准制模式下，尽管监管机构基于"父爱般"的关心有助于安全的保障，但却宠坏了投资者，一定程度上也阻碍了发行企业参与竞争的热情，导致监管部门、证券承销商、发行人、投资者等之间的利益目标不均衡，不利于证券市场整体的发展，不利于市场经济的有效推进。

(一)注册制特点与优势的简述

注册制的主要优势与特征：第一，材料审核的形式性。在程序上，发行审核机构更多是对申报材料的全面性、真实性、及时性和准确性进行形式审查，审核机构不作价值性审查，只要具备法定的申报条件，即可发行，审核机构只保证信息的充足而非真实。在采取注册制的国家，会有严格的事后审查机制和惩罚机制来敦促发行人公开真实的发行信息。第二，信息披露的公开性。注册制注重申报信息的公开,在申报时,公司需要将财务信息、业务信息等一系列法定的发行所需要的信息进行强制性公开,公司需要对公开信息的真实性负责。第三,发行资格的法定性。注册制下的发行资格源于法律的规定,发行是一种权利,只要满足了法律的发行条件即可以取得发行资格。第四,事后追责的严厉性。注册制只对申报材料进行形式审查,此时保证发行人向审核机关提交材料的真实性就尤为重要。在注册制国家或地区,一般都会设置严格的事后审查和处罚机制,在发行人取得发行资格后,监管部门一旦发现其有伪造发行资料、欺诈发行等行为时,发行人将面临严厉的处罚,发行人必须严守职业道德,不要触碰法律的红线。

(二)注册制的改革及其制度展望

经过多年的酝酿和前期科创板的试点,我国于 2020 年 3 月 1 日起正式实施注册制,2023 年 2 月 17 日,全面实行股票发行注册制正式实施,这一重大改革,意味着注册制推广到全市场。注册制的成功实施要求市场化程度较高、市场运作更加规范、法律法规更加完善,发行人和承销商等中介机构也应有较强的自律能力,投资者需具备比较成熟的投资心智,管理层的市场化监管手段也要更加成熟。也就是说,如果在法律法规尚不完善、诚信意识薄弱、市场不够成熟、投资者保护机制尚未完全建立的情况下,注册制容易产生股票欺诈行为、证券市场整体质量下降、投资者利益受损等诸多消极影响。此种情形下,推进全面注册制就更应秉承有限发展法学理论,要加强配套的法律制度建设。在此之前,我国发审委制度实行已有近 30 年,现在将审核权力由证监会下放给证券交易所,就要处理好证监会和交易所的相互关系。

从核准制到全面注册制是一个制度变迁的过程,任何制度变迁都可能受到路径依赖的制约。有一个渐进性和适应性的过程。尤其是在我国,制度的形成大多遵循"自上而下"的惯性原则。在当前风险仍不可完全预估,国内国际经济形势不稳定的大背景下,不管是意欲上市的企业还是已经上市的企业,甚或广大的投资者都面临艰难的决策。一不小心,整个经济环境就可能将所有证券市场的参与主体带入泥潭。"稳中求进"是当前甚至很长一段时期内我国经济发展的主基调,从我国发行审核的制度变迁来看,变迁方式以强制变迁为主,模仿性因素占主要地位。我国当前的发行制度是一条渐进性变迁的路径,由核准制逐步过渡到全面注册制的变革经历了长期的过程,尽管有一定实践基础,但结合全球经济发展的环境,以及当前我国"双循环"经济现状,实行全面注册制也还要进一步完备相关制度。

第一,明确政府干预证券市场的权力边界,转变证监会职能以及相应的制度供给。证监会的职能是监督管理上市公司合法经营,维护资本市场秩序,打击和惩罚各种违法行为,保护投资者合法权益,进而保障资本市场健康运行。但是,多年来我国证监会把主要精力放在对新股发行的审批上,而且把拟发行公司未来是否有持续盈利作为判断公司可否发行和上市的标准。但实践表明,通过筛选的公司很难在经营中展现持续盈利能力,尤其是一些科技类型的公司,开始盈利状况都不好,被排除在上市之外,而最终到了国外上市,却发展成为知名企业。证监会要逐步将注意力由对持续盈利能力的实质关注,转移到对信息披露的持续性关注上来,降低事前审核门槛,使投资者更加谨慎地甄别、评估拟上市公司。无论是成熟市场还是新兴转轨市场,证券监管机构的性质或定位都是围绕监管展开的。我国证监会有别于一般行政机关,在国务院领导下依法设立,监管和服务证券市场,体现了国家干预证券市场的特性。在全面注册制模式下,证监会的监管更要彰显市场化需求,要在监管的审慎性和灵活性方面根据市场变化做相应的融合,不断体现其权威性、独立性、专业性和公正性,提升监管效率和水平。总体而言,要加快证监会自身改革及制度供给,对监管理念、监管体制、监管方式等进行变革,摒弃行政审批思维,切实减少对各类市场主体的微观管理,加强对重大问题的前瞻性研究和政策设计,加强对交易所和派出机构的指导、协调和监督,加大监管资源整合力度,提高整体监管效能。①

第二,强化交易所的自律性制度建设。证券交易所作为证券市场中的交易平台和枢纽,是上市公司监管的自律组织,具有重要的战略地位。尤其在全面实施注册制的背景下,我国证券交易所要不断加强其独立性,更加强化其自律地位和改善市场效率,进一步明晰权责。目前,我国证券交易所直属于证监会,总经理也是证监会委任,可以说,证券交易所是政府机构的延伸,与证监会之间"形分实不分"。要进一步优化其职能,强化交易所的自律地位,通过制定适合当前经济发展的上市和退市规则,对申报资料的齐备性、上市公司信息披露等事项独立行使审查权。我国的证券交易所为证券集中交易提供场所和设施,实行会员制,组织和监督证券交易,实行自律管理。然而,目前我国的证券交易所还算不上真正的会员制,因为证交所独立性不强,自律性有待提升,要逐渐走向真正的会员制,还需加强其独立性,充分发挥出自律管理的作用。要不断改善交易所的竞争环境,提高资源配置的效率、改善治理结构,不断降低运行成本,提升市场效率,促进证券交易所服务质量提升。

第三,强化追责机制建设。注册制的关键是拟上市公司和中介机构要做好充分准备,但是,目前各方都还有一个适应期。中介机构的人员结构参差不齐,一些中介机构甚至为了获取利益最大化,违背职业道德,做出有益于发行人而不利于市场投资者决策的不当意见。全面注册制条件下,券商、律所、会计师事务所等中介机构,要秉承专业理念更加严格地审核发行人的各项材料,要对审核中发现的问题提出专业意见。这就要求完善追责机制,倘若发行人出现虚假记载等问题,发行人和中介机构都要受到相应的处罚。通过强化信息披露的真实性、准确性、完整性和及时性,提升发行人信息披

---

① 易会满:《国务院关于股票发行注册制改革有关工作情况的报告——2020年10月15日在第十三届全国人民代表大会常务委员会第二十二次会议上》,《中华人民共和国全国人民代表大会常务委员会公报》2020年第5期,第867-872页。

露质量,抑制虚假信息、包装上市,全面揭示可能存在的风险和可能影响投资者决策的信息,落实发行人和中介机构的主体责任,推动各方归位尽责。对于造假机构,应建立投诉、问责和索赔机制,加大处罚力度,通过吊销营业执照、市场禁入等措施加以震慑,需要建立健全严厉打击资本市场违法犯罪的制度机制,完善证券投资者赔偿机制。

第四,加强公司治理制度建设。公司内部治理能力的提升和治理制度体系的建设,对证券发行制度的变革以及证券市场风险的防范都具有非常重要的助推作用。因此,为提高拟上市公司透明度,加强对公众投资者的保护,应强化发行人在健全公司治理及内控方面的监管。考虑引入独立的第三方对拟上市公司的公司治理进行风险评析,为投资者在新股认购时提供参考,推进发行人内部控制规范体系建设,强化资本约束、市场约束和诚信约束,并通过加大监管力度,督促拟上市公司不断提高治理水平。同时,加强上市公司持续监管,证监会需要把好市场入口和出口两道关,优化增量,调整存量,促进上市公司优胜劣汰;完善公司治理规则体系,盯住控股股东等"关键少数",督促上市公司规范运作。[①]

第五,强化证券发行法律制度的供给。一般而言,制度供给是前提,有效的制度供给既是治理能力的体现,也是将治理的制度体系和要求"变现"的基础条件。证券发行制度作为证券市场治理制度体系的核心制度,概莫能外。一方面,提高注册制的法律位阶,针对现行法律制度供给位阶过低暂时并没有出台专门的行政法规等对之进行规范的问题,在吸收既有改革和试点经验的基础上,可以以现有的部门规章为基础,待条件成熟时由国务院同意出台相关法律制度。另一方面,提高法律制度供给的质量,对于发行信息披露、交易所审核和证监会注册、新股发行承销机制、市场退出等法律制

---

① 易会满:《国务院关于股票发行注册制改革有关工作情况的报告——2020 年 10 月 15 日在第十三届全国人民代表大会常务委员会第二十二次会议上》,《中华人民共和国全国人民代表大会常务委员会公报》2020 年第 5 期,第 867-872 页。

度供给质量相对较低的现状,需要结合全面注册制实施的具体情况,以市场需求为导向,以安全为首要价值,以投资者保护为重要支撑,以风险防范和控制为底线思维进行相应的制度设计。其中,需要重点完善信息披露制度,促进信息披露更加简明清晰、通俗易懂,用制度落实发行人和中介机构责任;充分考虑主板(中小板)特点,设计好注册制实施配套方案,改进新三板公开发行及转让制度;系统推进基础制度改革,补齐制度短板,推进关键制度创新,增强制度的稳定性、平衡性、协同性,建立更加成熟更加定型的资本市场法律制度体系。①

第二节　有限发展法学理论视角下证券上市法律制度的变革

以问题为导向,结合有限发展法学理论在证券业发展中的基本体现,对证券上市法律制度的变革,可从完善上市条件与程序、暂停与终止上市制度,完善股票退市制度、完善停牌与复牌制度,完善债券上市制度,完善保荐人相关制度几个方面展开。

一、完善证券上市的基础性法律制度

上市条件与程序方面,交易所需要加强制度供给和管理能力,特别是在制度供给中要注重处理好安全和效率的关系,不能一味追求效率而忽视安全,在效率与安全并举,安全优先的原则下进行制度的设计。一方面,要走市场化道路;另一方面,也要关注风险防范与控制,在具体制度中强化一线监管、注重信息披露的作用。暂停上市和恢复上市的制度设计中,要充分考虑基于信息和心理作用可能引起的市场波动,在市场秩序和安全的基础上

---

① 易会满:《国务院关于股票发行注册制改革有关工作情况的报告——2020 年 10 月 15 日在第十三届全国人民代表大会常务委员会第二十二次会议上》,《中华人民共和国全国人民代表大会常务委员会公报》2020 年第 5 期,第 867-872 页。

制定严格的标准。保荐人相关制度层面,需要进一步通过制度设计压实保荐人的责任,如延长保荐期限、强化保荐机构的持续督导、细化保荐人尽职调查标准、赋予保荐人更多的自主权的同时进一步加大对其违法行为的制裁①、强化保荐人法律责任,通过制度的有效供给,切实发挥保荐人规范上市公司运作、保证上市公司质量、提升中介机构职业水准、降低监管成本的作用。

二、完善股票退市法律制度

前文已述,开放经济条件下,证券市场的健康有序发展,必须以完善的证券市场退市制度作为基础性制度保障,退市制度也是证券市场迈向现代化的基本前提和重要特征。股票退市制度的好坏不存在统一的评价标准,而要看相关制度是否有利于资源配置的优化。② 海外成熟市场的经验显示,构建差异化退市标准、考察证券价值、全面测定上市公司质量、渐进式退出和实施投资者保护等,是完善退市标准、退市流程和配套制度的基本路径,也是解决我国证券市场退市实施率低、流程缓慢,上市公司反复"戴帽摘帽"现象的一种有效手段。③ 退市制度的完善关系到整个资本市场的长久发展。当前,我国正处于供给侧结构性改革的关键环节,连续几年的疫情防控又带来经济疲软,内部经济动能不足,外部经济环境不确定性加大的问题,增加了国家实现经济平稳快速发展的难度,这也是我国当前面临的国情,证券业发展要基于这一国际国内大环境。在资本市场或者具体到股票市场的规制中,退市制度一直是薄弱环节,证券市场也并没有平稳发展。当前,我国上市公司的退出制度存在退市机制失灵的问题,体现在上市公司在股票市场

---

① 董安生、何以等:《多层次资本市场法律问题研究》,北京大学出版社,2013,第79-80页。
② 韩远哲:《新形势下关于完善我国上市公司退市制度的建议》,《金融经济》2017年第22期,第5-7页。
③ 民生证券证券市场退市制度课题组、周晓萍:《我国证券市场退市制度的潜在问题与完善路径研究》,《金融监管研究》2018年第4期,第1-20页。

上"只进不出"或"进多退少",导致上市公司有增无减,市场充斥大量劣质股,优质股和劣质股平摊资金,资金没有集中在优质上市公司,在高估劣质公司股价的同时也低估了优质的上市公司,使得上市公司和投资者双方都缺乏激励机制,不利于股市资源最佳配置功能的实现和资本市场的持续健康发展。①

证券市场有监管机构、上市公司和投资者三大主体,他们的退市态度和行为选择是股市退市机制失灵的主要原因。② 在特定的制度安排下,股市的壳资源价值对上市公司意义重大,上市公司利用股票市场融资和再融资的特权,在扩张冲动和欲望的驱使下极力圈钱。由此,上市公司想尽办法规避退市。另外,我国证券市场一开始是出于为国企改革服务而产生的,过去绝大多数上市公司是由国有企业改制而成。因此,长期以来我国股市的监管机构都处于政府的深度介入之下,也造成了监管机构对上市公司退市机制的"软约束"。即上市公司一旦发生连续亏损或面临破产时,一方面,政府会通过追加投资、减税、提供补贴等多种手段帮助上市公司避免退市;另一方面,监管机构也会相应放宽退市制度的实施弹性。再次,股市投资者对国家经济的动向以及股票市场政策动态的关注通常超越了对上市公司基本面的关注,往往都是在盲目追求短线收益,对长期利益的关注较少,这助长了投资者的投机行为,阻碍了上市公司退市制度的实施,不利于证券市场的健康稳定发展。③

因此,证券业的稳健发展要注重整个证券资本市场的有效运行,要与我国当前的经济发展现状紧密相连。这就要在证交所退市、重新上市等条件以及程序的实施方面强调制度化和法治化,注重信息披露与合规监管,加大

---

①③ 张妍妍:《中国上市公司退市制度的特征探析》,《经贸实践》2018 年第 20 期,第 41 页。

② 石英剑:《我国证券市场要避免陷入恶性博弈循环》,《人民论坛》2016 年第 30 期,第 88-89 页。

力度推进执法,以确保在不发生系统性风险的前提下践行有限发展。①

三、完善停牌与复牌法律制度

在成熟的资本市场上,股票交易所都会要求上市公司充分披露信息,以便投资者通过较为充分的信息自行判断。股票停复牌的规定对于维护信息披露公平和提高股票交易效率有重要影响,是上市公司信息披露制度的主要内容,如我国 A 股市场就倾向于股票停牌,将不确定性消除后股票再复牌。② 在未来,股票停复牌制度可结合我国股票市场的实际情况,从以下几个方面加以改进。

一是严格停牌期间的信息披露要求。目前,上市公司信息披露过于形式化,上交所规定因重大资产重组股票继续停牌的,需提前向交易所申请,且要求申请书所载内容与之后的继续停牌公告保持一致。但从很多上市公司所提交股票继续停牌申请的时间和发布进展公告的时间节点上看,就大致知道交易对手和交易标的等主要信息,然而却规定要等到发布股票继续停牌公告时,才公告相关内容,可见重大事项进展的公告其实已经没有实质必要。这就要明确上市公司信息披露的时间,严格要求股票停牌期间的信息披露义务。

二是加强停复牌的细则监管。在上市公司提交停牌申请时,监管部门应注重严格审核,避免出现上市公司一申请就决定让其立即停牌的局面。交易所若认为不适合停牌,就应该禁止其停牌。对于股权质押可能引发相应风险的,应禁止其停牌,不能让大股东随意质押股权,要让其防范好其中的风险,以维护证券市场的公平性。对于正在准备重大事项的上市公司,可设立强制复牌制度,若监管部门发现重大事项进展缓慢或无法完成重大事

---

① 韩远哲:《新形势下关于完善我国上市公司退市制度的建议》,《金融经济》2017 年第 22 期,第 5-7 页。

② 李姗姗:《中国上市公司股票停、复牌制度研究》,《上海经济研究》2016 年第 6 期,第 21-27 页。

项准备应立即强制复牌。换言之,强制复牌制度可提升上市公司准备重大事项的效率。另外,应建立对长期停牌的上市公司的惩处机制,如规定停牌时间超过一定期限的,今后再融资就要加以必要的限制。[①]

三是适当放宽终止重大资产重组后的承诺。对于在股票停牌前一个月终止的重大资产重组,上交所要求上市公司必须承诺 3 个月内不得筹划同类事项,对于在股票停牌一个月后终止的重大资产重组,上交所要求上市公司必须承诺 6 个月内不得筹划同类事项。该规定对于暂停股票上市的上市公司,可能导致其在当年终止过一次重大资产重组后,无法再次筹划第二次资产重组,以至其无法扭亏为盈,恢复股票上市。鉴于此,可适当缩短重大资产重组终止后的承诺期限,提高上市公司资产重组和恢复股票上市的灵活性与效率。[②]

四、完善债券上市法律制度

公司债券是证券上市领域除股票之外最吸引业内人士的业务领域,很多公司通过发行公司债券面向公众筹集资金,为公司经营或进一步发展壮大提供更充分的资金支持。但是,面向公众筹集资金的行为并不是可以任意而为之,不加限制的公司债券上市只会使得一些不具备良好偿债能力、良好信用以及发展态势不佳的公司浑水摸鱼进入公众视线。当前,我国大众投资者的整体教育水平仍有待提高,投资相关的知识了解不够,风险鉴别意识能力、防范意识均不强,很容易陷入盲目投资当中。因此,必须严把公司债券上市准入门槛。

债券上市的适度限制有利于市场更加健康发展,证券市场因其风险性和高回报性更需要要求其有限发展,同时有关部门需要对其发展进行适度干预,以保证证券市场的安全。上交所、深交所关于公司债券上市规则的几

---

①② 李姗姗:《中国上市公司股票停、复牌制度研究》,《上海经济研究》2016 年第 6 期,第 21-27 页。

次修改都充分体现了有限性的理念。债券市场的自律管理对于提升对实体经济的金融服务、维护投资者合法权益以及保障债券市场平稳发展有重要作用。

（一）加强一线监管及制度建设

证交所属于社会中间层主体，并非政府机构，对其监管不能采用强制性的监管模式，应以一种自律监管的模式对会员单位进行监管。社会中间层的作用主要在于克服市场和政府的双重失灵，同时对市场信息起到一种"上传下达"的作用。我国内地证交所采用会员制，会员在加入时要了解该证交所的规章制度和上市规则。证交所是在证券市场中直接接触交易行为的组织，对于会员来说，自律监管是一种非常便捷、直观的管理模式。放宽一线监管的权限，把自律监管的对象范围扩大到发行人、控股股东、实际控制人、董事、监事、高级管理人员或相关履责人员，甚至扩展到提供有关服务的专业中介机构及其人员。另外，可通过现场检查、惩罚性违约金等措施加强监管，促使各市场参与人员切实履行职责，让他们及时发现公司存在的问题并做好相应处理，提高证券市场的运作效率，保护金融投资者的交易安全。

（二）健全信息披露和存续期管理安排

在债券上市信息披露方面，很多企业流于形式，使得投资者无法真正了解到公司披露的内容；一些良心企业披露的内容可能会详尽一些，也有很多公司应付了事。为适应债券信用风险防控的新要求，上市规则要重点完善存续期制度，进一步夯实信息披露义务人的责任，丰富和强化信息披露，明确发行人信息披露事务负责人的资质要求，细化受托管理人尽职调查、风险管理、补位披露、风险提示等职责，优化持有人会议的制度安排，强化风险防控及持有人权益保护。[1]

（三）规范债券停复牌行为

针对部分债券因异常波动或按规定被实施停牌，导致流动性丧失等问题，上市规则要进一步完善债券停复牌的适用情形，确保债券交易的连续性，并细化停牌期间的信息披露、风险排查等要求。[2]

第三节　有限发展法学理论视角下证券交易（狭义）法律制度的变革

有限发展法学理论视角下，证券交易法律制度变革的整体趋向在于维护交易秩序、保障交易安全、防范市场风险、保护投资者合法利益与促进证券市场繁荣。以此为依据，可对证券交易场所法律制度、证券交易限制的法律制度以及禁止不当交易法律制度进行相应的变革。

一、有限发展视角下交易场所法律制度的变革

（一）证券交易所规制的法律制度变革

证券业有限发展需要交易所秉持合法合规交易理念，引领证券规范有序交易。现代经济的要求是自由、高效的市场交易秩序，证券交易市场就是一个高效的金融市场，能汇集到大量资本来满足社会化大生产的需求，尽管如此，给予证券市场广泛的自由空间并非意味着放弃监管，部分国家虽然对自由市场作出了授权性的让步，甚至调整了较为严格的证券立法规定，但政府仍保留了相关的权限，特别是加强对投资者的立法保护，对证券市场中的

---

[1] 朱凯，吴少龙：《沪深交易所修订完善公司债规则体系》，《证券时报》2018 年 12 月 8 日，第 A01 版。

[2] 东方财富网：《上交所修订公司债券上市规则：明确债券预审核权限 规范债券停复牌行为》，访问日期：2020 年 8 月 10 日。

欺诈行为、内幕交易加以监管。我国目前仍处于市场经济的起步阶段,证券交易市场还不完善、不成熟,时刻面临着外部风险的冲击,还必须秉承有限度发展的立法思想,甚至由于证券业的虚拟经济属性,在未来,证券业也需要予以适度的限制。顺应证券业的有限发展,对于证券交易场所的规制进路也需进一步完善:

第一,立法要重视公司制改革。公司制和事业单位有着不同的定位和功能,证券交易所的公司化必然带来组织结构的变化,自律管理的职能就不断被强化。在公司制模式下,证券交易所的职能要充分践行"自律性",调整相应的部门职能细则。[①] 第二,法律要注重专业化自律监管。我国证券交易市场起步晚、建设慢,相关监管带有明显的行政化倾向,加之我国证券交易所自律监管的专业化程度还较低,与成熟的市场相比有较大的差距,在证券市场不断发展和电子科技革命日新月异的时代背景下,我国的证券交易市场正逐渐走向专业化,要不断弱化行政色彩过浓的监管方式,强化自律性和专业性。[②] 第三,法律要鼓励革新。随着电子化交易的推广普及,各国金融证券无论是交易行为、交易方式还是支付方式等市场环境变化巨大,这对于我国证券交易所有极大的挑战。面对全球化的市场趋向,证券交易所要树立整体交易安全、积极应对市场交易异常和风险的经营理念,对新兴市场违法违规行为及时制止,借鉴国际优良的制度与经验,创新跨境合作机制,优化国内证券交易的整体环境。

(二)场外交易市场规制的法律制度变革

第一,明确场外交易市场的法律地位。场外交易市场运行对证券业的有限发展有巨大影响,但其交易规则如果不透明化,就会使参与交易的主体

---

① 刘俊海:《证券交易所的公司化趋势及其对中国的启示》,《甘肃政法学院学报》2005 年第 4 期,第 24-33 页。

② 证监会、新闻出版署:《关于证券市场信息披露媒体条件的规定》,《中华人民共和国国务院公报》2020 年第 32 期,第 62 页。

行为难以受到调整。为此,场外交易市场仍应像场内交易一样,建立起明确的系统规则。具体而言,要通过《证券法》确定场外交易市场的法律地位,而不是模糊规定在《证券法》之中。

第二,界定场外交易市场的交易方式。目前,场外交易市场的交易方式有全国中小企业股份转让系统、区域性场外股权交易市场、产权交易市场等,这就需要建立统一的交易方式。《全国中小企业股份转让系统有限责任公司管理暂行办法》已经明确规定做市商是挂牌股票转让的交易方式,为场外交易市场做了有益探索,积累了一定的经验,须进一步建立健全该制度。另外,天津股权交易所采取做市商双向报价、集合竞价与协商定价相结合的混合型交易制度,也得到一定的发展,这为证券立法提供了实践前提和基础。目前,《证券法》规定可以采取证监会批准的其他方式进行交易,给做市商制度预留了一定的法律空间,但需要明确做市商制度的合法地位。①

(三)我国证券交易市场国际化的法律制度变革

第一,通过法律厘清政府监管的主体角色。一方面,政府要尽职尽责地完成对证券交易市场的必要性监管,引导、完善证券交易市场的法治化建设。另一方面,政府需要逐步弱化证券交易市场的行政色彩,进行适度的政府监管,将证券业自律监管可以发挥的权能交由自律组织行使,发挥证券市场下自律组织的专业性与能动性作用,协同政府监管与自律监管的优势,顺利推进证券市场的国际化。近年来,政府监管的一个经验是,无论上市公司还是投资者,都会在己方利益受损时反复寻求政府来保护,在舆论中大肆制造话题甚至是虚假新闻,形成投资者、上市公司冒用弱者标签倒逼着政府干预证券市场的现象。而政府对于证券交易市场的职责是制定交易规则、保护各交易主体的合法权益,维护市场秩序和宏观经济的稳定。证券交易中的纠纷和利益增减属于交易双方的民事范畴,应由交易双方协商解决或通

---

① 《证券法》第三十八条。

过诉讼程序解决,不能过度依赖政府干预来满足个体诉求。政府干预仅在涉及整个证券市场以及不特定人的利益中发挥作用,而不是包办,体现在证券交易市场国际化中,就是要在证券国际交易过程的国家经济安全方面划定监管的底线。

第二,通过法律划定政府监管的必要限度。我国证券市场起步晚,尚未与国际通行的证券市场惯例接轨,所以政府在推进证券市场现代化的进程中,要采取积极、稳妥、审慎的政策,既保证政府对证券市场的干预也限制政府的干预权力。在此渐进的过程中,政府要逐步深化对外开放政策,逐步稳定、有序、有计划地开放国内资本市场,也要逐步结合先进的经验,发挥制度优势,有效控制证券交易市场国际化进程中的各项风险。一方面,应当适当减少政府相关职能部门对证券交易市场的过度干预,进一步重视市场竞争机制的作用;另一方面,对于必要的审核、监管事项,监管部门应当依据法律规定加强信息交流与合作共享,增加必要的部门联席,减少政府权力与证券政策的冲突、重合。各个政府相关职能部门也要严格遵守宪法与市场经济立法,遵守证券法律规范的原旨与精神,尊重市场机制,共同尽到政府有限监管证券市场的职能。

第三,发挥交易场所的自律功能。证券交易所作为证券市场内正式的主要交易场所,要强化自身的自律监管职责。行政监管在放权后,自律监管要积极主动地发挥作用,作为证券市场内一线监管部门,证交所要协商各主体制定适合本平台的自治规则。在人事安排方面,有必要优化证交所主要负责人的选人机制,既要保证人选的专业水平和市场竞争力,强化对自律组织的监管,也要加强其与政府相关职能部门的协同工作,各尽其职,接受政府与社会的监督,可逐步修订《证券交易管理办法》中理事长、副理事长的提名选举机制,再由证交所会员大会作为证交所的最高权力机关,决定证交所的重大事项。① 另外,证交所要积极学习交流国外先进的管理经验与发展机制,开展必要的证交所双边、多边友好合作,适当建立稳定长期的合作关系,有效履行自身保护投资者权益和维护证券市场秩序的职能,为我国证券业的健康发展做出贡献。

二、有限发展视角下证券交易限制规则的变革

鉴于上文对证券交易限制规则中妨碍证券业有限发展的问题主要聚焦在交易主体制度以及从业人员(包括监管人员)买卖证券禁止的制度规定,因此,在有限发展法学理论视角下相关制度的变革也将聚焦于此:

其一,交易主体方面,进一步完善投资者适当性制度。投资者适当性制度本质是一项投资者保护制度,突出强调了"卖者有责",修正了传统民商事活动中的"买者自负"原则,但健全的适当性制度在强调"卖者尽责"的同时不应忽视"买者自负"。② 一方面,证券法需要对投资者进入市场后因个人知识、信息能力以及财力等方面导致的弱势地位予以保障,在证券交易中通过适当性制度,对一部分不适合或者没有风险承受能力的交易主体施加一定的限制,通过设置一定的交易条件,限制这部分主体的交易行为。另一方面,适当性制度入法的逻辑应适应多层次资本市场发展的需要,在通过限制交易条件(如规定投资者具备何种条件才能进行交易)或者加重卖者责任(如证券经营机构在销售产品和服务时要"了解客户的风险承受能力、购买能力等,进而做适当性推荐")给予投资者特定的保护,但也要以"买者自负"的思维提升投资者的风险意识,促使其进行审慎决策,防止非理性投资,通过完善集体诉讼制度、强化信息披露监管、完善损害赔偿救济机制等为投资者"买者自负"创造条件。整体而言,投资者分类制度、投资者教育机制、

---

① 侯娅玲:《我国证券市场国际化的改革与出路》,《甘肃社会科学》2016 年第 2 期,第 153-157 页。
② 杨宇非:《适当性制度不等于对投资者提供"家长式"保护》,访问日期:2020 年 8 月 10 日。

投资者权利救济制度等①是有限发展视角下交易主体制度中投资者适当性制度变革的主要方向。

其二,变革证券从业人员买卖证券的限制性规定,在构建完备的外部约束规则体系的条件下,适度放松证券从业人员买卖证券的限制。虚拟经济有限发展法学理论的逻辑前提在于发展,既然适度放松证券从业人员的交易限制有助于证券业发展,那么就应该在为其设定严格的监管机制和法律责任后,允许其参与证券交易。禁止证券从业人员及证券监督管理人员买卖证券,其出发点在于防止证券从业人员利用内幕信息优势买卖股票,进而形成与普通投资者之间利益关系的失衡,进而维护市场稳定。但现行规定过于一刀切,不利于证券市场的良性发展。就目前而言,"禁"已经不是证券市场的最有效做法,允许证券从业人员买卖股票以及股权性质的证券,并逐步建立相应的立法及监管制度才是最明智的选择。② 基于此,可通过建立合规申报机制和严格的违法惩戒机制,来防止放开禁止性规定后出现的问题。具体而言:可通过建立从业人员买卖实名申报制度、信息披露制度等确立一个完善的内部监控制度;可通过建立内幕信息知情人登记管理制度、禁止交易名单制度、观察名单和限制名单制度,以及完善利益冲突交易禁止制度来确立专门的内幕交易和利益冲突解决机制;可通过建立健全证券从业人员违法交易的法律责任制度,防止其利用内部信息等优势进行交易造成的利益失衡等。

三、有限发展视角下不正当交易法律制度的变革

内幕交易、操纵市场以及欺诈客户等均属于证券法所禁止的不当交易的范畴,这些制度的规定是落实证券业有限发展的主要制度保障。有限发

---

① 井漫:《投资者适当性制度构建:国际经验与本土选择》,《西南金融》2020 年第 4 期,第 65-77 页。
② 梅慎实、张雨骅:《证券从业人员买卖股票:禁止还是放开?》,载中国证券业协会编《创新与发展:中国证券业 2015 年论文集》,中国财政经济出版社,2016,第 29-36 页。

展法学理论视角下,为维护证券市场的稳定、保护投资者的合法权益以及防范和控制风险,需要对这些制度设计中不适宜证券业有限发展的部分制度予以变革,从而构建一个证券业有限发展的良好市场环境。

一则,需对内幕交易部分制度进行查漏补缺。内幕交易主体范围层面,需要进一步明确主体范围。主体的明确是禁止内幕交易等其他制度设计的前提和基础,主体认定模糊不清,即便其他制度设计得近乎完美,依旧面临无法适用的困境。关于交易主体,理论层面有主张内幕交易主体属于特殊主体,应严格限定主体规制范围的,有主张内幕交易主体属于一般主体,应以"知悉"为标准限定该主体范围的,有主张通过利益衡量,或"法益厘定"等主体识别技术,寻求对上述两种主体理论中的不足进行补充的。① 对此,有研究指出:对于新《证券法》因"取得"等术语,以及授权补充立法条款等所造成的主体范围不清问题,可通过对"知悉"以及"获取"等内在逻辑关系的厘清,将主体认定标准解释为"不当获取并知悉内幕信息",并以此为依据,完善相关法律和司法解释,以明确主体范围。② 内幕信息界定标准层面,需要对内幕信息具体化。对于"重大影响"以及"未公开"的标准需要明确。对此,应当在既有形式公开的基础之上借鉴美国对内幕信息未公开性认定标准。一方面建立准确性标准,强调内幕交易者所利用的信息必须是准确的;一方面采用价格敏感标准与理性投资人标准相结合的认定模式明确重

---

① 李激汉:《新〈证券法〉下内幕交易主体范围确定之构想》,《北方法学》2020 年第 6 期,第 77-86 页。
② 李激汉在其论文中指出:对新《证券法》所采内幕交易主体认定标准之理解,因"取得"等术语的介入以及授权补充立法条款的保留而容易产生认识偏差。通过厘清"获取"与"知悉"的内在逻辑关系,并吸取成熟资本市场国家和地区内幕交易理论发展中的教训,内幕交易主体认定标准可以解释为"不当获取并知悉内幕信息"。根据这一标准,国务院证券监管机构的补充立法应当将"知情人"限定为可以利用身份、职务便利获取内幕信息的人。相关司法解释也应该将"非法获取内幕信息的人"限定为"利用窃取、骗取、套取、窃听、利诱、刺探或者私下交易等手段获取内幕信息的人"。"受密人"作为泄密人的相对人,则应恢复其相对独立的主体地位。具体内容参见李激汉:《新〈证券法〉下内幕交易主体范围确定之构想》,《北方法学》2020 年第 6 期,第 77-86 页。

大性认定标准。① 内幕交易法律责任层面,需要进一步严格内幕交易的法律后果。完善内幕交易民事赔偿责任制度并完善救济机制,没有完善的救济机制再好的权利也只能是水中月和镜中花;进一步强化刑事责任的威慑力,自由刑和罚金刑等均需要适度提高。

再者,完善操纵市场法律制度。有限发展法学理论视角下,对于影响市场价格,扰乱市场秩序甚至引起市场动荡的操纵行为,必须通过法律制度构建起严格的外部约束机制。2019 年通过的新《证券法》对操纵市场的行为规制进行了较大的变革(如增加虚假申报操纵等),使得法律制度整体上朝着有助于禁止此类交易的方向发展。对于新《证券法》中存在蛊惑交易操纵的行为模式列举不全、要求虚假申报操纵必须撤单不尽合理、交易型操纵与信息型操纵的界限规定不清等依然不利于证券业有限发展的问题,需要通过制度变革做出及时有效的回应,在《证券法》短期内修法不具有现实可行性的情况下,可通过下位法的方式予以完善。如对防范滥用程序化交易操纵市场的规制,可从三个层面入手:

首先,明确和扩大监管范围,将利用程序化交易操纵证券市场的行为明确纳入监管范围,并规定量化认定指标。其次,加强程序化交易的日常监测,重点关注市场关键性参与者大额交易者的交易行为,并建立审查与追踪市场交易行为的实时审计追踪系统。最后,明确程序化交易主体的责任并加大对违法行为的惩处力度。② 与此同时,操纵市场的法律责任规定也不能有效发挥其惩戒作用,行政处罚额度较低,刑事责任也有进一步严格的空间,均需要进一步做出变革。此外,为了应对以后新出现的操纵方式有必要完善证监会对"其他手段"的认定权规定,以实现《证券法》和证监会相关制

---

① 陈洁:《证券民事赔偿诉讼取消前置程序的司法应对——以虚假陈述民事赔偿为视角》,《证券市场导报》2021 年第 5 期,第 63-70 页。

② 徐文鸣、张玉美:《新〈证券法〉、程序化交易和市场操纵规制》,《财经法学》2020 年第 3 期,第 95-106 页。

度规定的无缝衔接。①

第四节　有限发展法学理论视角下证券信息披露制度的变革

在有限发展法学理论视角下,信息披露法律制度的变革中,发行人披露的信息必须符合法律规定的要求。同时,提高信息的通识性,使披露的内容简单易懂,并方便投资者对公司的进一步了解和认识,促进公司更加透明,确保投资者全面真实了解公司的经济实力、规模大小、发展前景及市场价值等因素,从而作出正确的投资决策。正是由于证券市场上信息不对称的客观存在,充分有效的信息披露具有重要意义,而这离不开监管机构对信息披露的监管。通过严厉打击各种扰乱市场秩序的违法行为和严重的经济犯罪,维护广大投资者的合法权益,促进证券市场的持续健康发展。

一、强化信息披露监管的职能体系

第一,建立保证监管独立的制度体系。结合我国法律体系,夯实证监会的行政复议权、行政处罚权等各种监管处罚权力,有利于确保证监会具有决策自主性和监管独立性,从而真正实现保护证券市场中小投资者的利益。第二,加强重点领域监管及其制度供给。证监会的监管方式应当从全面监管转变为重点监管,同时改变单一的监管方式。此外,改变以前监管方式单一的状况,加强与其他金融机构、监管组织的协作,建立全面的信息共享机制,促进各个机构之间的沟通和交流;同时,构建风险预警机制,由证监会协同人民银行、各商业银行加强对证券交易过程中信息披露的监控,进而提高证券监管的效率。在全面注册制背景下,证监会更应注重事中和事后监管,

---

① 清华大学课题组、王保树、朱慈蕴:《证券交易法律制度完善研究》,《证券法苑》2014 年第 1 期,第 224-250 页。

赋予其更多职权,拓宽证监会事中、事后的审查权限,对于在审查过程中发现的发行人虚假信息披露的行为,依法追究其行政责任和民事责任,提高对违法违规行为的惩处力度。这样不仅可以规范发行人的行为,避免证券市场中虚假披露、欺诈行为的频繁发生,还能够充分发挥证监会的监管作用,促进证券市场的规范发展。

二、完善信息披露监管的制度体系

在全面注册制模式下,信息披露是证券市场监管的精髓和灵魂,信息披露以公开信息为基础。充分有效的信息披露,不仅能够为投资者作出投资决策提供正确的依据,最大限度地维护投资者的利益,还能够提高监管机构的监管效率,进而维护证券市场的公平交易,促进证券市场的持续健康发展。[①] 相较于核准制,注册制的形式审查更加宽松,对众多中小投资者提出了更高的要求,投资者自行依据上市公司披露的信息判断上市公司的优劣,投资带来的一切后果自行承担。[②] 由于投资者做出投资决策的依据,很大程度上依赖于发行人披露的真实及有效信息。因此,必须加强对信息披露的监管,确保信息披露义务人充分履行披露义务,维护公平、公开、透明的市场交易。此外,为了充分体现注册制的优势作用,信息披露的质量以及信息披露监管的质量极为重要。

(一)完善证券交易所的监管

第一,划清证监会、证交所与市场的边界。在整个证券交易过程中,证券交易所对上市公司的信息披露监管有着极其重要的作用,证券交易所与证监会各司其职,又相互配合,有利于促进整个证券市场的健康发展。可

---

① 周友苏:《注册制改革背景下我国股票发行星系披露制度的反思与重构》,《经济体制改革》2015 年第 1 期, 第 146-150 页。
② 李维安、张立党、张苏:《公司治理、投资者异质信念与股票投资风险——基于中国上市公司的实证研究》,《南开管理评论》2012 年第 6 期, 第 135-146 页。

是,因为我国长期以来依赖于政府强制监管的惯性依然很强,证券交易所的职能在很大程度上还受到证监会的严格控制,监管职能缺乏独立性,证交所监管权力的发挥以及内在监管动力受到一定影响。尽管证监会作为证券市场的监管部门,也不得滥用行政权力,对证券市场进行过度干预;要给予证交所更多的合法性权力,在一定程度上确保证交所能够保持独立的法律人格,充分调动监管职能发挥的积极性,更好地体现自律组织的监管特性;同时,应当充分尊重证券市场的调节作用,自发调节证券业的发展。因此,有必要厘清各自边界,相互协调,充分发挥各自的优势,保障证券市场的平稳健康发展。

第二,授予证交所适当的行政执法权。结合我国对于证券市场监管的实际情况,证交所的工作大多是程序性事项或其他一些具有辅助性质的工作,并未实际对上市公司及其他发行主体信息披露的过程及内容进行有效的监管。因此,为了进一步提高证交所的监管积极性和监管效率,有必要赋予其实际的调查处置权,对于上市公司实施的违法违规行为,能够及时采取相应措施迅速介入调查,及时掌握第一手资料,确保案件结果的真实性,防止损失的进一步扩大。此外,对于发现的违法违规行为,可以在处罚权限范围内实施处罚,并根据情节轻重采取不同的处罚措施,加大惩处力度。这在一定程度上可以对上市公司形成一种威慑,有效防止证券市场违法违规行为的频繁发生,有利于保护投资者的合法权益,保障证券市场的长期健康发展。

第三,强化中介机构的监督作用。一则,建立信息披露质量评价体系。在证券市场中,中介机构因其专业特性对上市公司的相关信息了解较深,在信息披露体系中具有重要作用。强化中介机构对投资者的信息传递与互动,有助于投资者对披露信息的甄别,一定程度上改变证券市场投资者的非

理性行为。① 因此,应充分发挥市场中介机构的作用,建立一个科学、权威的
上市公司信息披露质量评价体系。上市公司信息披露质量的评价是一个专
业性极强的工作,中介机构的从业人员应具备会计、财务、法律等专业性知
识和丰富的工作经验,在根据其拥有的专业知识对公司内部信息分析判断
的基础上,对上市公司作出全方位的评价意见,形成一个客观公正的信息披
露质量评级。② 此外,有必要设立相应的准入门槛,建立中介机构相关从业
人员资格认证制度,确保从业人员的质量。中介机构也应当符合一定的条
件,有关机关应加强对中介机构的合法化、规范化管理,督促中介机构遵守
相关法律法规。再者,加强中介机构的内部管理。通过制定相关实施细则,
进一步明确中介机构及其从业人员违反信息披露所应承担的法律责任,加
大处罚力度,建立完整的责任追究配套措施。同时,完善注册会计师审计制
度,完善注册会计师行业准入制度,强化对注册会计师行业的监督管理,通
过一系列具体的措施保障会计师事务所的水平,强制实行注册会计师定期
轮换制,加强对会计师事务所更换的监管,避免其为了不正当利益违背职业
道德,出具虚假的审计意见,中介机构应当实现对从业人员服务活动的动态
监督。此外,建立和衔接好监管部门和中介机构之间的信息沟通渠道。

（二）强化上市公司内部约束制度

为了提高上市公司信息披露的质量,维护广大投资者的知情权及合法
权益,有必要构建一个完善、规范的公司治理结构。首先,充分发挥独立董
事以及监事会的监管职能。完善的独立董事制度有利于完善公司治理结
构,充分发挥对公司经营活动的积极监督作用,能够促进上市公司的规范运
作。因此,须设法不断完善独立董事制度,推动独立董事积极参与公司治

---

① 甘培忠、夏爽:《信息披露制度构建中的矛盾与平衡——基于监管机构、上市公司与投资者的视角》,
《法律适用》2017 年第 17 期,第 35-40 页。
② 江兵、彭笑笑:《我国上市公司信息披露质量评价体系研究》,《中国管理科学》2016 年第 51 期,第
337-344 页。

理,充分发挥其对管理层应有的约束作用。确保独立董事符合任职条件,增加其人数在董事会中所占的比例,保证其独立地行使职权。组建审计委员会,全面负责与公司审计有关的事宜,清楚掌握公司的财务状况,充分发挥其监督职能。另外,上市公司必须进一步强化监事会的监督功能,协调好监事会与独立董事的关系,明确界定二者各自享有的独立职责。为了保证监事能够高效地履行职责,监事必须具备法律、财务、会计等方面的专业知识或者一定的相关的工作经验。上市公司应当赋予监事会独立有效地行使对董事、经理履行职务的监督和对公司财务的监督与检查的权力。总之,充分发挥各机构的监督作用,保证财务报告及相关信息的真实性和完整性,确保公司披露的信息符合法律规定的要求,促进上市公司的高效运营,实现企业经营管理合法合规。

(三)健全信息披露内控制度体系

上市公司必须遵守证券法相关法律规范的具体规定,积极履行法定的信息披露义务,在符合法律规定、结合公司实际情况的基础上,构建一个完善的信息披露体系,保证公司信息披露的规范化,为公司的信息披露提供制度保证和具体指引。首先,对外公开发布信息的审查办法,确保信息的公开、透明,保证投资者的知情权。此外,制定严厉的责任追究制度,有效规范公司内部信息披露的全过程,确保责任落实到个人,加大对虚假信息披露责任人的处罚力度。其次,为了进一步提高信息披露的质量,增加公司在市场上的透明度,除了履行法定信息披露义务之外,还必须增强公司进行自愿性信息披露的积极性。公司通过制定信息披露的具体规则,明确信息披露的范围和标准,负责信息披露的有关部门必须不定期汇总公司的经营情况及财务状况,并在公司网站或者以其他方式及时对公众予以公布。对于影响投资者决策的其他补充信息,在遵守法律的基础上予以公布,甚至可以开设投资者热线,积极解答投资者的疑问,促使其真正了解公司有关信息,消除其投资顾虑,从而作出审慎合理的决策,真正实现证券业的有限发展,做到"有所为有所不为"。

三、完善证券信息披露的规则体系

（一）细化证券信息披露的规则体系

目前,我国证券市场的法律制度仍然不够完善。虽然已经有一些相关法律制度,但是有很大一部分缺乏实践性,不利于有关执法部门指导证券市场的信息披露工作,不利于维护广大投资者的合法权益。加之法律具有滞后性,现行信息披露法律制度已无法应对证券市场错综复杂的各种问题,在瞬息万变的证券市场中,信息披露义务人的违法披露行为日益复杂,更具隐蔽性。因此,立法机关制定和修改法律时应当根据实际情况,针对信息披露存在的问题,充分研究现有的违规行为及新型的违规行为的表现形式,针对性完善有关法律规定,建立一个完善的信息披露规则体系,制定具体的实施细则和配套措施,严厉打击违反信息披露义务的行为。更须注意的是,信息披露规则应当更加精细化、规范化和明确化,根据行业的不同确定不同的披露标准,明确信息披露的时间、形式以及内容,针对不及时、不真实信息披露等情形规定明确的处罚措施,加大处罚力度。明确的信息披露规则能够增强相关规范的可操作性,有利于提高执法的效率和质量,从而高效解决司法实践中发生的具体问题。

（二）增强信息披露规则的可适用性

随着我国市场经济的不断发展,证券市场随之迅速发展,在这个过程中产生了一系列新问题,之前在特定时代背景下制定的有关信息披露的规定已经不能满足实际需要。因此,在立法过程中立法机关应当广泛吸收各类意见,增强相关法规的时效性以及前瞻性,保障信息披露制度作用的充分发挥。厘清法律法规之间的关系,有效杜绝法律法规存在的交叉重叠现象,甚至出现相互矛盾的情形,确保法律适用的统一性。另外,在充分研究的基础上,弥补现有法律存在的漏洞,扩充和细化信息披露的标准,增强信息披露制度的可适用性。我国证券市场起步较晚,有关法律制度本身就具有滞后性,而西方发达国家的证券市场发展较为完善,各个方面的法律制度及相关规则更加健全。因此,我国有必要在结合自身证券市场的特殊性的基础上,借鉴发达国家的先进经验,尤其是其严密完善的信息披露规则体系,保证相关法律制度的前瞻性。[①] 健全证券市场的法律法规体系,增强信息披露相关法律规范的前瞻性,提高上市公司信息披露质量,对于维护投资者权益,提高证券市场的运行效率具有重要意义。

四、完善信息披露制度的配套机制

(一) 构建网络信息披露平台

随着互联网技术的高速发展,网络信息逐渐显示出自身的优势,能够高效、快捷地进行信息传递。这样一来,增加了投资者了解证券信息的方式。企业建立网络信息披露平台除了能够降低信息披露的成本之外,还简化了人工披露的烦琐程序,确保投资者能够以最快速度及时获取相关信息,从而作出正确的投资决策。目前,我国已经具备建立大数据检索系统的技术条件,能够对大量的信息进行综合分析,结合当前证券监管的实际情形,应当由证监会对该系统进行监督和管理。一定程度上,通过网络信息的高速传播,提高监管机构的审核效率,同时提高信息的利用价值,保证证券市场信息披露的高效性以及透明化。

我国大部分中小投资者由于自身的能力有限、金融专业素养尚不齐备,容易导致其做出错误的投资判断,遭受重大的损失,这也是我国证券市场逐步有序对外开放的原因之一。为此,结合我国证券市场的实际情况,为了维

---

① 倪界一:《浅议上市公司内部控制信息披露问题》,《当代会计》2018年第4期,第44-45页。

护投资者利益,最大限度满足不同投资者的需求,可以根据投资者的层次提供披露内容详略程度不同的披露文本,要求披露义务人强制履行信息披露的义务,建立一个统一的网络信息披露平台。上市公司通过网络平台披露的文件,应当使用通俗易懂的表达用语,避免使用专业性极强的术语,句子表达准确,避免模棱两可、产生歧义。此外,对于难以理解的内容附上容易理解的图表等,这样可以保证中小投资者在较短的时间内充分获取有效的信息,全面了解证券信息,作出正确的投资决策,从而维护自身权益。这与桑斯坦提倡的通过"化繁为简"的方式进行"助推",以使得用户在纷繁琐碎和杂乱无章的事物中进行有效选择和决策的要求具有相似性。①

（二）明确信息披露责任制度

第一,发挥行政责任的规制作用。由于事前注册及事后保障理念的特殊性,监管机构的工作重心更加注重事中、事后的审查,对于有关监管部门而言,须充分发挥行政引导的作用,加大对信息披露规则制定的监管力度,加大对违法违规行为的监管和处理力度,制定对失信违法者更加严厉的处罚措施,充分发挥行政处罚的作用。行政责任一般适用于信息披露义务人违反相关法律法规的规定,做出虚假披露行为所造成的投资者损失较小、影响范围有限的情形。目前,我国对于违法违规信息披露行为进行行政处罚的法律依据,主要规定于证券法之中。为了进一步提高信息披露监管的力度,加大对违规行为的行政处罚力度,更好地实现对行政责任的追究,可以考虑及时制定统一的行政责任法规,并且建立与之适应的行政责任追究程序,形成统一的规范标准,增强条文的准确性,丰富行政处罚措施的种类以及适用的情形,加大对虚假披露行为的行政约束作用。而且,应当进一步明确信息披露义务人的责任,信息披露义务人必须对申请文件的真实性、准确性及完整性作出承诺,不履行相应的法定义务则应当向证券监管部门承担

① 卡斯·桑斯坦、陈丽芳:《简化:政府的未来》,《决策》2015 年第 11 期,第 96 页。

不利的后果,由有关机构对其采取必要的行政处罚措施。另外,申请文件存在重大违法披露的情形,在对其作出相应的行政处罚后,还应当将案件一并移交司法机关,并依法追究刑事责任。

第二,夯实民事责任的救济作用。我国关于信息披露制度的法律责任形成了行政责任为主、民事责任为辅的责任形式,无法对众多投资者的损失实现有效保障。投资者救济困难,打击了投资者对证券市场的信心和投资积极性,不利于其持续健康发展。因此,立法机关应当进一步细化民事责任的相关法律规定,制定具体的实施细则,形成一个高效、完备的民事法律责任追究和惩戒机制。针对不同的违规行为适用不同的司法程序,繁简分流,及时、高效地保护投资者合法利益。此外,有必要进一步明确投资者诉讼权的确认,扩大民事责任的主体范围,明确责任认定的标准以及赔偿数额的计算,最为重要的是保证民事责任的落地执行,实现保护投资者合法权益的目标。

证券市场的民事赔偿制度是保护中小投资者利益最有效的法律手段,完善的民事赔偿制度不仅为弥补投资者损失提供了依据,充分发挥法律对于惩处信息披露违规行为的补充作用,而且有助于建立一套激励机制,提振投资者对证券市场的信心,提高其投资积极性,促进我国证券市场的发展与繁荣。我国司法解释所规定的前置程序严重阻碍了投资者维护自身权益的途径。根据规定,受害的投资者提起民事诉讼的前提是行政处罚生效,前置程序的存在导致投资者的损失不能得到及时赔偿,甚至可能进一步扩大投资者所遭受的损失。因此,以证监会的行政处罚为前置条件才能提起民事诉讼不合理,不利于维护投资者的合法权益,必须完善民事赔偿的制度设计,以实现对投资者损失的救济作用。有必要取消提起民事诉讼所必经的前置程序,缩短诉讼周期,促使投资者积极地通过民事诉讼机制来维护自身的合法权益,及时高效地获得赔偿。另外,提高赔偿数额的设置,根据案件的轻重情节引进惩罚性赔偿机制,提高信息披露义务人的违法成本,加大对违法披露的处罚力度,有利于进一步规范证券市场主体的行为。

第三,强化刑事责任的威慑作用。目前,《刑法》中关于信息披露的刑事责任规定,应当进一步明确法条的具体适用条件以及认定违法披露责任的时间,从而发挥刑事责任对违法犯罪的打击作用,对其他披露义务人形成震慑,营造一个良好的市场环境。一般而言,违法犯罪成本越高,发现犯罪的概率越大,犯罪行为发生的概率越小。因此,有必要提高罚金额度以及自由刑的期限,加大对违法行为人的惩处力度,限制其为了牟取巨额利益而产生犯罪心理。违规披露信息或不披露信息罪所侵犯的是证券市场稳定运行的秩序化及投资者的财产权利,可以参考经济犯罪的量刑标准,根据情节的轻重处以不同幅度的刑罚,情节十分严重、影响恶劣的,甚至可以处以无期徒刑,确保罪责刑相适应。此外,有效限制违法责任人员,加大对相关人员的规制力度,依据法律规定追究其刑事责任,充分发挥刑罚严厉的制裁作用,建立一种严密的追责体系以及相关的配套措施,建立稳定有序的市场秩序。总之,刑事责任是追究犯罪行为的最后一道防线,对于维护证券市场健康稳定发展具有坚固的堡垒作用。

第八章　有限发展法学理论视角下证券业危机预警防治制度变革

　　从学理上看,立法者在设定预警制度时有一个基本的前提预设,即通过建立和健全科学的预警法制能够增强及时预测危机发生的可能性,能够尽早判断局部风险演变为系统性风险的征兆,进而对其进行控制和化解。在虚拟经济危机应对法制体系中,预警制度既是预防与应急准备阶段(危机控制)制度的逻辑延伸,也是应急处置(危机控制)与危机化解阶段制度的逻辑前提。[①] 虚拟经济领域,风险预警技术和方法的科学性、预警组织的规范性及预警评估体系的合理性是决定风险预警准确性和有效性的关键因素[②],而风险预警的准确和有效直接关系着后续的风险控制和化解制度能否发挥其应有的治理功能。因此,在虚拟经济危机应对的法制体系中,危机预警法律制度、危机控制法律制度以及危机化解法律制度是一个相互联系、相互作用的有机整体,相关制度的变革也需要同步推进,以实现内部功能和体系的协调,证券领域概莫能外。证券市场安全的实现,证券业有限发展的落实,需要证券业危机预警制度、危机控制制度以及危机化解制度三个层面在相互协调的前提下进行整体性变革。

---

① 部分内容和论证思路参见戚建刚文。戚建刚:《特殊类型突发公共卫生事件预警法制模式之变革》,《清华法学》2021 年第 2 期,第 143-161 页。

② 靳文辉:《金融风险预警的法制逻辑》,《法学》2020 年第 11 期,第 51-66 页。

第一节　有限发展法学理论视角下证券业危机预警制度变革

有限发展法学理论视角下,危机预警制度的构建对证券业安全、高效发展具有重要的意义。以系统性风险预警为例,证券市场系统性风险预警是宏观审慎监管的重要环节和逆周期监管的实施依据,系统性风险达到或超过预警值,意味着应运用审慎监管工具进行逆周期调节,这对保持证券市场平稳发展具有重要意义。[①] 因此,需要以有限发展法学理论为基本指引,对现行证券业危机预警机制中不利于证券市场安全的制度进行变革,进而构建起一个相对安全的发展环境。

一、完善证券危机预警指标体系

目前,证券业危机预警指标体系的基础为巴塞尔协议Ⅲ,而巴塞尔协议Ⅲ多数规定的都是商业银行的风险控制指标,证券业的指标基本都是参考商业银行的指标,亟需完善证券业自身的危机预警指标体系,进而形成符合证券业发展规律与风险治理需求的危机预警指标体系。

(一)设置指标体系的基础因素

一是规模。在判断危机严重程度时,规模通常被认为是最重要的因素。通常看来,某一项业务或产品规模越大,对市场可能造成危机的可能性越大。尽管有时候危机的产生可能是因为业务或产品的设计或流程具有风险,但不可忽视的是,具有一定规模后危机才会爆发,因此规模对于危机的产生具有举足轻重的作用,设置危机预警指标时第一度量的考虑应该是规模。设置合理的指标对规模进行合理有效的监测和控制,当规模达到或超

---

① 孙国茂、张辉、张运才:《宏观审慎监管与证券市场系统性风险测度研究》,《济南大学学报》(社会科学版)2020 年第 6 期,第 107-124 页、第 159 页。

出一定的阈值时,便会触发预警机制,进而做到风险预警的及时有效。

二是互相关联性。在证券业危机预警指标的设置中,设置指标体系时应考虑互相的关联性,不能仅仅从指标本身的高低来衡量其危机程度,同时还要结合整个指标体系,明确指标设置的阈值及范围,给予指标一定的弹性,使其能够随着资本市场情况波动和调整。也即是说,除上述规模层面的阈值外,也需要考虑各种指标之间的关联性,一个指标对其他指标可能产生的影响,以及设置相应阈值的可能性。

三是透明度。虚拟经济有限发展法学理论视角下,证券业危机预警指标要具有"普惠"属性,须是市场参与者都能知晓和认可的,而市场参与者知晓的最基本前提便是公开与透明。指标设置是预警制度核心,而触发指标是处置危机的前提,很多危机处置手段会对资本市场带来影响,如果指标设定具有很高的透明度,那么危机就更具有可预见性,从而降低风险处置的损耗,也有助于各参与主体及时通过对指标的观察做出于己有利的安排。

(二)设置指标体系的重要考量

一是证券业危机预警指标体系需充分体现自身市场的特点。银行业的间接融资由银行作为中介机构,借贷期限较长,交易撮合需要较长时间。而证券市场尤其是股市交易具有即时性,因此要结合证券市场自身的特点以及风险预警的要求,对指标的更新频率具有更高要求。一方面,减少指标的更新频次,提高更新频率;另一方面,提高每次更新的效率,做到及时高效的指标更新与公开,确保市场主体的知情权。

二是证券业危机预警指标的设置必须符合我国的国情,不能照抄照搬美国、欧洲等成熟资本市场的指标。我国资本市场显著特点就是散户多,即自然人投资者数量多,相比机构投资者而言,自然人投资者可能资金规模不大,但是因为交易频繁,所以为市场提供了大部分的流动性,而且市场剧烈波动时,往往都是流动性出现危机,自然人投资者没有交易意愿或交易资金。因此,在设定证券业危机预警指标时,应将我国资本市场的这一特点进行单独考量,对自然人投资者给予足够的重视和保护。

三是证券业危机预警指标的设置应该具有一定的前瞻性。金融行业是不断创新的行业,证券业尤为突出,在创新的同时伴随着巨大的利益,但同时也很容易忽视蕴藏在创新中的风险。历次大的危机都可以看到金融创新的身影,2008 年的全球金融危机就肇始于次级贷款,因此在设置危机预警指标时要及时考虑将创新业务、创新产品纳入监测和监管范围,尽管可能一开始对风险的预警不够准确,但根据市场发展情况进一步调整指标计算方式和权重,指标体系的日渐完善将逐步提高危机预警机制的有效性,对于创新业务的预警指标体系也可以采用"监管沙盒"制度,给予更大监管容忍度及试错空间。

二、设定科学的预警指标临界值

重大风险的防范化解是中国迈向高质量发展的三大攻坚战之一,其中的重点是要防控金融风险,守住不发生系统性金融风险的底线。通过总结过去的金融危机案例发现,系统性金融风险爆发的根源主要在于一个经济体的过度负债。[①] 具体而言,家庭或企业等部门的过度负债会造成经济的虚假繁荣,这会加剧金融体系的不稳定性,从而加大系统性金融危机爆发的可能性。这就要求预警指标的定性和定量都必须准确,指标体系的设立解决的是定性准确的问题,即哪些因素需纳入考虑范围从而能准确反映出可能产生哪种危机;指标临界值的设定解决的则是定量准确的问题,即多少数量上将会产生多大程度的危机。

---

① 陈彦斌、随晓芹、刘哲希:《系统性金融风险预警指标——杠杆率与"杠杆率/投资率"比较》,《世界经济文汇》2019 年第 6 期,第 21-36 页。

(一)设置预警指标的上下限

《证券公司风险控制指标管理办法》第二十一条规定证监会对各项风险控制指标设置预警标准,对于规定"不得低于"一定标准的风险控制指标,其预警标准是规定标准的120%;对于规定"不得超过"一定标准的风险控制指标,其预警标准是规定标准的80%。正如以上规定,证券业预警指标的临界值设置基本都是原则性规定,至于为什么是120%而不是110%其实并未进行科学论证,不同项预警指标是否有必要采用不同的临界值也值得商榷。①应该根据不同指标的特点设置不同的上下限,这对于危机的预判将更为全面、客观,更有利于开展后续处置。

(二)设置分级危机预警指标

危机防控措施常常会产生一定负面影响,应基于科学的判断,对危机严重性有清醒认识。根据危机的发生概率、紧迫程度、危害后果,对同一指标分级设定不同的临界值,分为红色、橙色、黄色三类,分类别开展危机防控和处置。对最低级别的黄色危机可以仅预警,通过动态监测再决定是否采取措施;对中级别的橙色危机,就需要采取防控措施,尽可能避免其发生;对最高级别的红色危机,必须立即采取处置措施,降低危害后果。

危机级别	危机颜色	发生概率	危害后果	防控和处置措施
Ⅰ级	红色	大	大	采取处置措施,降低危害后果
Ⅱ级	橙色	中	中	采取防控措施,避免其发生
Ⅲ级	黄色	小	小	仅预警,无措施

---

① 齐岳、刘晓晨、刘欣,等:《基于因子模型的券商流动性风险管理评价研究》,《会计之友》2019年第11期,第9-15页。

（三）重视危机转化考量因素

临界值变动必将引起预警指标等级转化，此时须重点考虑相当性和相对性。相当性是指同一级别的危机带来的危害后果是否小于或者相当于其采取的处置或者防控措施，否则就不需升级危机等级。危机预警和处置本身是需要成本的，虚高的风险级别可能会造成处置措施的高成本，相当性的确立可以做到节约成本的同时有效防治风险。相对性是指危机等级对应的处置或者防控措施是否仅是对有关市场主体，是否危及无关市场参与者。危机总是具有转化的可能性，一旦危机转化后危及到无关的市场参与者，此时就需要政府采取相应的应对措施，相对性的设置一定程度上可以为风险预警和处置留下足够的预案和机动空间，进而达到风险防治的目标。

三、建立证券危机预警反馈机制

反馈是危机预警与处置之间的重要一环，危机预警后必须建立反馈机制才能启动处置工作，也才会使预警发挥其应有的价值。证券业作为典型的"三信"行业，危机预警反馈的核心自然也聚焦于信息，当有重要的信息引起证券价格波动，就应将信息源反馈给相关的部门，以便其做出相应的风险预判和采取风险控制和化解的工具选择和制度保障。

（一）内外部反馈联动

内外部的反馈联动可以有效增强证券预警的有效性。预警反馈机制应包含内部反馈和外部反馈两个方面。比如股市出现剧烈波动时，交易所监控数据出现预警，交易所就有责任将危机预警情况报告给证监会，这就属于内部反馈；证监会在对危机程度进行判断后就应该根据情况决定是否将危机情况通报国务院金融监管部门和人民银行，此为外部反馈。反馈的过程也是危机处置的沟通过程，在前一反馈阶段发现的问题的处理建议须在下一阶段同时反馈，以此提高反馈的质量和效率。

(二)重视信息披露

证券业的危机很大程度上是由信息不对称造成的,加大信息披露力度,定期公布证券行业平均风险水平,重点公示实时交易信息,畅通交易信息查询渠道,让市场参与者能够随时了解市场波动情况。对于证券市场的各参与者而言,及时看到市场预警信息,将有利于市场参与者动态评估市场风险,稳定市场情绪,理性做出投资决策,避免市场的小波动引起大危机。关于信息披露及其制度完善,前文已经做了大篇幅的讨论,此处不再展开。

四、建立证券危机测试检查机制

在危机预警和处置中不可或缺的工具有两项,一项是情景测试和压力测试,一项是检查。两项工具作用的充分发挥有助于保证危机预警处置机制的有效运行。因此,在危机预警机制的建立和完善中,需要进行定期的危机测试,并根据实际情况开展现场检查等,确保这两项工具的正常运用。

(一)定期开展测试

情景测试和压力测试能够对风险规模进行深入分析,如果有足够的可用数据,甚至可以对风险敞口进行合理的测度。证券市场相关责任主体应当定期开展压力测试,全面评估机构整体的承压水平和风险管理能力,发现业务短板,提前采取化解风险的措施,做好应对危机的准备。只有做到定期测试,才能做到危机应对的有备无患。

(二)适时进行检查

监管机构的检查是风险控制指标完善的有力保障。监管机构应该充分运用现场检查的手段,对证券市场各类主体风险控制具体指标的真实性、准确性和完整性进行核实,检查风险控制制度和措施是否在各项业务运营中发挥作用,检查各项业务是否符合合规管理规定和内部控制指引,根据日常监管掌握的情况分析判断风险点,并对风险进行排查,如发现证券市场主体存在问题应立即采取监管措施,避免出现重大危机。

第二节　有限发展法学理论视角下证券业危机控制制度变革

一般意义上,危机(风险)①控制制度的建立,主要是为了通过一系列技术和制度的运用,降低危机(风险)发生的可能性,或者防止已发生危机(风险)的外溢进而造成更大的危机(风险)及损失。从管理学的角度看,作为危机管理主要阶段的危机控制,主要是指管理者通过监督、监察有关活动,保证危机管理活动按照预定的危机应对计划有序展开。其中,危机(风险)控制的措施和方法主要包括风险回避、损失控制、风险转移以及风险自留等。有限发展法学理论视角下,证券业危机控制制度的变革,应以强化证券公司内部风险控制体系和能力建设为主要方向,以此为依据,建立与危机控制和处置现实需求相适应的法律制度体系。

一、证券业危机控制机制的完善及其制度供给

证券业作为典型的"三信"产业,在虚拟经济领域诱发风险的来源较多,其稳定性相对较差,产生危机的可能性较大,因此危机(风险)控制也更为重要。通常情况下,从整个证券市场而言,之所以风险多发,是因为投资者实际决策是有限理性的,经常出现系统性认知偏差,整个证券市场也是有限理性的。投资者行为特点导致证券错误定价和市场被人操纵,股价出现非理性波动,投资者信心丧失甚至引发金融危机。而控制这种市场风险的主要

---

① 严格意义上,危机控制和风险控制并非同一概念,且二者各自有其独特的内涵和外延,同时二者的技术措施、方法以及所追求的目标也存在差异。但在本书中,风险或者危机,指向的都是与证券业安全相对应的概念,是安全的对立面,所以本书中对二者不做过多区分,且在危机控制的技术措施或手段中多有加入风险控制的技术措施及手段等。

对策是培育理性微观投资主体和信息公开。① 因此,从整个证券市场风险控制的视角看,危机控制法律制度的构建应该围绕着投资主体理性培育制度、信息公开制度两个视角展开。一方面通过投资者适当性制度、投资者金融知识教育、监管机制等法律制度的设计,减少微观个体的非理性行为,从个体视角做到风险的有效控制,以防止由局部风险演变为系统性风险;另一方面通过信息披露制度、信息报告制度等的设计,使得信息能够在各主体间得到充分有效的流动,进而解决由信息不对称引发的认知偏差,信息的充分有效流动有助于整体风险的控制。除此外,更为重要的是,证券公司作为证券市场最主要的主体,其风险控制能力的高低直接关系着公司及投资者的切身利益,也关系着局部甚至整个证券市场的稳定性。因此,从微观视角看,证券公司危机控制机制及其制度供给是证券业危机控制的关键和核心领域,往往对风险的发生、发展以及治理有着决定性作用。

从证券公司危机(风险)控制体系及其制度供给视角看,建立以净资本和流动性为核心的风险控制指标体系能够有效防范证券公司流动性风险。② 而证券公司危机(风险)控制体系的构建,在技术层面必须要解决风险指标的设置、风险指标的量化以及指标权重三个最为核心的问题;在法律制度层面必须为这些指标的选取和设置以及合理科学运用提供良好的制度保障和约束机制。从工具理性的视角看,指标的选取、量化以及权重配置直接关系着对证券公司风险控制的主观判断能否通过科学合理的方式、途径转化为一种相对客观的、可量化的标准体系,进而增强风险控制体系的科学性与直观性。由于证券公司风险的主要来源较为多元化,且风险主要是其在各种业务的扩张过程中可能诱发的,这就决定了证券公司风险控制的重点应该以其经营的主要业务为核心,进行相应的控制体系设计以及法律制度的供

---

① 郭怀英:《行为金融学分析与证券市场风险控制》,中国社会科学院研究生院博士论文,2002,第1页。
② 焦娜:《证券公司风险控制指标体系完善研究》,《当代会计》2019年第9期,第107-108页。

给。具体而言,主要以证券经纪业务风险控制、证券承销业务风险控制、证券投资业务风险控制、委托理财业务风险控制以及其他证券创新业务风险控制为核心,逐步建立起适合于我国证券市场实情的全面风险控制体系(见下图)。[①]

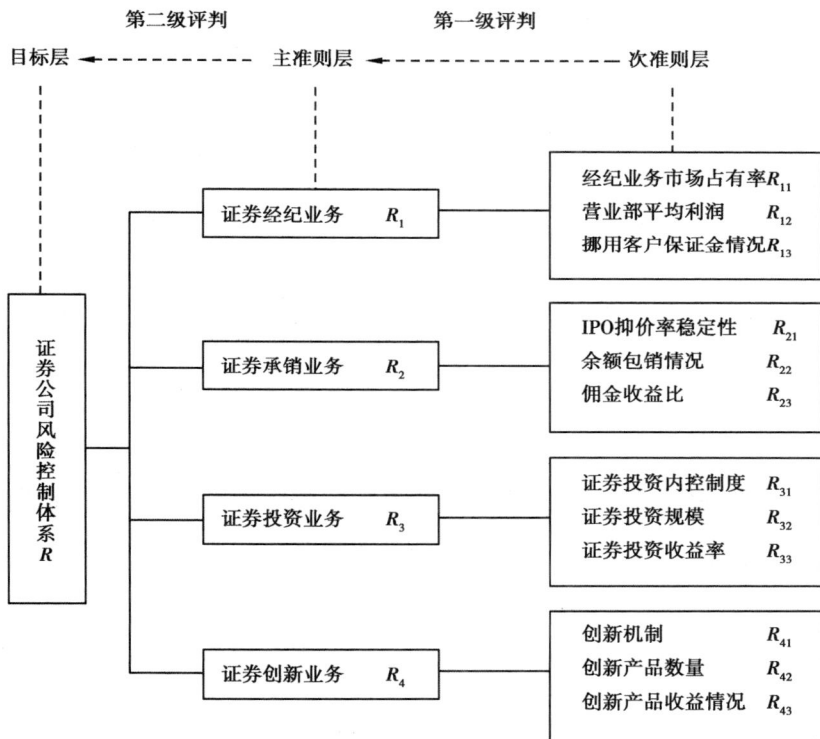

第二级评判　　　　　　　第一级评判

目标层 ←------- 主准则层 ←------- 次准则层

证券经纪业务 R_1	经纪业务市场占有率 R_{11}
	营业部平均利润 R_{12}
	挪用客户保证金情况 R_{13}

证券公司风险控制体系 R

证券承销业务 R_2	IPO抑价率稳定性 R_{21}
	余额包销情况 R_{22}
	佣金收益比 R_{23}

证券投资业务 R_3	证券投资内控制度 R_{31}
	证券投资规模 R_{32}
	证券投资收益率 R_{33}

证券创新业务 R_4	创新机制 R_{41}
	创新产品数量 R_{42}
	创新产品收益情况 R_{43}

证券公司风险控制评价体系

有限发展法学理论视角下,围绕着具体经营业务建立的各项风险指标及其控制体系,需要以《证券公司风险控制指标管理办法》《证券公司风险控制指标计算标准规定》等为基础,制定和完善相应的法律制度作为外部性保障和约束机制。这些制度既包括公司内部治理的政策制度,也包括以强化

[①]　何君光:《我国证券公司风险控制研究》,重庆大学博士论文,2006,第45-46页。

风险监管和公司治理为目标的国家法律政策制度,以及行业政策制度等。从法律制度供给及其变革的方向看,鉴于证券公司风险控制的政策建议主要聚焦于提高上市公司质量、强化证券公司外部监管、建立证券市场对冲机制、开辟证券公司多元融资渠道、做市商制度等领域。因此,相关法律制度变革的主要领域也就聚焦于此。为此,就需要以虚拟经济有限发展法学理论所秉持的立法理念、指导思想及其具体指标为参照,对风险控制主要政策方向的制度进行检视和完善,一方面增加制度供给的数量;另一方面更需要以现行法律制度为基础,对不适合有限发展的制度进行变革,进而强化制度供给的质量。

二、证券业危机处置机制的建立及其制度供给

从证券市场可能发生的危机看,潜在的危机既有"灰犀牛"也有"黑天鹅",尽管"黑天鹅"不一定能提前预警,但是"灰犀牛"则可以通过提前预警并建立处置机制来减低危机的危害性。因此有必要对危机处置机制进行完善,以便能够有效应对各种潜在的风险。有限发展法学理论视角下,危机处置机制的建立及其制度供给应从以下四个方面着手。

第一,完善处置机制的顶层设计。证券市场危机的应对离不开政府的规制,但政府干预证券市场、应对证券市场危机必须建立在法治的基础上,纳入法治轨道上来,因此须对证券市场危机管理进行法治顶层设计。[①] 目前我国证券业危机处置机制在行政法规层面仅有《证券公司风险处置条例》,规定的接管、行政重组、撤销重整等措施已经是危机全面爆发后的处置,缺失对于危机预警和防控的规定。应该在证券市场风险监测预防和预警、危机管理中的应急和救援制度等方面着手,建立健全以金融危机救助和处置为主要内容的金融危机管理法律体系。具体而言,可以我国现行行政法规、

---

① 袁达松、张志国:《论证券市场危机管理的法治顶层设计》,《证券法律评论》2016 年,第 366-376 页。

部门规章和规范性文件为基础,整合其中关于危机预警和处置的内容,制定单独的规定,施行一段时间后若可行再提高其法律位阶,实现证券市场危机管理法制构建的科学、有序,以求做到证券市场危机预警处置有法可依、有据可循。

第二,秉持全方位危机处置理念。危机处置是现代政府重要的职责,政府特别是监管机构必须时刻对危机预警保持警惕性,秉持防患于未然、从严监管的态势。坚持风险管控与市场创新并重,在确保证券市场稳定的前提下再开展创新业务。在危机系统化的形势下进行穿透式监管,对公司、公司上级集团、子公司和"孙公司",对一般业务及衍生业务,都要实现监管覆盖。尝试通过设立投资者保护风险和风险准备基金等为化解市场风险提供资金支持。充分发挥行业和学术界对危机开展专题研究的作用,及时将理论成果运用到危机预警处置的实践中。

第三,尊重市场化危机处置思路。有效的危机处置机制应从隔离处置个别风险着手,将危机的负面影响降至最低,不能采用大水漫灌的形式不计成本地处置风险,而应该做到"精准拆弹",处置个别风险以后给予市场自我出清、自我修复的空间。对于系统性风险,可以采取一些特殊的处置方式,但前提必须是尊重市场规律,不给无关市场主体带来不利影响。这就需要建立相应的制度保障体系,通过法律制度的外在限制和约束,使得危机处理的过程在法治的框架内按照市场化的运行模式来进行。

第四,危机处置方式方法的科学与合法。一方面,风险本身的不确定性决定了处置方式的灵活性。危机预警处置时必须具有灵活性,处置机制应该尽可能多地设定处置方式,为可能遇到的新情况、新问题敞开处理手段。2015年股市异常波动期间,多家上市公司选择停牌躲避股市下跌,停牌理由千奇百怪,这些任性停牌申请当时都得到交易所批准,最多时有1 443只股票停牌,占全部股票比例超过 50%。① 在市场流动性已出现危机的情况下应当更加注重灵活性,要综合采用各种手段稳定市场,而非一味地执行日常政策。另一方面,市场经济本身就是法治经济,因此市场风险的处置,危机的治理必须在法治的框架内,以法律制度为基本遵循。通过法律制度的有效供给,在发挥法治在危机处置中的促进和保障作用的同时,也要发挥其规范和限制作用,使得危机处置的过程符合法律的规定。

三、国家级救市基金机制的建立及其制度供给

通过救市基金控制虚拟经济危机是世界上虚拟经济先发国家和地区较为普遍的做法。典型的如美国银行救市基金、日本股市平准基金、韩国股市稳定基金,我国台湾地区的"国安基金"、我国香港地区的外汇基金等。其中美国的银行救市基金(也称"次债基金")其主要目标在于"收购不良抵押贷款资产,帮助市场从次债危机中恢复"。事实上,尽管此类基金救市的作用是有限的,但当政府亲自参与到市场之中,与广大市场主体同进退时,这本身对市场主体和投资者而言就是一种信心上的鼓舞。以平准基金为例,所谓平准基金(又称干预基金)是指政府通过特定的机构以法定的方式建立的基金。这种基金可以通过对证券市场的逆向操作,比如在股市非理性暴跌、股票投资价值凸显时买进;在股市泡沫泛滥、市场投机气氛狂热时卖出的方式,以达到"熨平"股市非理性波动,稳定证券市场的目的。② 政府主导的这种救市基金,从本质上看是通过国家干预的方式控制证券业危机的一种制度尝试。

2015 年,我国股市出现了罕见的剧烈异常波动。为应对股市暴跌,中国人民银行以多种形式给予中国证券金融股份有限公司流动性的支持,形成

---

① 陈致远、唐振鹏:《中国股灾回顾、证监会政策评价及启示——基于 2015 年中国股票市场案例分析》,《亚太经济》2020 年第 3 期,第 31-35 页。
② 崔吕萍:《应不应该推出平准基金救市》,《北京商报》2008 年 11 月 10 日第 6 版。

了"证券金融公司+央行流动性"的中国版平准基金,成为稳定市场的重要手段。[①] 为了稳定市场,证金公司借助公募基金进行市场操作,斥资 2 000 亿元分别购买招商丰庆、南方消费活力、易方达瑞惠、华夏新经济、嘉实新机遇等 5 只基金,每只基金 400 亿份额。因此它们也被市场冠以"救市基金"的称号。生于危难之际的 5 只基金,成立后即开始进场购买大量股票。而 5 大救市基金也出色完成了此前的历史任务,并且在 2018 年退出时全部处于盈利状态。此后,5 只基金开始调低股票位仓,买入返售金融资产额度(一种现金管理类资产)或持有现金的额度逐步上升。到了 2017 年末,易方达高达 84%的资产均是银行存款,股票的仓位只剩下 9.28%,其他 4 只基金也类似。2018 年 5 只基金已经不再买股票,变成现金管理类资产或者银行存款,基本完成了救市任务。[②]

　　上述 5 只基金在完成其历史使命后选择了清仓,但其积极作用却不容忽视。尽管政府的管制不是万能的,简单的护盘救市策略可能会引发出投机、腐败寻租和错误定价等外部性影响。然而此类通过国家干预手段,通过风险的控制进而维护证券市场安全的做法,在一套完备的法律制度得以保障,对政府权力进行有效规制的前提下,却是切实有效的。因此,在我们看来,上述 5 只基金的清仓并不是我国救市基金制度的终结,"国家队"救市基金制度的积极作用理应被看到,特别是在开放经济条件下,面对一些不可预知的外源性风险时,市场自身能力总是有限的,国家的作用需要得到重视。在虚拟经济有限发展法学理论视角下,既需要"有效市场"的危机控制机制,更需要"有为政府"的积极作为。所以有必要建立救市基金制度,通过法律制度的方式,确立国家救市基金,明确政府在其中的权力和责任,通过法治化的方式发挥救市基金在证券风险控制中的积极作用。

---

① 　缪斯斯:《境外救市基金的经验与启示》,《公司金融研究》2016 年第 Z1 期,第 139-151 页。
② 　许孝如、张婷婷:《上轮五大救市基金:去年底浮盈 500 亿两只已披露清仓》,访问日期:2020 年 8 月 6 日。

第三节　有限发展法学理论视角下证券业危机化解制度变革

通常意义上,风险化解是指针对不同类型、不同规模、不同概率的风险,采取相应的对策、措施或方法,使风险损失降到最小限度的一种操作。而风险化解的方法则主要有风险预防、风险规避、风险分散、风险转嫁、风险抑制和风险补偿等。虚拟经济有限发展法学理论在证券市场的实现,需要建立相应的风险化解机制,并进行相应的制度供给。

证券市场风险的化解对实现证券业有限发展具有重要意义。证券市场风险的化解,其实质就是针对证券市场由不同原因、不同主体诱发的不同类型、不同规模和不同概率的风险,采取一定的措施和方法,从而预防、规避风险或者使已发生的风险损失降到最低,避免诱发系统性金融风险。[1] 宏观地看,证券市场风险化解需要依靠法律制度,需要运用制度威力应对风险挑战。[2] 通过法律制度的建设化解危机不仅具有理论的可能,也有实践的支撑,如 2000 年巴西政府在化解地方政府债务危机中,一改之前通过中央救助化解危机的做法,卡多佐政府以《财政责任法》防控地方债务风险,以审计法院作为监督机构,取得了成功。[3] 微观层面,加强对上市公司的规范与监管,是化解证券市场风险的根本保证,主要包括健全和完善上市公司治理制度、强调上市公司监管的任务就是推行强制信息披露制度、健全民事赔偿和诉讼制度、完善规范上市公司再融资行为的重要制度等。[4]

---

① 陆岷峰、徐阳洋:《从战略上探讨成长链金融风险的化解方法》,《宁夏大学学报》(人文社会科学版) 2016 年第 5 期,第 131-136 页。

② 张晓萌:《运用制度威力应对风险挑战》,人民网,2020 年 3 月 26 日。

③ 谭道明:《巴西化解和防控地方债务危机的启示》,《法学》2014 年第 4 期,第 118-125 页。

④ 郭怀英:《行为金融学分析与证券市场风险控制》,中国社会科学院研究生院博士论文,2002,第 94-95 页。

一、证券业危机化解法律制度供给及变革的总体思路

庞德认为"法律的目的同其他社会机制的终极目的是一样的,即以最小的牺牲和浪费最大限度地满足人类的需求"。安全作为人们对虚拟经济市场的一种合理期待,本身就是基于需求的考虑,这种需求一方面体现在对安全本身的需求,一方面体现在通过对虚拟经济安全的保障进而获得发展的切实利益。法律在证券市场的作用无出其右,这也就决定了证券市场危机的化解,对法律制度有着强烈的需求,需要不断加强法律制度的供给与变革。面对证券市场可能存在的各种风险,首先在思维上需要改变忽视制度建设、需要摒弃认为制度与防控风险挑战关系不大的陈旧观念,牢固树立法律制度意识,着力推进思路理念、方法手段创新,擅于在制度的轨道上推进防范化解风险挑战各项工作。[①]

在虚拟经济有限发展法学理论下,证券市场的风险化解,需要根据证券市场风险发生的不同原因与运作机理,风险化解的制度供给需要做到对症下药,分别按照不同的原因,不同的主体所引发的风险及其可能性,进行相应的制度设计。当然,所有制度的供给及其变革都须以有限发展为根基,以证券市场安全为目标,以证券业发展为归宿。在风险化解制度的设计中,需要坚持底线思维,做好防范于未然,尤其在风险的化解上,要更好发挥制度优势,"建立健全化解各类风险的体制机制,通过延长处理时间减少一次性风险冲击力度,如果有发生系统性风险的威胁,就要果断采取外科手术式的方法进行处理"[②]。制定政策措施、作出决策部署时,要考虑到方方面面的因素,充分估计最坏的可能性、最严重的后果。同时要实事求是、有针对性地

[①] 郭怀英:《行为金融学分析与证券市场风险控制》,中国社会科学院研究生院博士论文,2002,第94-95页。

[②] 郭怀英:《行为金融学分析与证券市场风险控制》,中国社会科学院研究生院博士论文,2002,第51页。

提出应对方案,做到有备无患。①

二、证券业危机化解法律制度供给及变革具体方向

相较于宏观的制度变革思路与方向,证券业危机化解的具体制度供给及其变革,直接关系着危机化解的制度保障与约束机制是否健全,关系着证券业有限发展的目标能否实现,关系着证券市场各主体的切身利益能否得到保障。要降低风险水平并有效化解风险,就需要加快具体制度的改革,加快具体制度的创新,推进具体制度朝着证券业有限发展的方向变迁,使制度和风险之间形成一种良好的匹配,充分发挥制度及时化解风险的功能,避免风险累积和集聚。② 从诱发证券市场风险的原因层面看,主要有四个方面的诱因,即实体经济盈利能力的不确定性、证券业的高投机性③、证券业的信息不对称性、证券市场体系中的制度性风险。因此,对症下药,证券业风险化解的制度供给应分别从这几个方面进行:

第一,强化调整经济结构、降低实体经济盈利能力不稳定的制度供给。经济结构的优化本身就是一种风险的事先防范和化解机制。虚拟经济之所以风险频发,很大部分原因就是其发展容易脱离实体经济而失去控制,一旦虚拟经济与实体经济的结构过度失衡,虚拟经济便不能有限发展,其风险爆发的可能性自然也就变高,且因为彼时实体经济盈利不足,无法为化解这种虚拟经济风险提供保障。因此,需要优化经济结构,提升虚拟经济盈利能力,强化虚拟经济服务实体经济的能力。特别在产业结构、所有制结构、城乡结构、地区结构等方面,更好地提供适合实体经济与虚拟经济共同繁荣发

---

① 郭怀英:《行为金融学分析与证券市场风险控制》,中国社会科学院研究生院博士论文,2002,第4-5页。

② 刘尚希:《全面深化改革需导入不确定性思维》,《北京日报》2021年11月1日第010版。

③ 事实上,不管是温和投机,还是过度投机,抑或是恶性投机,都会在一定程度上产生相应的风险,因此由投机产生的风险必然长期存在。

展的公共政策，检视并完善相应的法律法规，为实体经济的持续向好发展提供有力的制度支撑。

第二，加强证券业监管的制度供给及变革。证券业的安全和高效发展，无论何时都离不开一个"有效政府"的作用，有效的监管是风险化解的关键。在全面依法治国的今天，合理的监管体系及其执行系统均需要得到法律的确认，证券市场的各种创新活动总是走在法律制度的前面，因此制度的供给必须及时和有效，方可应对随时出现的各种不确定性。关于监管制度及其变革，前文已有较为详细的论述，此处不再展开。

第三，为促进信息高效流动提供法律支撑。在以信息为存在基础的资本市场，信息是化解风险的主要方式。证券市场信息流动不畅的原因在于信息披露的激励机制与约束机制不健全，同时投资者教育机制尚未普及。因此，应当借助于信息工具的作用，在法律制度中不断强化信息工具，建立信息流动的法律机制。当然，从主体角度看，政府、中介机构以及个体投资（机构）者在风险引发中的作用不同，因而其风险化解的责任也不尽相同。法律制度的设计要根据主体的能力、主体可选择的风险化解手段及策略、主体的知识、有区别地进行相应的制度设计，以确保风险的化解形成一种多元共治的协同治理格局。

第四，强化制度创新以应对制度性风险。制度性风险是比较重要但却往往容易被忽视的一种风险。针对证券市场可能存在的制度性风险，需要以制度创新积极回应政府制度安排的不合理性。有研究指出政府对市场的"控制均衡"约束及其制度安排上的内在缺陷，容易引致证券市场制度风险的产生，制度风险源于市场制度设置本身，因而化解制度风险只有通过制度创新路径。[1] 事实上，虚拟经济领域，基于市场创新的高频率，总是会出现

---

[1]　张宗新、姚力、厉格非：《中国证券市场制度风险的生成及化解》，《经济研究》2001 年第 10 期，第 60-66 页。

244 / 虚拟经济有限发展法学理论视角下的证券法律制度变革

"创新—监管—再创新—再监管"的循环,而在这个循环中,制度的供给总是后知后觉,所以需要加强制度设计的科学性与前瞻性,以避免制度风险。

三、金融审判机制化解证券业危机的法律制度供给

一个通常的认知是,在金融风险的化解中,处于后端机制的金融审判往往容易被忽视。但司法手段作为完善金融风险防控体系中不可或缺的组成部分,在风险防控过程中往往起到重要的补充作用,可以有效弥补金融监管的不足。特别是当下我国金融风险防控逐渐由事先监管向事后纠错转变,防范和化解金融风险已经从业务前端延伸至诉讼后端,金融审判的重要性得以凸显。我们需要看到并充分发掘金融司法在证券业风险防范和化解中的积极作用,并在制度上对之予以回应,以此来应对那些潜在的风险隐患。

审判之所以能较为轻易地消减关于其正当性的质疑,主要原因就在于人们对审判静态地、技术性地对法律忠实适用这一形象的信任。金融审判化解证券市场风险的特点在于:首先,通过及时审理个案,实质解决争议,维护公平正义、诚实信用和监督行政行为以及打击犯罪,夯实证券市场的基础,从根本上防范金融风险。其次,司法防范和化解证券市场风险的手段具有特殊性,可以通过认定相关行为的效力、确定行政责任、民事责任或追究刑事责任等方式实现。最后,司法机关在防范和化解证券市场风险的过程中,常常采取具有创造性的司法策略。例如,及时出台司法解释和司法政策,明确规则中的模糊之处,从而保持市场活力,起到在发展中防范化解风险的作用。[1]

现有的法律实践已经充分证明,在金融风险的化解中行政手段的不足,特别是随着互联网金融的发展,一定程度上打破了我国金融业长期存在的

---

[1] 薛峰、马荣伟:《论审判在证券市场风险防范化解中的作用》,《中国应用法学》2020年第1期,第150-167页。

抑制现象,打开了庞大的金融长尾市场,进而在追逐市场红利的过程中逐渐脱离了本应具有的"信息服务中介"性质,部分平台甚至异化为"信用中介"。[①] 这在无形中增加了监管的难度。在此情形下,我们不得不考虑构建"市场化方式"+"行政监管"+"司法化解"的金融风险化解体系。人民法院作为唯一代表国家行使审判权的机关,根据《人民法院组织法》第二条,在金融审判领域,人民法院防范金融风险的主要功能有二个:一为通过审判具体金融案件保护当事人合法权益、维护金融安全、服务实体经济发展;二为通过审判活动及案件的判决结果对社会广大民众进行一定的警示和金融违法宣传教育,充分发挥法律的预测、指引和评价等功能。

　　除了直接风险,也需要重视金融审判延伸职能的发挥,对外输出有助于金融安全的影响。法院审理金融案件,解决纠纷后,还可凭借其作为重要权力安排而对外输出影响的既定事实,积极延伸司法的职能,使金融审判的功效得到最大发挥。其一,密切关注金融案件的动态,通过审理金融案件分析总结其特点,注重审理规则的确立,提供审理思路,统一裁判尺度,及时公布典型案例、指导性案例,发挥司法的指示引导作用。其二,关注金融市场的法律风险,通过司法调研和大数据分析,加强信息的搜集总结和分析预测。通过发放司法意见白皮书、风险预防提示书等方式,对企业金融风险提出针对性的解决建议,对金融产品创新提出建议,充分发挥司法的预警作用,引导市场主体预防金融风险,促进政府依法行政,弥补金融监管的不足,有效化解金融风险。其三,主动加强与银行、证券、保险等金融机构及金融监管部门、行业协会的常态化良好交流互动,共同探寻金融发展中的问题,掌握金融市场、金融监管的前沿动态,明确各自的职权及工作方向,积极建议和完善金融风险防控机制,引导金融市场健康发展。

---

① 　许恋天:《互联网金融"穿透式"监管:逻辑机理与规范运用》,《税务与经济》2019 年第 3 期,第 1-10 页。

　　实践中,2017 年 8 月最高院发布了《关于进一步加强金融审判工作的若干意见》(法发〔2017〕22 号,以下简称《金融审判意见》)。宏观层面,《金融审判意见》指出通过依法审理证券、期货类案件,规范资本市场融投资秩序,进而引导更多金融资源配置到经济社会发展的重点领域和关键环节,服务于实体经济发展对金融的需求。微观层面,《金融审判意见》明确依法严厉惩治证券犯罪行为,维护资本市场秩序,化解资本市场的系统性风险,促进资本市场的持续健康发展。依法审理证券市场的各类民事案件,保障证券投资者的合法权益,并就诉讼代表人身份、律师调查令制度、专家证人制度等提出了改革和完善的要求。事实上,近年来人民法院正在进行金融审判领域的专业化改革,不断加强金融审判化解风险的能力。上海浦东新区于 2008 年就在全国率先设立金融审判法庭,广东高院民二庭设立了金融审判合议庭,广州中院设立了金融审判庭;2010 年重庆市设立了西部地区第一家金融审判庭,实施民商事、刑事、行政案件的“三合一”审判模式;2018 年上海成立了我国第一家金融法院;2020 年 12 月审议通过《关于设立北京金融法院的方案》,这些都标志着金融司法化解风险能力的提升。

　　上述理论和实践充分说明,通过金融审判制度来化解证券业风险,不管在理论上还是在实践中,都具有可行性。且金融审判防范化解局部风险和系统性风险,提升金融服务实体经济能力的目标,与虚拟经济有限发展法学理论强调虚拟经济安全,强调虚拟经济服务实体经济的目标趋于一致。所以,需要进一步完善现有的金融审判技术和制度,通过审判技术的创新(如穿透式金融审判)及其制度供给,来提升司法化解证券业风险的能力,进而实现证券业的安全、高效发展。

第九章　有限发展法学理论视角下证券业投资者保护制度变革

投资者利益的切实保护,历来都是虚拟经济领域的重中之重,作为虚拟经济典型代表的证券领域概莫能外。虚拟经济有限发展法学理论视角下,证券业投资者的有效保护是证券业有限发展的重要保障和关键环节。以前文提出的证券业有限发展的相关指标为依据,结合我国证券业投资者保护制度中存在的可能妨碍有限发展的问题,对相应的制度进行补充和完善,在整体上将有助于投资者权益的保护以及证券市场的安全、高效发展,有助于发挥其为实体经济筹措资金、服务实体经济的功能。相关法律制度的变革可从监管法律制度、违法犯罪惩治法律制度以及投资者保护具体制度三个层面展开。

第一节　有限发展法学理论视角下证券监管法律制度变革

根据上述内容,有限发展法学理论视角下,证券监管法律制度变革的重点在于,如何实现他律监管与自律监管之间的有效配合及其制度供给。我国证券监管中政府他律的权力与市场自律的权力(利)的合理划分,需要尊重事物发展的内在规律。在重视市场资源配置基础性作用和更好发挥政府作用的前提下,确立政府和市场双向回归的监管理念,紧紧围绕以投资者利益保护为主的监管目标,结合我国证券市场发展的现实需求,对政府与市场的互动关系进行梳理,对现有监管手段和对应的市场运行机制健全程度进行比较分析,进而决定各个环节证券监管向市场分权的深度和广度。通过分阶段、分步骤、分条件、分领域的市场放权,实现政府和市场双向回归与相互促进,在发挥他律监管作用的同时,进一步完善自律监管制度,在两者的互动中达到关系的最优,并最终实现证券业的有限发展和投资者利益的有效保护。[①]

一、有限发展法学理论视角下他律监管的制度完善

结合上述对市场失灵和证券市场过度监管问题的探讨,他律监管层面,政府对证券市场的干预应当适度且有限。在形式上,政府监管的适度性重点在市场准入和信息披露两个方面。

(一)完善进一步放宽准入条件的制度保障

证券市场准入制度是证券市场主体资格的认定规则,作为证券市场主要主体的发行人和投资者,由于发行人是证券市场存在的开端,因而证券市场的准入,主要指证券首发行为所应遵循的制度,一般包括发行人自身应符合的资质条件和所发行的证券应符合的相关条件。目前,我国的股票发行已改为注册制。过去的核准制存在诸多问题,存在效率低下、审查成本高、寻租概率较高、市场禁入成本高等问题。为解决这些问题,以简政放权、充分发挥市场机制,最大限度减少政府干预为出发点,我国自 2013 年起,提出了股票发行注册制改革,2019 年正式修订,2020 年 3 月 1 日开始实施注册制,2023 年 2 月,全面注册制落地实施。值得关注的是,与我国资本市场的改革整体趋势一样,注册制的改革也选择了渐进式的方式,将具体推进时间和推进领域的权力授予了国务院,由其根据市场发展需求逐步展开,这在整

---

① 陈洁、孟红:《我国证券市场政府监管权与市场自治的边界探索——基于监管目标及监管理念的重新厘定》,《南通大学学报》(社会科学版)2020 年第 3 期,第 116-124 页。

体上是符合虚拟经济安全运行的现实需求的,尤其在我国资本市场经验尚不足的前提下,逐步、有序、渐进式的制度变革将有助于安全和稳定。

注册制的特点在于最大限度地减少股票发行监管,降低监管成本、缩短首发时间。当然,尽管我国注册制已经入法,但相关的制度架构还需要完善,需充分考虑到市场的现实情况,尽管准入条件需要继续降低,但一旦准入降低,股票发行量就会增加,市场容量扩大,而投资者资金入市需要一定过渡期。再有,我国证券市场投资者多为普通投资者,其风险分析能力、承受能力较弱,市场有效博弈度较低,市场竞争不够充分,如果证券监管部门对发行人不做正确方向和适当程度的审查,则投资者的风险会更高,市场可能会因注册制的推行而发生不适,导致市场需求被压抑,市场流动性不足。

还需注意的是,在理论上虽然可以强制要求上市公司公开披露信息,然而不可改变的事实是上市公司与投资者之间永远存在信息不对称。上市公司对自身的业务运行状况的了解肯定比披露给社会公众的更真实和具体,这是投资者无所及的。普通投资者在信息较为缺乏的情况下,依凭自己所掌握的投资知识和财务常识来判断上市公司所披露的信息价值本身就是一件较为困难的事,也就很容易出现证券投机行为,进而出现上市圈钱的现象。[1] 当前,证券法也授权国务院对证券发行注册制的具体范围、实施步骤进行规定,且 2023 年 2 月起注册制已全面实施,但注册制改革是一个渐进的过程,还有待一系列制度规范的配套,有关板块和证券品种仍需分步实施,尤其在我国资本市场不够成熟和投资者风险意识依然需要提高的背景下,注册制的全面实现以及实施的效果都需要静观后效。[2]

（二）强制信息披露制度的建立

强制信息披露是证券市场极为重要的基础性监管方式,在对证券市场

---

[1]　陈洪杰:《IPO 核准制与注册制:一个经济社会学视角》,《财经法学》2018 年第 1 期,第 97-107 页。
[2]　马婧妤:《北京大学光华管理学院创始常务副院长曹凤岐:资本市场 30 年　市场化法治化是不变的改革方向》,《上海证券报》2020 年 11 月 18 日第 5 版。

监管时,各国的立法基本都以信息披露为基本监管制度,其目的一方面是将交易信息作为公共物品提供,提高交易效率,降低市场信息获得成本;另一方面,信息披露是为了防止信息资源生产者和其他垄断者利用信息资源从事内幕交易、市场操纵、信息垄断等非法牟利活动。从某种程度上说,强制信息披露制度是政府实施外部监管证券市场成本最低的监管方式之一,成为世界各国证券市场监管的主要手段之一,无论采用政府导向主义还是市场导向主义的证券市场监管,强制信息披露制度都必不可少。

但是也要认识到,凡有政府监管的市场必有政府失灵之风险。强制信息披露作为政府对市场的一种高强度干预,在证券市场信息披露的监管中,监管行为的扩张和边界限制是监管部门两难的选择。一方面,监管部门对信息披露如果监管过度,则可能增加上市公司信息披露的成本支出,影响上市公司的经营与发展,甚至滋生监管部门的权力寻租行为;另一方面,由于上市公司自愿披露信息的动力不足,政府监管的完全退出又势必导致约束机制的失效,继而对投资者的权益保护构成威胁。所以,信息披露中政府监管边界的有效厘清对构建健康、有序的证券交易市场意义深重。①

强制信息披露制度下,信息披露的真实性、完整性和准确性不能够由证券监管部门背书,而应当由披露人和中介机构提供相关承诺和保证责任,监管机构应当对投资者明确表示所披露信息为披露人自发披露,中介机构虽进行审查,但不能完全排除虚假披露的可能性。其原因在于,一方面,如果对所披露的信息不做审查,或只对信息完整性做审查,而不通过中介机构等相关机构进行真实性和准确性的审查,信息披露制度的有效性将不复存在,披露人可以任意装饰、捏造虚假信息进行披露,进行信息欺诈;另一方面,如果证券监管部门审查的内容过于实质化,会导致监管机构工作量巨大,效率

① 甘培忠、夏爽:《信息披露制度构建中的矛盾与平衡——基于监管机构、上市公司与投资者的视角》,《法律适用》2017 年第 17 期,第 35-40 页。

极低,最终也会逐渐流于形式;同时,证券监管部门权力集中,其审查职责越大,所掌握的权力越大,寻租空间也就越大,譬如,当监管机构或其工作人员主动索贿时,可以故意设置审查障碍,寻找非实质性问题恶意拖延审查。再者,如果信息披露的真实性、完整性和准确性由证券监管部门背书,或是虽未背书,但未做出明确的无背书表示,均可能导致交易谨慎度降低的问题。

(三)证券再监管制度的完善

证券再监管,事实上就是对监管者进行监管。因此,再监管法律制度的完善实质上就是对他律监管中监管主体、监管方式、监管理念、监管中的权责划分等进行较为明确的规定,使得监管者在监管证券市场的同时,其自身也能得到有效的监管,这也是防止政府失灵的有效方式。例如有研究指出:证监会主导的监管制度构建一味强调"发展证券市场"的父爱主义生成逻辑,导致"尊重市场自治"精神的缺失。监管权力配置的纵向结构上,各地证监局都隶属于证监会,实际权力的运行呈现一种高度集权的"集中监管体制",证监会独大的证券监管体制下的"大权独揽"和"责任全包"之失衡结构。[1] 因此,证券再监管制度的构建对于规范监管者而言具有重要的意义。

有研究指出:证券市场发展早期,行政先行模式下,证监会有着立法与司法层面的法律影响力,导致证券市场形成了"行政中心主义"。随着市场化进程加快,市场制度环境越来越具有影响力,并迫使证监会面临行政—市场双重制度环境下的合法性压力,必须通过去行政化改变这一现状,而这又涉及制度环境的根本性改革。[2] 事实上,在现行证券法律制度中,再监管的制度事实上是存在的,立法监督、行政监督以及司法监督等机制已经得到了初步的建立,但由于监管结构失衡以及监管失序下监管者的非理性行为等,

① 鲍彩慧:《中国证券再监管机制的完善进路》,《现代经济探讨》2019 年第 11 期,第 83-87 页。
② 缪若冰:《中国证监会的制度环境及法律影响:组织社会学的分析》,《中外法学》2020 年第 1 期,第 206-223 页。

使得其发挥的作用却比较有限,因此法律制度依旧需要进一步完善。具体而言:

再监管的完善需要遵循从理念到制度的变革过程。证券再监管领域法律制度的完善,首先需要确立多元化再监管、程序性再监管以及适度性再监管的理念,发挥理念的指导作用;在确立监管理念后,可以此为基础完善再监管的制度,协调再监管的体制、发挥司法再监管的价值、监管者自律制度建设等。① 当然,最为核心的还是要通过制度的设计,对监管主体的监管权及其配置、监管的方式、监管权的运行机制、监管的程序规定、监管失败的责任以及监管工具的合理选择等做出较为明确的规范和限制。

(四)监管权限的划分及其法治化

尽管我国已经改革为注册制,但综合我国当前证券市场仍不成熟的特殊国情,还须强化政府适度监管的必要性,秉持证券业有限发展法学理论,充分发挥证券市场自律监管的作用。纵观全球证券业发展,任何国家的证券市场发展模式和监管体制须充分考虑本国的实际,要结合本国的历史发展、政治体制、经济沿革和文化传统等因素。目前,我国证券市场还不成熟,证券投资者和其他参与主体的自律意识还不强,证券法律制度及其配套机制还不完善,这就决定了我国现阶段仍不能放任证券市场的自由发展。须在注重政府监管的前提下,加大对证券行业自律组织的培育力度。

当前,我国证券行业自律组织的发展还不成熟,自律监管带有很强的政府色彩,要根据政府的授权来行使部分监管职能,并不是严格意义上的自律管理。即便获得授权,也或许因为缺乏配套的保障机制而流于形式。为此,须进一步加强证券行业的自律组织建设,赋予自律组织独立的法律地位,充分发挥其自律监管的作用。最为重要的是,需以法治化形式,合理分配政府监管机关与自律组织的证券监管权限,倘若权责分配不清晰,很容易导致监

① 鲍彩慧:《中国证券再监管机制的完善进路》,《现代经济探讨》2019 年第 11 期,第 83-87 页。

管主体之间互相推诿或者重复监管。证券监管部门和证券行业自律组织各有优势，前者在宏观决策、事后制裁以及强制执行等方面更有效率，而行业自律组织则更贴近证券市场，在制度设计、监管措施和运营方式等方面更灵活，更容易得到市场主体的认同。借鉴国际经验，我国应当合理让渡政府监管机构的监管权限，让行业自律组织享有更多的自律监管权，充分扬长避短，实现两者之间的优势互补。

二、有限发展法学理论视角下自律监管制度的变革

证券市场的失灵需要借助政府监管的发挥，而由于公权力本身的局限性，也会存在权力寻租、效率低下和投资者谨慎度降低等问题。这就需要一个多元化的监管体系。在此情形下，证券业自律管理是充分发挥证券市场参与主体自身专业优势的不二选择。应充分发挥自律监管权，实现各类监管的优势互补，为证券业有限发展提供行为边界和指引。

（一）域外证券业自律监管制度的考察与借鉴

1.美国自律监管制度

1790 年成立了美国第一家证券交易所——费城证券交易所[①]，1792 年根据华尔街"梧桐树协议"组建了专门的股票交易组织，后发展为纽约证券交易所。[②] 交易所依据彼此之间的契约而成立，旨在维护彼此利益，且对违反契约规则要给予一定处罚，甚至可通过三分之二投票表决开除会员资格。[③] 美国的股票发行、交易活动基本是由证券交易所依照证券公司约定的交易规则来实施，这种天生的纯粹民间机构性质的自律组织为证券业自律

① Ahdieh R B. Law's signal: A cueing theory of law in market transition. S. Cal. L. Rev., 2003, 77: 215.
② Banner S. The origin of the New York stock exchange, 1791-1860. The Journal of Legal Studies, 1998, 27 (1): 113-140.
③ Merrill S L, Moore M L, Boyer A D. Sharper and brighter: Focusing on sanctions at the New York Stock Exchange. NYUJL & Bus., 2006, 3: 155.

管理打下了坚实的基础,充分体现自律管理的特点。从18世纪末到20世纪初,美国处于自由经济发展阶段,尤其是在商业上奉行"干预最少的政府就是最好的政府"的信条,各大中城市和经济繁荣的地区都建立起各自的证券交易所。在这种自由经济主义的发展模式下,证券交易所、各类证券中介机构也不断完善起来,并逐渐形成规范其各自行为的规则和制度,自律管理体制成为当时美国证券市场最重要的管理模式。

但这种自由经济发展模式和行业自律管理过于分散和自由,逐渐给美国证券市场领域带来了严重投机、虚假和欺诈等问题,内幕交易、操纵市场等情形严重,股市经常处于剧烈波动之中,证券业自律制度受到了挑战和质疑。[①] 至1929年,美国股市连续6次暴跌,出现了美国证券历史上最著名的股市崩盘事件,引发了全球金融大萧条。直到1933年罗斯福"新政",开始重构美国证券市场监管体制,推行立法规范证券市场来拯救濒临崩溃边缘的经济,如制定《证券法》(1933年)、《证券交易法》(1934年)等,从此,美国证券市场开启了规范化发展的道路。在立法规范引导下,1934年组建了全美证券市场统一的权威监管机构——证券交易委员会(SEC),标志着政府直接介入和干预证券监管,自此,美国证券市场的监管体制发生了重大变化,以美国政府为代表的公权力与以纽约证券交易所为代表的私权利之间进入了共存状态,私人性质的交易所转变为受政府监管的自律管理实体,宣告美国证券业完全自律管理时代的终结,开启了证券业自律管理与政府监管相结合的监管体制。[②]

如今,美国证券业的发展模式以政府监管为主,以自律监管为辅,突出政府在证券市场监管中的作用。由政府下属部门,或直接隶属于立法机关的证券监管部门对证券市场进行统一监管。同时,强调立法监管的重要性,

---

① 陈红:《美国证券市场发展的历史演进》,《经济经纬》2006年第1期,第133-136页。

② Friedman W I. The Fourteenth Amendment's Public/Private Distinction Among Securities Regulators in the US Marketplace-Revisited. Ann. Rev. Banking & Fin. L., 2004, 23: 727.

由证券主管机关制定证券监管的法律、法规,建立系统完整的证券法律体系;而其他各种自律性组织,如证券交易所、行业协会等只起到协助作用。[1] 在自律管理方面,美国实行证券主管机构监管与证券商自律结合的模式,美国的证券业自律管理组织主要有证券交易所、全国证券交易商协会等,他们都有较为完善的法律做基础,负有在其各自市场上监测交易并监督其成员的活动的责任。[2] 可以见得,美国集中型的证券监管体制并未否定自律监管的作用,相反,自律组织和自律监管日益完善,特别是近年来各国证券监管体制融合的趋势下,由证券交易所和全美证券交易商协会组成的自律监管组织,在美国证券监管中发挥越来越重要的作用。美国证券市场上这种以政府集中统一监管为主、市场自律监管为辅的较为完整的证券管理体制,使美国证券业迅速发展为世界证券领域内的领头羊。

2.英国自律监管制度

英国证券业从市场经济起始便开始遵循自律监管模式,强调行业内部以及组织机构自身要遵循自律的原则。根据本行业制定的行业标准、职业道德以及组织管理的相关规范,从维护行业自身利益的角度出发,对行业进行规范管理与约束。随着英国证券业发展的需要,各地呼吁需要一个总体的完备组织机构来妥善管理和协调证券交易事项。由此,各大证券交易所联合组成了证券交易所联合委员会。之后,交易所进行了多次重组合并,使证券交易联合委员会成为一个证券业行业自律管理组织,其自身并不是一个官方的、正式的机构,属非政府、非营利性的民间行业协会组织。

20世纪70年代以前的证券市场,英国政府一直采取放任的态度,政府很少采取措施进行干预,一切监督管理都由行业组织自律管理。但是随着1979年《银行法》的出台,标志着英国金融监管开始向法制化与规范化迈

---

[1] 谢贵春:《金融危机以来美国证券自律监管的司法审查研究》,《证券市场导报》2017年第12期,第65-75页。

[2] 李朝晖:《证券市场法律监管比较研究》,人民出版社,2000,第2-7页。

进。20 世纪七八十年代,频繁发生的金融事件反映出英国政府以往的管理模式存在一定弊端,逐渐引起政府对于行业组织自律管理模式的质疑与思考。[①] 1986 年,撒切尔夫人领导金融变革,通过《金融服务法》,成立了证券投资委员会,使英国的证券监管体制发生了巨大变化,政府逐渐对金融市场进行管制,不再持放任态度,采取了政府监管与行业自律相结合的模式。具体措施主要有放宽会员资格审查、实行浮动佣金制、证券交易全部实现自动报价系统、完全电子化等。[②]

1997 年巴林银行破产,致使英国政府重新考虑如何做出有利的监管。为了解决银行业出现的问题,英国赋予英格兰银行独立的监管地位,并成立了全能的金融服务局。由此,英国形成了政府监管、行业组织自律监管以及银行监管的混业监管模式。不可否认,尽管立法加强了金融服务局及其他金融监管机构的职权,但英国证券业自律管理模式的特色并没有被完全改变,其自律组织仍是证券业管理的最主要力量。除金融服务局、会计师事务所等外部监管以外,证券期货委员会、伦敦证券交易所等自律组织的管理起着十分突出的作用。如伦敦证券交易所不仅监控其会员公司的交易行为、清算账户上的资金余额,还对其会员公司及其母公司的经营状况进行监管;其自律管理委员会不仅管理会员资格的取得和取消,还直接监管证券经营行为,保护证券市场的稳定有序发展。但总体而言,确立和强化宏观审慎监管是金融危机以来各国金融监管改革的目标和共识,这在英国金融监管改革方案中也得到了充分体现,原本自由松散的英国证券业自律管理体制在金融危机的冲击下逐渐丧失其放任性,政府的监管比重越来越强。[③]

---

① 李扬、王国刚、何德旭:《中国金融理论前沿Ⅱ》,社会科学文献出版社,2001,第 475 页。

② Gowland D H. The regulation of financial markets in the 1990s. Edward Elgar Publishing,1990:3.

③ 约瑟夫·J.诺顿:《全球金融改革视角下的单一监管者模式:对英国 FSA 经验的评判性重估》,廖凡译,《北大法律评论》2006 年第 7 卷第 2 辑,第 540-586 页。

3. 日本自律监管制度

日本的证券监管不同于英美两国,其不太赞同证券市场监管的放任态度,日本一直认为,政府需要对金融市场进行严格监管。日本在 20 世纪 90 年代进行了金融改革,日本监管机构把证券市场的信息披露制度作为证券市场的基础,把保护投资者作为监管的首要目标。[①] 90 年代之前,日本并未成立专门的证券监管部门,所有金融业下的行业全部统一由一个机构进行管理,没有独立设立,譬如银行业、证券业都是统一管理,管理的范围既包括某一具体行业的发展计划,也包括行业监管等。这样的机构,可想而知并不专业,无法做到精细化管理。20 世纪 90 年代之后,政府设立了证券和交易监察委员会,主要职能是对证券市场的交易行为进行监督和管理,防止证券交易市场出现违法交易行为。[②]

20 世纪 90 年代的金融改革之后,日本政府为了更好地对银行业务、证券交易行为进行监督管理,除成立证券和交易监察委员会对证券交易市场进行监督之外,还从大藏省中把银行局与证券局的监管部门、金融检查部、证券交易监督委员会分离出来,组建了金融监督厅,作为政府的专门金融监管机构。[③] 此外,还有 3 个独立性很高的合议制组织——证券交易监视委员会、正式会计师、监察审查会和审判官设置。[④] 可见,日本政府为了适应西方金融自由化的冲击,适当放松监管体制,适应市场的需求,采取利率市场化、业务经营自由化、放松外汇管制和国外金融机构准入条件等措施,加快日本金融市场的自由化。

为了在世界金融领域占据领先地位,日本一方面放松政策来迎接金融

---

① 朱海洋、高远:《日本证券市场监管体制的变革——对发展我国证券市场的启示》,《世界经济情况》2007 年第 5 期,第 30-33 页。
② 鹿野嘉昭:《日本的金融制度》,余燆宁译,中国金融出版社,2003,第 78 页。
③ 戴晓芙:《大兼并与日本银行业的竞争新格局》,《现代日本经济》2008 年第 1 期,第 19-23 页。
④ 杜宁、陈秋云:《日本证券监管部门的历史演变和特点》,《现代日本经济》2010 年第 2 期,第 28-32 页。

自由的冲击,但另一方面也丝毫没有放松监管,不断加强对金融机构的审慎性监管,做到自由与监管并行。如东京金融交易所、大阪证券交易所虽然设立了自己的自主规制委员会,但这些组织机构的内部设立也要有一定的程序,须符合相关规定,譬如交易所委员会半数以上须为外部董事,且金融交易所在其他市场或自己市场上市时,必须经过日本政府内阁总理大臣的同意。① 另如,为实现证券与商品期货规制一元化管理的体制,以及金融市场国际化的发展趋势,日本设立了综合交易所,与其他金融商品交易所一起均须在《金融商品交易法》的规制下进行,并且须经过金融监管局或相关政府机构的认可等。② 总体来看,日本政府尽管面对经济自由化的冲击需要发挥金融机构自身监管的作用,但日本政府多部门监管的重合性,导致交易所发挥职能的效率低下,对行政资源产生浪费,近些年来,对于政府监管的质疑不断,要求展开金融监管体制的改革。

4.德国证券自律监管制度

德国证券市场的监督既需要立法者制定证券法规作为前提,也需要行政部门以及交易所等众多监督主体综合行使监管权。纵观德国证券业的相关法律规范,《证券交易所法》很好地强调了有关证券交易所的组织形式、正式上市及非现货交易的基本原则和制度、会员的吸收、经纪人及交易员的注册,还延续了一些习惯法的做法,譬如一系列上市标准和财务公开规则等,保留一些持续有效的良好规范,该法积极有效地发挥自律监管对证券业健康有效发展的作用。德国的证券市场监管体制由三层构成。③ 为了提高监管效率、节省监管时间、人力资源等,德国政府 2002 年成立了联邦金融服务监管局,对银行、保险和证券统一监管,形成了德国第一层次的金融监管组织,独立实施金融行业的监管任务。第二层次是各州监管机构,由各州的交

---

① 庄玉友:《日本金融商品交易法述评》,《证券市场导报》2008 年第 5 期,第 20-25 页。
② 楼晓:《证券业自律管理"公权化"研究》,武汉大学博士论文,2013,第 80-83 页。
③ 李朝晖:《证券市场法律监管比较研究》,人民出版社,2000,第 10 页。

易所监管局与交易所内设的法定机构交易监控处共同负责。第三层次是德国的自律体系,证券的发行和交易活动主要依赖证券交易所,自律规范对象不仅包括证券公司,还有会员券商以及投资客户等,证券交易所还出台相应的规则对相关交易行为予以规制。① 德国证券市场的监管主体除联邦金融服务监管局之外,还有各州监管机构,两个层级的监管总体来看都是本着调节为主,干预为辅的理念,两层机构相互辅助,共同监管,但都不过多干涉证券市场,强调证券业自身的自律监管。

(二)我国证券业自律监管制度的改进思路

为了建成符合我国实际国情的自律监管体系,实现证券业的有限发展,应当在分析现实情况的基础之上,将自律监管的范围扩大化,不局限于证券交易所等行业组织机构的自律,还应该让证券行业内部自身也充分发挥自律监管的模式的优势。

1.应继续完善证券交易所的证券监管机制及制度建设

《证券法》并没有明确证券交易所的地位,这就导致了证券业的自律管理机构与政府的职能部门之间的权力存在交叉,造成了监管重合,不利于效率的提高。为了解决这一问题,应将证券交易所的组织机构性质进行确定。加强其自律性质的特色,完善其法律地位,只有这样,才能够有利于证券业的自律管理机构与政府的职能部门之间的权力分化,使得两个组织部门可以分开履行自己的职能,解决权力重叠造成的效率低下,减少监管推诿现象的出现,加强证券交易所的自律地位,有利于其自律监管职能的发挥。总体而言:在证券交易所公、私属性仍争议不断的情况下,不如以目的为导向,承认证券交易所行政属性占据主导,进而在原则上受到行政机制约束,但是应予降低相应审查标准,使得证券交易所能够在恰当约束之下充分发挥自律

---

① 汤维建:《中国式证券集团诉讼研究》,《法学杂志》2020年第12期,第100-112页。

监管的优势。①

第一，加强证券交易所的自律监管地位。应凸显证券交易所自律的显著特点，证券交易所一旦丧失监管手段，其权威性和独立性将无从体现，因此，为了加强监管的力度和监管的力量，必须在处罚的手段和力度上以及监管的手段上进行更好地规范。除此之外，为了能让证券业的自律机构能够减少对于政府的依赖性，凸显行业内部组织机构的自律性，可以借鉴国外自律组织机构的相关经验，结合我国的具体情况，进行一系列的改革，除了在立法上进行完善，明确证券交易所的自律性质与地位，在组织机构人员的任命上以及组织机构内部的日常事务管理上，都可以减少行政力量的介入，使得该组织享有真正意义上的独立性质，享有真正的独立监管的权力。

第二，落实证券交易所上市准入权。真正能够凸显其自律性质特点的一个重要因素是看市场准入权能否得到真正落实，我国《证券法》已经赋予了证券交易所的上市准入权，这是权力的一次让渡，把归属于证监会的证券上市准入权赋予了证券交易所，由证券交易所全权决定拟上市公司的证券是否可以上市交易，将证券上市核准权赋予证券交易所，强化了交易所的监管职能，摆脱了对政府的过度依赖，体现了证券交易所的自治理念，有利于建设自律性的监管机构，但证交所在上市准入权的实现上，还面临诸多现实中的不适应性，在当前的中国国情下，还需要证监会的指导，在法律规定的既定条件下一步一步实现证券交易所的自律管理职能，维持证券交易市场的稳定发展。

第三，强化证券交易所的监督权。证券交易所的监督权要区分监督的重点与侧重点，譬如对于上市公司的监督必须要重点把握，因为上市公司作为最主要的投资主体，是证券交易市场中最活跃的角色。一旦上市公司的

---

① 夏东霞、杨婷：《证券交易所自律监管的司法介入机制——〈证券法〉（2019 年修订）项下的再审视》，《证券法律评论》2020 年，第 113-142 页。

投资状况出现风险或者是损害时,将会危及大批股民、其他上市公司以及引起整个证券交易市场的波动。如若不关心上市公司的经营状况,不进行实时监督和把控,股民在上市公司遇到公司危机时,往往因不知情而导致遭受巨大经济损失,切身利益受到巨大损害。因此,为了减少这些风险的存在,有必要对上市公司进行全方位监管,要求上市公司履行其在进入证券交易所以及上市时缔约的义务要求。只有这样,才能减少股民及其他利益相关人的损失,维护证券市场的稳定。

第四,加强救济保护措施。救济手段对于每一个机构和个人都必不可少,救济的措施有很多种,但是在证券行业使用最多的便是诉讼。对于在证券交易市场受到的不公平情况,可以采取诉讼的方式,换言之,证交所的自律监管行为具有可诉性。当然,立法者剥夺被监管部门的诉权是有条件的,如信赖政府监管部门的公正与水平;而且,要进一步规定行政监管机构救济违规监管行为的法定程序。在完善交易所自律监管立法的基础上,增强证券交易所的权威性和独立性,扩大证券交易所的自律范围,强化证交所自律监管手段是完善交易所自律监管职能,赋予证券交易所自律监管地位的重要步骤。①

2.法律制度应加强证券业协会的行业监管职能

证券业协会必须根据法律法规的相关规定,才能实施相应的职能以及履行相应的管理职责。除可以对证券业会员进行自律性监管之外,还可以制定符合本行业发展的自律规范、要求以及相关的职业标准等。证券业协会是一个自律机构,它承担相应的自律监管职能,具有一定的独立性和权威性,能够依法维护会员的合法权益,解决会员之间的纠纷。证券业协会不是传统意义上的纯民间性质的自治组织,它既具有民间性质又有政府介入的行政色彩。既贯彻执行国家的方针、政策,又能代表和维护会员的共同利

---

① 汤维建:《中国式证券集团诉讼研究》,《法学杂志》2020 年第 12 期,第 100-112 页。

益,促进证券市场的健康发展。这既符合自律性监管的内在要求,也有利于充分发挥协会自主、灵活的管理特点。具体而言,可从三个方面来加强证券业协会的行业管理职能:

第一,强化自律意识。要完善证券业协会的自律管理功能,就须在完善证券业协会组织机构的过程中,对证券从业人员进行制度化、科学化的管理,建立健全对证券从业人员制度化、常规化的管理。包括完善各参与主体的市场准入、日常监管与退出机制等制度。为规范自律措施的实施,证券业协会于2020年通过了《中国证券业协会自律措施实施办法》,该办法对自律管理规则和要求做了较为细致的规定。根据证券业协会的实际状况,自律管理对象主要包括协会会员、证券从业人员以及协会依据授权规定而事实自律管理的其他对象。对于这些主体的自律监管,主要通过自律管理措施和纪律处分两个方面进行。其中"自律管理措施是协会针对较轻违规行为采取的自律措施;纪律处分是协会针对较重违规行为采取的自律措施"①。二者相互弥补,相互配合将有助于自律监管目标的实现。

第二,提供准确信息。证券业协会还扮演着行业信息交汇点的角色。包括收集来自国内外证券市场的各种信息、对行业内各个上市公司的信息进行统计并对数据进行分析,并将这些信息及时反馈给会员公司。证券业协会可以更好地为金融企业提供准确的咨询服务,使各市场主体可以及时、准确地了解行业动态。以便于金融机构及证券公司运用数据分析发挥后发优势,尽早与国际接轨,提高国际竞争力。

第三,加强国际合作与交流。要加强与国际上具有带领作用的证券自律监管机构的合作与交流,不仅仅是学习先进的监督管理的理念与运作模式,还要结合我国实践,进行修改完善,形成符合我国现如今证券交易的监督管理模式。更重要的是要形成监管合力,形成内部统一的监管网络数据,

---

① 《中国证券业协会自律措施实施办法》第二条第三款。

防止跨国跨地域的违法违规证券交易行为的发生而造成相关的金融风险，各监管部门应加强相互沟通和协作，同时与其他政府监管部门加强监管合作，提升监管的能力。①

第二节　有限发展法学理论视角下证券违法犯罪惩治制度变革

从虚拟经济有限发展法学理论的核心要义看，作为虚拟经济典型代表的证券业，其有限发展主要体现为"安全"要义、"发展"要义和"制度"要义三个层面。证券业首先必须要发展，但其发展必须是安全的、风险必须是可控的，而实现安全发展、防范和控制风险的主要外在机制便是发挥制度的外部约束和保障作用。证券市场的违法犯罪活动，通过破坏市场秩序、损害投资者权益、阻碍资本市场健康发展等方式，阻碍证券业有限发展的实现，因此通过法律制度建立起严格的违法犯罪惩治制度，对保障证券业有限发展具有重要的意义。为此，在有限发展法学视角下，完善现行证券法律制度中违法犯罪惩治的相关制度，对其中不符合有限发展的部分进行变革，进而促进证券业的安全、高效发展便具有理论上的正当性和实践上的紧迫性。根据前文总结出的问题，我们认为有限发展法学理论视角下证券违法犯罪惩治法律制度的变革主要应聚焦在以下几个层面：

一、明确证券法律责任的价值取向与目标遵循

"价值"以及"价值取向"本身是一个哲学的范畴，"价值取向是介于价值观念和行为之间的中间环节，人们对价值的认识、判断均需要通过价值取向才能在实践中体现"②。价值取向是对人们行为产生影响的一种价值倾

---

① 王飞、麻建林：《美国证券业监管对我国的启示》，《中国城乡金融报》2018 年 7 月 16 日第 A02 版。

② 徐玲：《价值取向本质之探究》，《探索》2000 年第 2 期，第 69-71 页。

向、价值标准或者行为取向,是一种理性的选择(理性层面的行为取向)。从立法的价值取向看,证券法律责任制度的价值取向,本质上是关于证券立法所追求的理念、普遍原则以及目标等高度理性化的认识[①],是对各种利益追求进行平衡后的一个行为取向。我们知道证券法律责任具有复杂性,民事责任、刑事责任和行政责任的交织存在使得证券法的价值追求具有多元性,从民事法律责任的价值取向看填补投资者损害的行为取向是其责任立法的主要价值选择,从刑事责任的价值取向看,惩戒违法行为人、遏制市场不当行为的行为取向是其责任立法的价值选择,从行政责任的价值取向看,维护资本市场稳定、促进资本市场发展的行为取向是其责任立法的主要价值选择。

各种价值取向之间的复杂交汇,使得证券法律责任的整体价值取向出现混乱不明的情况,外加之证券法的经济法属性,使得其价值取向又具有经济法律责任的特有属性,而"经济法律责任的目的性价值取向在于社会整体利益和社会公平的理念,而其工具性价值取向在于惩罚性为主、补偿性为辅的观念"[②]。在此语境下,证券法律责任的整体价值取向便成为理顺证券法律责任、协调各个价值取向间冲突与矛盾的关键。为此,基于证券法的宗旨与现代投资者保护的重要性与特殊性,我们认为将投资者保护作为证券法律责任的整体价值取向,可实现上述各种价值取向之间的有机协调。我们知道证券法以保护投资者权益为宗旨,是由证券市场的运行特点和投资者在证券市场中的地位决定的[③],这也就决定了以投资者保护为核心价值的行为选择,具有统摄与协调整个证券法律责任的可能性。以投资者为核心价值的法律责任制度设计,能在个体利益与社会公共利益之间、惩罚与补偿之

---

① 吴占英、伊士国:《我国立法的价值取向初探》,《甘肃政法学院学报》2009年第3期,第10-15页。

② 廖建求:《论经济法律责任的价值取向——兼论经济法律责任独立于传统法律责任》,《昆明理工大学学报》(社会科学版)2007年第5期,第41-45页。

③ 中国社会科学院课题组、陈甦:《证券法律责任制度完善研究》,《证券法苑》2014年第1期,第481-516页。

间、安全与秩序之间寻找到对应的平衡点,进而最大可能发挥法律的利益平衡功能。

关于价值取向与目标之间的关系,哲学家费·布罗日克论述道:"目标明确的行为正是在价值取向的基础上产生的"[①],因此价值取向是目标确定的一个基本前提。在此意义上,证券法律责任的目标遵循须以价值取向为前提,在一种理性层面的行为取向下确定相应的目标,进而进行具体规则的设计,这显然是一种比较理想的状态。有限发展法学理论视角下,证券法律责任的目标设定和遵循应该以投资者保护为基本前提,在此基础上充分考虑设置何种责任,以及每一种法律责任在证券法上要达到什么样的目标,如何进行具体责任制度设计和责任实现的程序设计才能达到预期目标。事实上,证券业法律责任的最终目标既不是停留在惩治违法犯罪阶段,也不是停留在维护市场秩序和防范风险阶段,或者停留在投资者保护阶段,而应该是以这些阶段性目标为基本遵循,以投资者保护为核心,最终实现证券业的有限发展。换言之,填补投资者损害、惩罚犯罪、维护市场秩序等均是实现证券业有限发展目标的阶段性目标和必经流程,以证券业有限发展为目标遵循的证券法律责任制度,不仅符合证券法律责任制度以投资者保护为核心的价值取向,也符合经济法实质正义的要求。

二、厘清法律责任间关系并构建责任一体化实现机制

第一,厘清各种法律责任间的关系。在证券违法犯罪的惩治制度中,各种法律责任之间关系的厘清和正确处理,是落实责任机制的一个基本条件,也是构建一体化责任实现机制的前提。上文已述,从责任实现的角度看,证券法上民事责任、行政责任以及刑事责任有着各自的产生前提与存在基础,要建构科学合理的证券法律责任体系,就要从法律责任体系意义上进行通

[①]　弗·布罗日克:《价值与评价》,李志林、盛宗范译,知识出版社,1988,第 171 页。

盘考虑,用系统论的观念,全面考虑不同责任种类间的界限、各责任种类间的衔接以及各种责任的协调与平衡的问题。① 明确各种法律责任的功能,在此基础上考虑其结构的安排,实现责任系统内部整体的协调统一。具体而言:一方面,整体上需要在法律责任价值取向和目标的基础上进行思考,对符合有限发展的制度设计予以保留,对妨碍有限发展的制度进行变革;另一方面,需要具体考虑每一种法律责任与其他法律责任之间的关系,在考虑可能存在法律责任重合、缺位、竞合,以及部分法律责任过多而部分法律责任缺位等各种情况下,科学合理配置法律责任。使得其功能清晰,结构合理,责任之间相对独立又能实现互补。特别是针对当下重视行政法律责任,轻视民事法律责任和刑事法律责任的情况需要适时做出调整。

第二,发挥证券监管部门行政执法效能,促进多重法律责任一体化实现。② 基于现行监管体制下,证券行政法律责任的实现对于民事责任和刑事责任均具有枢纽和传导的作用,因此可以建立以行政执法效能为基础的法律责任一体化实现机制。其一,以投资者保护为价值取向,以有限发展为目标遵循,构建民事法律责任优先的制度体系。优先保证投资者合法权益的实现,最为直接的体现就是通过民事责任的设计,对投资者损害进行的赔偿,因此行政法律责任和刑事法律责任都应该围绕民事责任的实现展开,特别是行政监管及其制度的设计应该发挥监管部门的枢纽作用,促进民事责任的实现。其二,以投资者保护为核心完善证券行政和解制度。证券行政和解制度的优势在于及时填平投资者损失和降低违法行为的损害,相较于传统行政法律责任注重惩罚,行政和解在实现行政法律责任的过程中,一体化解决违法违规行为的民事法律责任实现问题,可以实现行政法律责任和民事法律责任机制的有效整合。其三,进一步发挥行政监管的功能优势,创

① 中国社会科学院课题组、陈甦:《证券法律责任制度完善研究》,《证券法苑》2014 年第 1 期,第 481-516 页。
② 王一:《我国证券法律责任实现机制研究》,《中国证券期货》2019 年第 4 期,第 72-79 页。

新行政支持方式进而加快变革我国证券集体(集团)诉讼制度。[①]

三、完善具体法律责任内容并健全救济机制

尽管法律责任的价值取向、目标遵循以及责任间关系的协调对证券违法犯罪的惩治具有重要意义。但证券业有限发展的实现,证券法律责任的具体落实还需要具体制度的承载,需要可以转化为具体法律责任的规则条文。因此,对现行法律制度中部分法律责任内容规定不合理的地方进行变革,并健全和拓展救济渠道,使得法律责任不仅体现在法条中,还能够转化为现实的程序保障,才是实现证券业有限发展的重要任务。对此,需要以有限发展的相关指标为参照,对现行法律责任制度中不利于投资者权益实现,以及证券业安全高效发展的法律制度做出相应的变革。具体而言:

其一,针对三种法律责任类型配比失调的问题,需要在继续发挥行政法律责任的优势和枢纽作用的基础上,进一步强化民事责任和刑事责任。特别是通过强化民事责任的比重,完善民事责任的体系,使得投资者受损的权益可以得到直接的救济渠道与救济可能。而刑事责任的进一步强化更加有助于维护证券市场的秩序,对于打击和预防犯罪有重要的作用。值得欣喜的是,刑法修正案(十一)进一步加大了证券犯罪的惩治力度,对欺诈发行、信息披露造假以及中介机构提供虚假证明文件等犯罪的刑罚力度已经有了很大的提高,对责任主体也做了部分扩展和明确[②],此次刑罚的修订将预防化解金融风险、保障金融改革、维护金融秩序以及投资者权益保障等实现了有效结合,事实上由此也进一步形成了行政、民事、刑事三位一体的证券违法责任体系。

其二,需要对三种法律责任进行较为细致的梳理,将其中存在重合的部

[①]　王一:《我国证券法律责任实现机制研究》,《中国证券期货》2019 年第 4 期,第 72-79 页。

[②]　《中华人民共和国刑法修正案(十一)》。

分进行修改。如对于内幕交易违法行为的行政处罚与刑事处罚可能存在的重合,将行政上的罚款与刑事上的罚金制度进行变革,对于行政责任中对违法所得处理与刑事上对违法所得处理的重合的情况进行避免。再次,对于行政责任刑事化的倾向需要做出调整,以扩大行政责任的适用范围。最后,救济机制需要进一步健全。尽管"最高人民法院围绕科创板、创业板改革分别出台专门的司法保障意见,对相关案件实施集中管辖;发布证券纠纷代表人诉讼司法解释,解决了具有中国特色的证券集体诉讼司法实践操作问题"①。但相关配套制度还需要进一步完善,如进一步完善先行赔付制度,并将先行赔付制度与民事诉讼有效衔接,通过法院的作用保障先行赔付的实施。

第三节　有限发展法学理论视角下投资者保护具体制度变革

事实上,因为投资者保护本身就是贯穿《证券法》及相关法律法规制定全过程的一种指导性思想和目标遵循。所以投资者保护是一个较为宽泛的指称,广义的投资者保护制度既包括了证券监管法律制度,也包括了证券违法犯罪惩治法律制度等,当然更包括了狭义的投资者保护制度。其中,狭义的投资者保护制度,主要是指证券法律制度中那些直接以投资者保护为目的的法律条款,以及由此衍生的相关法律制度。现行法律制度体系下,狭义的投资者保护制度主要指以《证券法》第六章"投资者保护"专章为基础的法律制度体系。因此,有限发展法学理论视角下投资者保护法律制度的变革,主要也是对这部分法律制度中与证券业有限发展的要求不相符的部分做出相应的补充和完善。具体而言:

---

① 易会满:《国务院关于股票发行注册制改革有关工作情况的报告——2020 年 10 月 15 日在第十三届全国人民代表大会常务委员会第二十二次会议上》,《中华人民共和国全国人民代表大会常务委员会公报》2020 年第 5 期。

一、投资者保护法律制度的体系化

前文已述,专章规定投资者保护的合理性,及其实际效果有待实践及时间的双重验证。但在现行法律制度条件下,要尽量保证投资者保护法律制度的体系化,确保其内部结构、逻辑等能够成为一个符合规律、按照一定秩序组成的有机整体。对此,事实上已经有研究者关注到了这类问题,并指出"即使专章规定'投资者保护'是一个较优选项,也要精心安放其核心制度和内容,不应成为装载零散条款的集装箱"①。而要实现投资者保护法律制度的体系化构建,就需要对现行《证券法》第六章投资者保护专章进行分析和重构,以避免零散和混乱,甚至部分制度之间冲突。事实上,专章规定投资者保护产生的一个结果有可能就是该章内部体系杂乱,凡是与投资者保护直接相关的制度,不分实体还是程序,不分监管政策经验还是成熟稳定的制度,不分监管规则还是公司治理规则,都有可能被纳入该章,这种情况下该部分法律制度的体系就显得比较杂乱无章。②

因此,在既有法律制度的条件下,如何确保投资者保护制度的体系化将是一个不得不考虑的问题。尽管有部分学者认为这样的规定事实上已经是体系化了的结果,对此也持较为肯定的态度。但该章内部事实上也是一个相对封闭和独立的体系,如何确保投资者保护制度专章内是一个符合(成文法)立法规律,按照一定秩序形成的有机整体,本身便值得思考。因为体系的混乱可能产生的结果之一,便是由内部体系的不协调或者制度间的冲突等引发的法律适用困难,所以需要对投资者保护专章内部的体系进行充分的思考。对于部分不应该放在投资者保护专章、但已经放入的部分应在适当的修法时机及时予以清理;对于实体和程序的规则做出严格的区分,《证券法》本身并不是一部程序法;对于部分监管政策经验写入专章也需要持谨

①② 叶林:《〈证券法〉专章规定"投资者保护"的得失》,《金融时报》2019 年 7 月 29 日第 010 版。

慎的态度,因为政策具有灵活多变性,但稳定性却是法律的主要品格之一。

二、投资者保护部分法律制度的优化

首先,投资者适当性制度的进一步优化。投资者适当性制度尽管是出于对投资者更好的保护,但投资者不能总是"温室中的花朵",也需要在该见"阳光"的时候见见"阳光"。因此投资者适当性制度在进一步加重卖者责任的时候,也需要进一步关注买者责任自负、风险自担,以此平衡双方的利益失衡,进而在安全和效率并举的情况下更加注重安全,而不是为了安全忽视经营机构的积极性而导致效率的降低。与此同时,在投资者适当性制度中,关于卖者义务中,"向投资者销售证券、提供服务时"的统括性表述应该做一个限缩,此项义务应该只是券商首次为客户提供服务或首次销售特定类别证券时应履行投资者适当性识别的义务;现有证券法第二条"证券"范围的界定相对较窄,投资者适当性义务是否会涵盖到券商向其客户销售,或者代销自有的资管类产品、代销的基金产品、其他金融机构的理财产品;此外,"应当按照规定充分了解……",这里面"规定"一词的含义有多广?是仅指证券监管部门的行政性规范,还是包括所有金融监管机构的行政性规范以及证券交易所或相关协会的自律性规则等,未来司法实践与监管实践如何理解与解释这个问题也值得关注。[①]

其次,投资者保护基金制度的进一步优化。投资者保护基金制度作为证券市场投资者利益保障的主要制度支撑,对投资者保护以及证券市场稳定的重要性决定了必须对其中不利于有限发展的部分予以完善。针对基金界定不明确的问题,事实上在法律层面,投资者保护基金"是以众多证券公

---

① 郑彧:《新证券法建立"以结果为导向"的投资者保护制度》,《中国证券报》2020 年 3 月 16 日第 A09版。

司为共同委托人,以基金公司为受托人,以合格投资者为受益人设立的他益信托"①。基金公司作为受托人进行筹集、管理和运作基金。针对法律位阶过低的问题,或可在现有《证券投资者保护基金管理办法》的基础上,可由国务院统筹考虑制定相应的行政法规,以提高法律位阶,增强其适用性。针对基金公司组织结构行政性过强的问题,在保证基金公司"国有独资"这一基本形态的前提下,推进市场化改革,强化公司内部治理体系和治理能力。针对保障范围及对象、管理制度等问题,需要规定具体的补偿标准,将混业经营和金融创新元素融入立法之中,赋予基金管理机构充分监管证券经营机构的权力和主导其市场退出权是未来立法的方向和基本要求。② 同时,随着先行赔付制度的成功运用以及证券行政执法和解制度的确立,应当在保护基金的基础上,建立保护基金与赔偿基金并存的模式,完善投资者的事后救济机制,更好地保护投资者的利益。③ 针对赔偿制度中赔偿条件狭窄、赔偿对象不明、赔偿限额不科学以及赔偿程序不完善等问题④,需要在分析具体问题出现原因的基础上,进一步做出回应。

最后,投资者多元救济机制的完善。没有救济就没有权利,当然,没有权利同样也没有救济,救济本身就是一种权利。在法律层面,救济是连接实体法与程序法的要素,救济法则属于连接实体法与程序法的中间性制度,这一制度由一系列法律规则和程序(如司法诉讼以及其他纠纷解决机制)所支撑。⑤ 在证券市场投资者保护中,既需要赋予投资者更多的权利,对其合法

① 叶林、王琦:《证券投资者保护基金的法律性质——兼论"赔偿基金制度"》,《投资者》2018 年第 1 期,第 25-38 页。
② 巫文勇:《我国证券投资者保护基金法律制度重塑——基于域外经验和五大金融保障基金的衔接》,《证券法律评论》2018 年,第 469-482 页。
③ 叶林、王琦:《证券投资者保护基金的法律性质——兼论"赔偿基金制度"》,《投资者》2018 年第 1 期,第 25-38 页。
④ 唐煦:《论我国证券投资者保护基金赔偿制度的完善》,辽宁大学硕士论文,2019,第 10-13 页。
⑤ 范愉:《权利救济与多元化纠纷解决机制简议》,《广东行政学院学报》2008 年第 1 期,第 36-39 页。

权益加以保护,也需要赋予其更多的权利救济方式,缺乏救济机制的权利只能是躺在纸上的权利,无法变成现实的利益。因此,证券投资者的保护,需要建立一种多元、完善的救济机制,自力救济与公力救济能够发挥各自的作用,司法救济与其他非诉救济模式(如 ADR、ODR 等模式)的有效配合,诉讼制度(特别是证券集体诉讼制度)与先行赔付等制度的有效结合,司法与行政(如行政和解制度)的有力配合等,均是扩展投资者救济渠道的有效方式。

结　语

　　虚拟经济运行的独立性,时刻显示出其脱离实体经济的"离心"趋向。被经济学界称之为"弱寄生性"的这种现象,使得虚拟经济在依赖实体经济的同时,必然时常与实体经济发生冲突或分离。加上虚拟经济的高风险性,使得其"双刃剑"属性表现得尤为充分,客观上需要借助各种外力,限制其发展的广度和深度,预防和化解其带来的风险。而法律的正义追求、秩序维系、风险防范及安全价值,恰恰能够满足虚拟经济发展中的这种需求。法律制度对虚拟经济的发展必须有一定的限制,也就是让虚拟经济在法律制度的框架内"跳舞",无论怎么腾挪跌宕,都不能超出法律制度划定的边界。显然,法律制度在保护虚拟经济发展的同时,也从另一侧面划定了虚拟经济发展的限度,使其不至于偏离虚拟经济本身应服务于实体经济的合理定位。而法律制度的构建需要有思想作为先导,虚拟经济有限发展法学理论作为一种法学理论和思想,就是要通过指导虚拟经济法律制度及监管机制的变革,进而实现虚拟经济安全、可持续发展的目标。

　　从经济虚实二元结构划分,证券业属于虚拟经济的典型代表。证券业天然就具有扩张性、高流动性、高风险性和世界性的特点,不控制其合理发展很容易造成重大的系统性金融风险,影响虚拟经济乃至整个国家经济的持续发展。而控制证券业有限发展的基本途径就是通过法律制度的合理设计和高效运行,实现证券业的有限发展。证券业与虚拟经济有限发展法学理论具有较大的契合性。事实上,虚拟经济有限发展法学理论就是来源于证券业发展的实践,是对证券业发展历史的经验总结。证券业之所以不能完全自由放任地发展,主要在于现实的证券市场中存在着诸多风险。一旦放任其过度发展,就会出现减少实体经济的资本供给、影响实体经济的运行秩序、加剧金融的脆弱性和不稳定性、诱发市场失灵等诸多危害。同时,证券市场本身存在的虚假记载、欺诈客户、内幕交易、操纵市场、短线交易等固有弊病对证券市场秩序也会产生破坏性作用,进而引发各类风险,同时对投资者权益也会造成巨大的负面影响。而虚拟经济有限发展法学理论的目标恰恰在于通过对证券业既有弊病的克服,进而保障证券市场的安全可持续发展。

虚拟经济有限发展不是盲目发展,不是毫无节制和底线的发展,而是应当以服务实体经济发展为基本底线,在规模上强调虚拟经济的发展与实体经济相匹配,在价值上强调虚拟经济发展的实质公平,在理念上强调虚拟经济发展的边界及法律底线。在虚拟经济的法律制度变革中,理想的状态应该是以虚拟经济有限发展法学理论为指导,将虚拟经济的运行安全作为立法首要原则和追求目标,通过法律为虚拟经济的安全与发展设定限度,正确理解和处理虚拟经济领域安全与效率之间、防范与控制之间的关系,坚持"安全与效率并举,安全优于效率""防范与控制并举,防范优于控制"。体现在证券市场,就是通过法律对国家干预证券市场限度进行确认、建立有效的证券监管机制、设定保障证券交易安全和秩序的规则、建立风险预警和防治制度等,来确保证券业的有限发展,而不是人为地给证券业发展的规模、体量等划定要求。

虚拟经济有限发展法学理论视角下,为保障证券业的安全可持续发展,必须借助于外部的社会控制,对其天然的扩张性和"脱实向虚"倾向加以限制。事实上,法律的社会控制功能就是通过调适各种相互冲突的利益,进而实现社会的正义,因此通过法律的社会控制显然是可行的。[1] 尽管法律无法为证券业的有限发展划定明确的界线、规模和体量,但通过法律制度的设计为其有限发展提供一个"信号灯",确定一个相对的范围和判断基准还是可行的。我们认为证券业是否能够落实有限发展,相应的判断标准主要体现在五个方面:现行法律制度是否关注证券业规模与实体经济的匹配,现行法律制度是否构建了完善的证券业监管体制机制,现行法律制度是否有利于保障投资者合法权益的实现,现行法律制度是否明确规定政府干预证券市场的权责利,现行法律制度是否厘清安全与效率、防范与控制间关系。以此为基本方向,对我国现行证券法律制度进行一个相对体系化的梳理和检视,有助于对未来证券法律制度朝着有限发展方向的变革提供宏观的指引。

为此,以虚拟经济有限发展法学理论为指导,以有助于证券市场有限发展的五个基本标准为依据,对现行证券法律制度进行检视,我们发现:

中国证券业在 70 多年的发展历程中,法律制度建设始终如影随形。在证券市场规则体系、发行体系、交易体系、监管体系和风险防范等体系中扮演着极其重要的角色。诚如有研究指出的一样:"现代证券市场是法治条件下的证券市场,离开了制度体系的规范就不可能有良好的证券市场。中国从证券市场未起步之时就已展开了对证券市场法律制度体系的深入研讨,充分借鉴发达国家的现有法律制度和历史经验,听取海外专家意见,形成了最初的证券市场法律制度,并在证券市场发展中,根据国内实践经验和发展进程的需要,借鉴海外证券市场发展的新动向,不断对其予以补充完善,形成了以《公司法》《证券法》为统领、以相关法规规章为补充的比较完整的证券市场法律制度体系。"[2]证券经营机构法律制度、证券交易法律制度、证券业危机预警和防治法律制度、投资者保护法律制度等法律制度建设都取得

---

[1] 罗斯科·庞德:《通过法律的社会控制》,沈宗灵译,商务印书馆,2010,第 1-62 页。
[2] 王国刚、郑联盛:《中国证券业 70 年:历程、成就和经验》,《学术研究》2019 年第 9 期,第 88-97 页、第 177-178 页。

了较大的成就。

尽管虚拟经济有限发展法学理论在既有的证券法律制度中已有部分体现,但整体呈现出不足之势,无法真正实现证券业的有限发展。尽管现行证券法律制度在追求安全、防范风险、强化审慎监管、保护投资者等各方面能够体现出证券业有限发展的倾向,但依然存在与有限发展法学理论不相符的内容,现行证券业立法中有限发展法学理论的体现依然处于缺位状态。宏观上看,这种缺位主要体现在现行证券法律制度供给中缺乏有限发展的理念、缺乏有限发展的目标、缺乏有限发展的原则。而具体制度上,主要体现为:

第一,证券经营机构法律制度中依旧存在妨碍有限发展的主要问题。现行证券经营机构法律制度的设计中,较大可能忽视了证券业与实体经济之间关系的合理处置、安全和效率之间关系存在一刀切的现象、风险防范和控制之间更偏向于控制、部分监管的机制体制尚不健全。其中,证券经营机构准入管理制度、证券经营机构风险管理制度、证券经营机构监管制度、证券经营机构市场退出制度等制度中依旧存在妨碍有限发展的问题。

第二,证券交易法律制度中妨碍有限发展的主要问题。现行证券交易(广义)中妨碍证券业有限发展的法律制度主要体现在发行法律制度、上市法律制度、交易法律制度以及信息披露制度等各领域的部分制度供给。

第三,危机预警防治制度中妨碍有限发展的主要问题。从危机预警制度看,问题主要体现在危机预警意识、危机预警联动性、危机预警及时性以及危机预警透明度等方面。从危机控制制度看,危机(风险)控制体系及其制度供给无法适应证券业的有限发展,危机处置机制尚不健全、制度供给需要细化。从危机化解制度看,危机化解的法治意识和法治方式不强、危机化解具体方式及其法律制度供给不足等都不利于证券业的运行安全。

第四,投资者保护制度中妨碍有限发展的主要问题。这些问题主要体现在证券业监管法律制度(自律监管和他律监管相关制度),证券违法犯罪惩治制度,投资者保护(狭义)法律制度等相关法律制度之中。

对于现行证券法律制度中存在的有碍于证券业有限发展的问题,以虚拟经济有限发展的相关判断指标,以及上述证券业有限发展的五个基本指标为依据,在一定的原则之下,可对现行证券法律制度进行变革。具体而言:

规范证券业有限发展须提供制度框架和运行规则,这就要求立法必须遵循最基本的原则,这些基本原则应贯穿于证券业有限发展的始终,对证券业有限发展起统帅作用,应集中体现证券业有限发展的根本价值和本质特征,具有抽象性、基础性和宏观指导性的功能和作用。为了切实做到证券立法为证券业有限发展提供保障作用,我们认为应坚持以下原则:第一,以安全保障原则为证券法律制度变革的首要目标。证券业的有限发展必须以安全为前提,只有安全得以保障的发展才称得上是有限发展,失去安全作为其根基的有限发展法学理论必然是不成立的。第二,以利益保障原则为证券法律制度变革的价值指引。其中,投资者利益保障是证券业有限发展的活水之源,经营者利益保障是证券业有限发展的动力机制,社会公共利益保障是证券业有限发展的理想图景。第三,以"三公"原则为证券法律制度变革的核心要求。公平、公开、公正"三公"原则与虚拟经济有限发展法学理论的追求一致,通过对"三公"原则的坚持,能更好地实现证券业的有限发展。第四,依法审慎监管原则是证券法律制度变革的底线思维。依法审慎监管是证券有限发展的"外因"或外部约束力量。

有限发展法学理论视角下证券经营机构法律制度变革。虚拟经济有限发展法学理论视角下,我国证券经营机构制度供给,应该从以强制性供给为主到强制性与诱致性供给并重,从以中央政府为主到倡导多元供给主体,从以改革目标为主到以市场目标为主,从以政策为主到以法律为主。同时,在变革证券经营机构相关法律制度时,应结合我国证券市场实际,在对现状和问题有清晰认知的基础上,凡是行业自律和市场机制能够较好发挥作用的领域,如经营管理等内部事务,法律规则的配置比重可相应降低;相反,对于涉及系统性风险和公共利益而又约束不力的地带,行政监管的法律制度供给还要适时到位。从范围上看,证券经营机构法律制度的变革主要涉及证券公司、信托公司以及投资咨询机构、资信评级机构等其他证券服务机构,但鉴于证券公司是我国直接从事证券发行与交易业务的主要经营机构,信托投资公司在很多地方没有开展证券业务且有专门的立法对之予以规范,而那些负责提供咨询服务的机构的法律制度也需要进一步完善。

有限发展法学理论视角下证券交易法律制度变革。证券交易(广义)法律制度供给的不足,对整个证券市场的安全、秩序、效率以及投资者保护都会产生直接的影响,而这也决定了交易法律制度变革的必然性。有限发展法学理论视角下,证券交易法律制度的变革,需要以证券业有限发展的指标为参照,对不利于证券业有限发展的部分制度进行变革,使其符合证券业有限发展的要求,进而促进证券市场的发展,增强其服务实体经济的能力,维护社会经济秩序和社会公共利益。这些制度的变革涉及证券发行法律制度的变革、证券上市法律制度的变革、证券交易(狭义)法律制度的变革、证券信息披露制度的变革等方面。

有限发展法学理论视角下证券业危机预警防治制度变革。虚拟经济危机应对的法制体系中,危机预警法律制度、危机控制法律制度以及危机化解法律制度是一个相互联系、相互作用的有机整体,相关制度的变革也需要同步推进,以实现内部功能和体系的协调,证券领域概莫能外。证券市场安全的实现,证券业有限发展的落实,需要证券业危机预警制度、危机控制制度以及危机化解制度三个层面在相互协调的前提下进行整体性变革。

有限发展法学理论视角下证券业投资者保护制度变革。虚拟经济有限发展法学理论视角下,证券业投资者的有效保护是证券业有限发展的重要保障和关键环节。证券业投资者保护相关法律制度的变革可从监管法律制度、违法犯罪惩治法律制度以及投资者保护具体制度三个层面展开:第一,证券监管法律制度变革的重点在于如何实现他律监管与自律监管之间的有效配合及其制度供给。第二,有限发展法学理论视角下证券违法犯罪惩治制度变革主要为明确证券法律责任的价值取向与目标遵循、厘清法律责任间关系并构建责任一体化实现机制、完善具体法律责任内容并健全救济机制。第三,有限发展法学理论视角下投资者保护具体制度变革主要为投资者保护法律制度的体系化、投资者保护部分法律制度的优化。

参考文献

一、中文类参考文献

（一）著作类

［1］《马克思恩格斯全集》第25卷，中共中史马克思、恩格斯、列宁、斯大林著作编译局译，人民出版社，1974。

［2］E.博登海默：《法理学：法律哲学与法律方法》，邓正来译，中国政法大学出版社，2004。

［3］董安生、何以等：《多层次资本市场法律问题研究》，北京大学出版社，2013。

［4］弗·布罗日克：《价值与评价》，李志林、盛宗范译，知识出版社，1988。

［5］耿利航：《中国证券市场中介机构的作用与约束机制——以证券律师为例证的分析》，法律出版社，2011。

［6］哈罗德·J.伯尔曼：《法律与革命——西方法律传统的形成》，贺卫方、高鸿钧、张志铭等译，中国大百科全书出版社，1993。

［7］黑格尔：《法哲学原理或自然法和国家学纲要》，范扬、张企泰译，商务印书馆，2011。

［8］胡光志：《虚拟经济及其法律制度研究》，北京大学出版社，2007。

［9］胡光志等:《中国预防与遏制金融危机对策研究——以虚拟经济安全法律制度建设为视角》,重庆大学出版社,2012。

［10］科林·斯科特:《规制、治理与法律:前沿问题研究》,安永康译,清华大学出版社,2018。

［11］李昌麒:《经济法——国家干预经济的基本法律形式》,四川人民出版社,1995。

［12］李昌麒:《经济法学》,法律出版社,2007。

［13］李朝晖:《证券市场法律监管比较研究》,人民出版社,2000。

［14］李东方:《证券法学》,中国政法大学出版社,2007。

［15］李东方:《证券监管法律制度研究》,北京大学出版社,2002。

［16］李扬、王国刚、何德旭:《中国金融理论前沿-Ⅱ》,社会科学文献出版社,2001。

［17］刘新民:《中国证券法精要:原理与案例》,北京大学出版社,2013。

［18］鲁品越:《鲜活的资本论:从深层本质到表层现象》,上海人民出版社,2015。

［19］鹿野嘉昭:《日本的金融制度》,余熳宁译,中国金融出版社,2003。

［20］罗伯特·考特、托马斯·尤伦:《法和经济学》,史晋川、董雪兵等译,格致出版社、上海三联书店、上海人民出版社,2012。

［21］罗斯科·庞德:《通过法律的社会控制》,沈宗灵译,商务印书馆,2010。

［22］迈克·费恩塔克:《规制中的公共利益》,戴昕译,中国人民大学出版社,2014。

［23］诺内特、塞尔兹尼克:《转变中的法律与社会:迈向回应型法》,张志铭译,中国政法大学出版社,2004。

［24］邵燕:《虚拟经济与中国资本市场的发展》,中国市场出版社,2006。

［25］斯蒂格利茨:《经济学》(上册),梁小民、黄险峰译,中国人民大学

出版社,2000。

[26]斯坦利·L.布鲁:《经济思想史(原书第6版)》,焦国华、韩红译,机械工业出版社,2003。

[27]万建华:《证券法学》,北京大学出版社,2013。

[28]威利·莱顿维塔、爱德华·卡斯特罗诺瓦:《虚拟经济学》,崔毅译,中国人民大学出版社,2015。

[29]吴树青、卫兴华、洪文达:《政治经济学(资本主义部分)》,中国经济出版社,1993。

[30]姚建宗:《法律与发展研究导论》,吉林大学出版社,1998。

[31]余雪明:《证券交易法》,中华民国证券市场发展基金会,1989。

[32]朱大旗:《金融法》,中国人民大学出版社,2015。

[33]朱晓娟:《中国证券法律制度》,中国民主法制出版社,2020。

(二)论文类

[1]安东:《论法律的安全价值》,《法学评论》2012年第3期。

[2]白桂英:《企业上市筹备中的财务规范化管理探讨》,《中国中小企业》2020年第12期。

[3]鲍彩慧:《中国证券再监管机制的完善进路》,《现代经济探讨》2019年第11期。

[4]鲍金红、胡璇:《我国现阶段的市场失灵及其与政府干预的关系研究》,《学术界》2013年第7期。

[5]北京大学课题组、吴志攀:《证券发行法律制度完善研究》,《证券法苑》2014年第1期。

[6]曹理:《上市公司股东权公开征集的中国模式》,《社会科学战线》2020年第12期。

[7]曹中铭:《〈证券法〉修订应具前瞻性》,《金融博览(财富)》2017年

第 4 期。

[8]曾志坚、陈川、龙瑞:《证券市场危机预警研究》,《湖南大学学报》(社会科学版)2011 年第 5 期。

[9]陈岱松:《证券上市监管国际比较与借鉴》,《改革与战略》2008 年第 10 期。

[10]陈红:《美国证券市场发展的历史演进》,《经济经纬》2006 年第 1 期。

[11]陈洪杰:《IPO 核准制与注册制:一个经济社会学视角》,《财经法学》2018 年第 1 期。

[12]陈甦:《论〈证券法〉的立法原则》,《浙江社会科学》1996 年第 3 期。

[13]陈洁、孟红:《我国证券市场政府监管权与市场自治的边界探索——基于监管目标及监管理念的重新厘定》,《南通大学学报》(社会科学版)2020 年第 3 期。

[14]陈丽:《浅析证券市场监管的必要性》,《时代金融》2007 年第 4 期。

[15]陈明端:《证券经营机构场外股权业务发展及监管模式探析》,《时代金融》2017 年第 36 期。

[16]陈秋玲、薛玉春、肖璐:《金融风险预警:评价指标、预警机制与实证研究》,《上海大学学报》(社会科学版)2009 年第 5 期。

[17]陈绍方:《公开原则与实质管理原则》,《上海金融》1998 年第 6 期。

[18]陈甦、陈洁:《证券市场诚信机制的运行逻辑与制度建构》,《证券法苑》2012 年第 2 期。

[19]陈享光、黄泽清:《金融化、虚拟经济与实体经济的发展——兼论"脱实向虚"问题》,《中国人民大学学报》2020 年第 5 期。

[20]陈小林:《信息环境、法律制度与投资者利益保护》,《经济经纬》2011 年第 4 期。

[21]陈晓刚:《新证券法下上市公司财务报表审计对策研究》,《中国注册会计师》2020 年第 11 期。

[22]陈彦斌、随晓芹、刘哲希:《系统性金融风险预警指标——杠杆率与"杠杆率/投资率"比较》,《世界经济文汇》2019 年第 6 期。

[23]陈煜、卢边静子:《美国金融消费者与证券投资者保护法律制度比较研究》,《金融理论与实践》2017 年第 2 期。

[24]陈致远、唐振鹏:《中国股灾回顾、证监会政策评价及启示——基于 2015 年中国股票市场案例分析》,《亚太经济》2020 年第 3 期。

[25]成思危:《虚拟经济不可膨胀》,《资本市场》2015 年第 1 期。

[26]戴蓬:《期货市场违规行为及防治对策》,《投资研究》2007 年第 10 期。

[27]戴晓芙:《大兼并与日本银行业的竞争新格局》,《现代日本经济》2008 年第 1 期。

[28]戴昕琦:《我国证券发行注册制改革的制度基础和影响评估》,《四川行政学院学报》2018 年第 1 期。

[29]翟如意:《内幕交易及其法律管制》,《鄂州大学学报》2013 年第 4 期。

[30]翟晓英:《虚拟经济和实体经济的关系探讨》,《中国市场》2011 年第 23 期。

[31]杜宁、陈秋云:《日本证券监管机构的历史演变和特点》,《现代日本经济》2010 年第 2 期。

[32]杜勇波、吴文光:《证券市场"讲故事"行为的认定与识别——兼谈上市公司信息披露原则》,《证券法苑》2017 年第 3 期。

[33]范愉:《权利救济与多元化纠纷解决机制简议》,《广东行政学院学报》2008 年第 1 期。

[34]冯金华:《正确处理虚实关系　推动经济高质量发展》,《学术研

究》2019 年第 12 期。

［35］冯涛、耿志民：《机构投资者噪声交易行为的理论分析》，《上海金融》2012 年第 6 期。

［36］甘培忠、夏爽：《信息披露制度构建中的矛盾与平衡——基于监管机构、上市公司与投资者的视角》，《法律适用》2017 年第 17 期。

［37］高桂林、杜晓成：《论经济法的根本价值追求：社会效益》，《社会科学家》2009 年第 12 期。

［38］高其才：《现代立法理念论》，《南京社会科学》2006 年第 1 期。

［39］龚保华：《浅析证券欺诈行为的民事责任》，《湖南科技学院学报》2006 年第 7 期。

［40］巩海滨：《论我国证券授权立法制度的完善》，《山东大学学报》（哲学社会科学版）2016 年第 4 期。

［41］苟学珍：《干预型政府向规制型政府转变的经济法思考》，兰州大学硕士论文，2019。

［42］苟学珍：《激励性规制与中国绿色债券制度体系的构建》，《上海法学研究》集刊 2021 年第 11 卷，上海人民出版社，2021。

［43］谷清水：《国家金融安全和中国证券市场开放》，《中国经济问题》2004 年第 1 期。

［44］郭怀英：《行为金融学分析与证券市场风险控制》，中国社会科学院研究生院博士论文，2002。

［45］郭迎锋、张永军：《我国实体经济发展现状考察及政策建议》，《中国物价》2018 年第 12 期。

［46］韩骏：《英美证券监管体制比较分析及启示》，《青海金融》2013 年第 1 期。

［47］韩远哲：《新形势下关于完善我国上市公司退市制度的建议》，《金融经济》2017 年第 22 期。

[48]郝旭光:《论证券市场监管的"三公"原则》,《管理现代化》2011 年第 2 期。

[49]何诚颖:《中国证券业改革发展回顾与新时代发展方向》,《特区经济》2020 年第 11 期。

[50]何君光:《我国证券公司风险控制研究》,重庆大学博士论文,2006。

[51]何文龙:《经济法的安全论》,《法商研究》(中南政法学院学报)1998 年第 6 期。

[52]贺强:《进一步完善证券市场监管 有效保护投资者利益》,《价格理论与实践》2011 年第 3 期。

[53]洪艳蓉:《论公司债券市场化治理下的投资者保护》,《兰州大学学报》(社会科学版)2020 年第 6 期。

[54]洪艳蓉:《绿色债券运作机制的国际规则与启示》,《法学》2017 年第 2 期。

[55]洪银兴:《市场秩序和市场规则》,《南京大学学报》(哲学·人文科学·社会科学版)2002 年第 3 期。

[56]洪银兴:《虚拟经济及其引发金融危机的政治经济学分析》,《经济学家》2009 年第 11 期。

[57]侯东德、苏成慧:《互联网证券监管问题研究——以网络安全风险防控为视角》,《法学论坛》2019 年第 2 期。

[58]侯娅玲:《我国证券市场国际化的改革与出路》,《甘肃社会科学》2016 年第 2 期。

[59]胡光志、苟学珍:《论地方政府参与金融风险治理的法治困境及出路》,《现代经济探讨》2020 年第 10 期。

[60]胡光志、靳文辉:《国家干预经济中政府失灵的人性解读及控制》,《现代法学》2009 年第 3 期。

[61]胡光志、张军:《弱势群体的经济法保护》,《重庆大学学报》(社会

科学版)2014 年第 6 期。

[62]胡光志:《虚拟经济法的价值初探》,《社会科学》2007 年第 8 期。

[63]胡燕:《新型资本市场:中国技术产权交易所研究》,《科学学与科学技术管理》2006 年第 2 期。

[64]华东政法大学课题组、吴弘:《证券公司与证券服务机构法律制度完善研究》,《证券法苑》2014 年第 1 期。

[65]黄建武:《法律的价值目标与法律体系的构建》,《法治社会》2016 年第 2 期。

[66]吉其铭:《期货公司风险管理问题分析》,《现代营销》(信息版) 2019 年第 10 期。

[67]蒋辉宇:《美国跨境股票融资信息披露监管法律制度及经验启示——兼谈我国证券融资市场对外开放时对境外企业信息披露监管的制度设计》,《东北师大学报》(哲学社会科学版)2018 年第 5 期。

[68]焦娜:《证券公司风险控制指标体系完善研究》,《当代会计》2019 年第 9 期。

[69]金泽刚:《操纵证券交易价格行为及法律责任》,《中南财经政法大学学报》2002 第 4 期。

[70]靳文辉、苟学珍:《构建双循环新发展格局的经济法回应》,《重庆大学学报》(社会科学版)2021 年第 1 期。

[71]靳文辉:《法权理论视角下的金融科技及风险防范》,《厦门大学学报》(哲学社会科学版)2019 年第 2 期。

[72]靳文辉:《公共规制的知识基础》,《法学家》2014 年第 2 期。

[73]靳文辉:《金融风险预警的法制逻辑》,《法学》2020 年第 11 期。

[74]井漫:《投资者适当性制度构建:国际经验与本土选择》,《西南金融》2020 年第 4 期。

[75]景玉琴:《从价值规律角度理解虚拟经济》,《天津师范大学学报》

（社会科学版）2019 年第 1 期。

[76]卡斯·桑斯坦、陈丽芳:《简化:政府的未来》,《决策》2015 年第 11 期。

[77]孔丽:《证券公司违反投资者适当性义务的民事责任》,《上海法学研究》集刊 2020 年第 18 卷,上海人民出版社,2020。

[78]蒯立华:《基于宏观审慎原则的中国金融监管》,《时代金融》2012 年第 18 期。

[79]赖文燕:《虚拟经济与实体经济发展中存在的问题及对策》,《金融与经济》2009 年第 2 期。

[80]蓝寿荣:《论金融法的市场适应性》,《政法论丛》2017 年第 5 期。

[81]李东方:《论证券监管法律制度的基本原则》,《北京大学学报》(哲学社会科学版)2001 年第 6 期。

[82]李东方:《证券登记结算的法理基础研究》,《中国政法大学学报》2018 年第 5 期。

[83]李东方:《证券监管法的理论基础》,《政法论坛》2019 年第 3 期。

[84]李昊洋、程小可、郑立东:《投资者情绪对股价崩盘风险的影响研究》,《软科学》2017 年第 7 期。

[85]李激汉:《新〈证券法〉下内幕交易主体范围确定之构想》,《北方法学》2020 年第 6 期。

[86]李俊生、姚东旻:《财政学需要什么样的理论基础?——兼评市场失灵理论的"失灵"》,《经济研究》2018 年第 9 期。

[87]李连波:《虚拟经济背离与回归实体经济的政治经济学分析》,《马克思主义研究》2020 年第 3 期。

[88]李敏:《证券监管机构权力配置之评析与反思》,《证券法律评论》2020 年第 00 期。

[89]李琦:《利益的法律分配及其保障——对现当代法律机制的整体性

描述》,《厦门大学学报》(哲学社会科学版)1998 年第 4 期。

　　[90]李麒:《证券立法中的公开原则》,《法学》1994 年第 12 期。

　　[91]李秦:《美国 EESA 法案系统性金融风险处置的反思与启示》,《金融发展研究》2019 年第 8 期。

　　[92]李姗姗:《中国上市公司股票停、复牌制度研究》,《上海经济研究》2016 年第 6 期。

　　[93]李薇辉:《论我国虚拟经济的适度发展》,《上海师范大学学报》(哲学社会科学版)2009 年第 5 期。

　　[94]李维安、张立党、张苏:《公司治理、投资者异质信念与股票投资风险——基于中国上市公司的实证研究》,《南开管理评论》2012 年第 6 期。

　　[95]李艳虹、王聪:《证券市场隐性交易成本研究评述》,《经济学动态》2008 年第 12 期。

　　[96]李珍、夏中宝:《交易型操纵行为影响证券价格的微观机制研究——以连续交易、虚假申报、对倒操纵典型案例为切入点》,《金融发展研究》2020 年第 5 期。

　　[97]李至斌:《证券公司风险处置的回顾与启示》,《中国金融》2019 年第 5 期。

　　[98]廖建求:《论经济法律责任的价值取向——兼论经济法律责任独立于传统法律责任》,《昆明理工大学学报》(社会科学版)2007 年第 5 期。

　　[99]林成伟:《注册制下我国证券交易所自律监管制度完善研究》,兰州大学硕士论文,2020。

　　[100]林联娣:《多元 VaR-均值投资组合优化问题的理论与实证研究》,《时代金融》2017 年第 8 期。

　　[101]林雯、黄坤、王琦:《互联网环境下证券投资咨询乱象分析及监管建议》,《证券市场导报》2019 年第 7 期。

　　[102]蔺捷:《欧盟证券交易中的利益冲突规范及其启示》,《德国研究》

2013 年第 1 期。

[103]刘俊海:《证券交易所的公司化趋势及其对中国的启示》,《甘肃政法学院学报》2005 年第 4 期。

[104]刘璐、金素:《从虚拟经济看当代国际金融危机》,《商业研究》2010 年第 10 期。

[105]刘圣尧、李怡宗、杨云红:《中国股市的崩盘系统性风险与投资者行为偏好》,《金融研究》2016 年第 2 期。

[106]刘伟:《论法的安全价值》,《江苏第二师范学院学报》2017 年第 3 期。

[107]刘祥林:《论法的正义价值及其实现路径》,《江海学刊》2012 年第 4 期。

[108]刘晓欣、张艺鹏:《虚拟经济的自我循环及其与实体经济的关联的理论分析和实证检验——基于美国 1947—2015 年投入产出数据》,《政治经济学评论》2018 年第 6 期。

[109]刘晓欣、张艺鹏:《中国经济"脱实向虚"倾向的理论与实证研究——基于虚拟经济与实体经济产业关联的视角》,《上海经济研究》2019 年第 2 期。

[110]刘怡情:《我国证券发行信息披露制》,《商业经济》2013 年第 15 期。

[111]楼朝明:《制度在促进经济发展中的相对重要性》,《宁波大学学报》(人文科学版)2005 年第 4 期。

[112]楼晓:《证券业自律管理"公权化"研究》,武汉大学博士论文,2013。

[113]卢露、杨文华:《杠杆率监管能有效降低银行体系系统性风险吗?——基于内生性网络模型的模拟分析》,《财经研究》2020 年第 2 期。

[114]陆岷峰、徐阳洋:《从战略上探讨成长链金融风险的化解方法》,

《宁夏大学学报》(人文社会科学版)2016年第5期。

[115]陆怡:《宏观调控、中国特色与国家治理现代化》,《现代经济探讨》2020年第9期。

[116]罗滨川、孙晨征:《刍议我国证券业规制问题》,《湖北行政学院学报》2007年第S2期。

[117]罗红梅:《场外股权交易市场自律监管之有效性——依据监管数据的对比分析》,《商业研究》2017年第8期。

[118]罗红梅:《场外交易市场的监管:1986—2016年》,《改革》2016年第5期。

[119]梅慎实、张雨骅:《证券从业人员买卖股票:禁止还是放开?》,载中国证券业协会编《创新与发展:中国证券业2015年论文集》,中国财政经济出版社,2016。

[120]米夏埃尔·克莱特科、王筱:《恩格斯与资本主义大转型》,《山东社会科学》2020年第9期。

[121]民生证券证券市场退市制度课题组、周晓萍:《我国证券市场退市制度的潜在问题与完善路径研究》,《金融监管研究》2018年第4期。

[122]缪若冰:《中国证监会的制度环境及法律影响　组织社会学的分析》,《中外法学》2020年第1期。

[123]缪斯斯:《境外救市基金的经验与启示》,《公司金融研究》2016年第Z1期。

[124]倪界一:《浅议上市公司内部控制信息披露问题》,《当代会计》2018年第4期。

[125]牛玉凝、黄鹏宇:《证券监管处罚的行业溢出效应——基于融资约束的证据》,《山西财经大学学报》2021年第6期。

[126]潘登:《小议虚拟经济对实体经济的反作用》,《人民论坛》2011年第5期。

[127]庞凌:《法律原则的识别和适用》,《法学》2004年第10期。

[128]裴惠宁、成延洲:《〈证券法〉与证券投资安全》,《兰州大学学报》2000年第3期。

[129]彭冰:《魔鬼隐藏在细节中:证券法大修中的小条款》,《中国法律评论》2019年第4期。

[130]彭冰:《重新定性"老鼠仓"——运动式证券监管反思》,《清华法学》2018年第6期。

[131]彭刚、苗永旺:《2011:变革中的新国家干预主义》,《人民论坛》2012年第3期。

[132]彭琳娜、王春月:《金融效率与开放经济条件下维护我国金融安全的对策》,《经济论坛》2006年第5期。

[133]戚建刚:《特殊类型突发公共卫生事件预警法制模式之变革》,《清华法学》2021年第2期。

[134]戚建刚:《我国危机处置法的立法模式探讨》,《法律科学》(西北政法大学学报)2006年第1期。

[135]漆多俊:《法学的困惑与创新》,载安徽大学经济发制研究中心组编《安徽大学法律评论》2005年第2期。

[136]漆多俊:《中国经济法理论创新及其同实践的反差》,《江汉论坛》2015年第7期。

[137]齐岳、刘晓晨、刘欣等:《基于因子模型的券商流动性风险管理评价研究》,《会计之友》2019年第11期。

[138]钱康宁、蒋健蓉:《股票发行制度的国际比较及对我国的借鉴》,《上海金融》2012年第2期。

[139]清华大学课题组、王保树、朱慈蕴:《证券交易法律制度完善研究》,《证券法苑》2014年第1期。

[140]佘俊臣:《效率、安全与公平的对话——市场经济与法治国家关系

之反思》，《江南社会学院学报》2002 年第 2 期。

［141］石英剑：《我国证券市场要避免陷入恶性博弈循环》，《人民论坛》2016 年第 30 期。

［142］时显群：《现代市场经济与法律效益价值》，《学术交流》2001 年第 6 期。

［143］宋伟岩：《公平原则在证券法律关系中的有效适用》，《长春师范学院学报》2007 年第 7 期。

［144］孙国茂、李猛：《宏观审慎监管下的证券公司系统重要性评价体系研究》，《山东大学学报》（哲学社会科学版）2020 年第 5 期。

［145］孙国茂、张辉、张运才：《宏观审慎监管与证券市场系统性风险测度研究》，《济南大学学报》（社会科学版）2020 年第 6 期。

［146］孙亚超、孙淑芹、龚云华：《分级基金的优化运作模式及合理折算位探讨》，《证券市场导报》2014 年第 8 期。

［147］孙彦、姜立文：《论注册制下我国证券市场行政监管偏向的纠正》，《湖北经济学院学报》（人文社会科学版）2021 年第 4 期。

［148］谭道明：《巴西化解和防控地方债务危机的启示》，《法学》2014 年第 4 期。

［149］汤维建：《中国式证券集团诉讼研究》，《法学杂志》2020 年第 12 期。

［150］唐昌黎：《论市场经济的弊端及克服的途径》，《社会科学辑刊》1993 年第 5 期。

［151］唐煦：《论我国证券投资者保护基金赔偿制度的完善》，辽宁大学硕士论文，2019。

［152］王国刚、郑联盛：《中国证券业 70 年：历程、成就和经验》，《学术研究》2019 年第 9 期。

［153］王宏宇、刘刊：《证券投资咨询制度变革及路径选择研究》，《清华

金融评论》2019 年第 3 期。

[154]王化成、曹丰、高升好等:《投资者保护与股价崩盘风险》,《财贸经济》2014 年第 10 期。

[155]王俊涛、张业斌:《论证券法公开原则及其民事责任》,《朝阳法律评论》2012 年第 2 期。

[156]王林娜:《资产支持证券监管及法律对策研究》,载《上海法学研究》集刊 2020 年第 17 卷　总第 41 卷,上海人民出版社,2020。

[157]王琳:《证券市场虚假陈述行为的法经济学分析》,《广东财经大学学报》2017 年第 2 期。

[158]王茜茜:《证券上市中保荐人的法律责任研究》,黑龙江大学硕士论文,2017。

[159]王清宪:《政府主导的中国经济市场化进程分析》,《中国国情国力》2003 年第 5 期。

[160]王通平、钱松军:《论证券市场信息披露误导性陈述的界定》,《证券市场导报》2016 年第 9 期。

[161]王一:《我国证券法律责任实现机制研究》,《中国证券期货》2019 年第 4 期。

[162]王雨婷:《〈九民纪要〉和新〈证券法〉实施背景下场外配资合同效力认定的困境和突破》,《对外经贸》2020 年第 11 期。

[163]巫文勇:《我国证券投资者保护基金法律制度重塑——基于域外经验和五大金融保障基金的衔接》,《证券法律评论》2018 年。

[164]吴承根、王青山、盛建龙等:《当前证券经营机构风险管理面临的主要问题与对策研究》,载中国证券协会编《创新与发展:中国证券业 2019 年论文集》,中国财政经济出版社,2020。

[165]吴占英、伊士国:《我国立法的价值取向初探》,《甘肃政法学院学报》2009 年第 3 期。

［166］伍开群:《产业竞争悖论:市场失灵与政府干预》,《经济问题探索》2018 年第 7 期。

［167］席涛:《〈证券法〉的市场与监管分析》,《政法论坛》2019 年第 6 期。

［168］席涛:《市场失灵与〈行政许可法〉——〈行政许可法〉的法律经济学分析》,《比较法研究》2014 年第 3 期。

［169］夏东霞、杨婷:《证券交易所自律监管的司法介入机制——〈证券法〉(2019 年修订)项下的再审视》,《证券法律评论》2020 年。

［170］谢贵春:《金融危机以来美国证券自律监管的司法审查研究》,《证券市场导报》2017 年第 12 期。

［171］徐家祭、包顿、郑娇艳等:《货币政策、金融稳定与实体经济发展》,《商业经济研究》2020 年第 9 期。

［172］徐澜波:《规范意义的"宏观调控"概念与内涵辨析》,《政治与法律》2014 年第 2 期。

［173］徐玲:《价值取向本质之探究》,《探索》2000 年第 2 期。

［174］徐明棋、冯小冰、陆丰:《上海期货交易所风险预警系统的再建》,《上海经济研究》2005 年第 4 期。

［175］徐文鸣、张玉美:《新〈证券法〉、程序化交易和市场操纵规制》,《财经法学》2020 年第 3 期。

［176］许恋天:《互联网金融"穿透式"监管:逻辑机理与规范运用》,《税务与经济》2019 年第 3 期。

［177］许年行、于上尧、伊志宏:《机构投资者羊群行为与股价崩盘风险》,《管理世界》2013 年第 7 期。

［178］薛峰、马荣伟:《论审判在证券市场风险防范化解中的作用》,《中国应用法学》2020 年第 1 期。

［179］阳建勋:《政府干预与市场调节之间的重新平衡——金融危机责

任费的经济法反思与启示》,《现代法学》2010 年第 6 期。

[180]杨帆:《证券市场危机中政府救市的法律规制——以救市适度性为视角》,浙江大学硕士论文,2017。

[181]杨英杰:《中国经济重大结构性失衡与再平衡》,《中共中央党校学报》2017 年第 2 期。

[182]姚德权、鲁志军:《中国证券公司市场风险预警实证研究》,《现代财经》(天津财经大学学报)2013 年第 4 期。

[183]姚吉祥:《中外证券监管机制的差异化特点研究》,《华东经济管理》2015 年第 6 期。

[184]叶林、王琦:《证券投资者保护基金的法律性质——兼论"赔偿基金制度"》,《投资者》2018 年第 1 期。

[185]易会满:《国务院关于股票发行注册制改革有关工作情况的报告——2020 年 10 月 15 日在第十三届全国人民代表大会常务委员会第二十二次会议上》,《中华人民共和国全国人民代表大会常务委员会公报》2020 年第 5 期。

[186]袁达松、张志国:《论证券市场危机管理的法治顶层设计》,《证券法律评论》2016 年。

[187]袁维海:《市场经济的缺陷和政府的干预》,《华东经济管理》1994 年第 6 期。

[188]约瑟夫·J.诺顿、廖凡:《全球金融改革视角下的单一监管者模式:对英国 FSA 经验的评判性重估》,《北大法律评论》2006 年。

[189]张承惠:《规范金融市场秩序,切实维护经济安全》,《求是》2001 年第 10 期。

[190]张桦:《证券市场内幕交易监管的法经济学分析》,《上海政法学院学报》(法治论丛)2016 年第 1 期。

[191]张辉:《证券市场系统性风险测度与预警研究——基于宏观审慎

监管视角》,济南大学硕士论文,2020。

［192］张辉:《中国证监会职能的定位:监管与发展》,《郑州航空工业管理学院学报》2008 年第 1 期。

［193］张慧莲:《机构投资者与资本市场波动》,《上海金融》2008 年第 11 期。

［194］张妍妍:《中国上市公司退市制度的特征探析》,《经贸实践》2018 年第 20 期。

［195］张艳:《主动退市中投资者保护模式的反思与重构》,《环球法律评论》2020 年第 6 期。

［196］张宇润、杨思斌:《论证券法"三公"原则的制度内涵》,《法商研究》2002 年第 5 期。

［197］张宇润:《试论经济法属性的证券法基本原则》,《安徽大学学报》2000 年第 5 期。

［198］张宗新、姚力、厉格非:《中国证券市场制度风险的生成及化解》,《经济研究》2001 年第 10 期。

［199］赵丽:《论法的秩序价值》,《安顺师范高等专科学校学报》(综合版)2004 年第 1 期。

［200］赵旭东:《内幕交易民事责任的司法政策与导向》,《法律适用》2013 年第 6 期。

［201］赵亚楠:《我国虚拟经济与实体经济发展关系研究》,天津师范大学硕士论文,2020。

［202］证监会、新闻出版署:《关于证券市场信息披露媒体条件的规定》,《中华人民共和国国务院公报》2020 年第 32 期。

［203］中国人民大学课题组、叶林:《证券登记结算法律制度完善研究》,《证券法苑》2014 年第 1 期。

［204］中国社会科学院课题组、陈甦:《证券法律责任制度完善研究》,

《证券法苑》2014 年第 1 期。

[205]周广益:《区块链技术在场外股权市场交易中的应用研究——风险管理的视角》,上海交通大学硕士论文,2018。

[206]周维富:《我国实体经济发展的结构性困境及转型升级对策》,《经济纵横》2018 年第 3 期。

[207]周友苏、杨照鑫:《注册制改革背景下我国股票发行信息披露制度的反思与重构》,《经济体制改革》2015 年第 1 期。

[208]朱伯玉:《再析证券商及其法律规制》,《商业研究》2003 年第 18 期。

[209]朱海洋、高远:《日本证券市场监管体制的变革——对发展我国证券市场的启示》,《世界经济情况》2007 年第 5 期。

[210]庄玉友:《日本金融商品交易法述评》,《证券市场导报》2008 年第 5 期。

[211]邹玉娟、陈漓高:《虚拟经济的发展阶段及对我国的启示》,《经济问题探索》2014 年第 11 期。

[212]《2016 金融会计十件大事》,《金融会计》2017 年第 2 期。

[213]郑彧:《新〈证券法〉建立"以结果为导向"的投资者保护制度》,《中国证券报》2020 年 3 月 16 日第 A09 版。

(三)其他类

[1]国务院:《国务院关于进一步提高上市公司质量的意见》国发〔2020〕14 号,http://www.gov.cn/zhengce/zhengceku/2020-10/09/content_5549924.htm,访问日期:2020 年 12 月 10 日。

[2]东方财富网:《上交所修订公司债券上市规则:明确债券预审核权限规范债券停复牌行为》,http://finance.eastmoney.com/a/201812101002387252.html,访问日期:2020 年 8 月 10 日。

［3］许孝如、张婷婷:《上轮五大救市基金:去年底浮盈 500 亿两只已披露清仓》,http://money. people. com. cn/n1/2018/1026/c42877 - 30364316. html,访问日期:2020 年 8 月 6 日。

［4］中国经济网:《证监会:将依法开展信息技术系统服务机构备案工作》, https://baijiahao. baidu. com/s? id = 1681385387996853963&wfr = spider&for＝pc,访问日期:2021 年 4 月 24 日。

［5］中国证券监督管理委员会:《中国证监会行政处罚决定书(丹东欣泰电气股份有限公司、温德乙、刘明胜等 18 名责任人员)》2016 年第 84 号,http://www. csrc. gov. cn/csrc/c101928/c1042801/content. shtml,访问日期:2020 年 7 月 15 日。

［6］人民网:《中央经济工作会议在北京举行——习近平李克强作重要讲话　栗战书汪洋王沪宁赵乐际韩正出席会议》,http://cpc.people.com.cn/n1/2020/1219/c64094-31971981.html,访问日期:2021 年 5 月 20 日。

［7］中国证券监督管理委员会上海监管局:《关于开展信息技术系统服务机构备案工作的通知》,http://www. csrc. gov. cn/shanghai/c103863/c1068964/content.shtml,访问日期:2021 年 4 月 24 日。

［8］周松林:《上交所修订公司债券上市挂牌业务规则:落实"申报即纳入监管"的预审核要求》,http://www. cs. com. cn/sylm/jsbd/201812/t20181207_5902007.html,访问日期:2020 年 8 月 10 日。

［9］张晓萌:《运用制度威力应对风险挑战》,http://theory.people.com.cn/n1/2020/0326/c40531-31648610.html,访问日期:2020 年 8 月 6 日。

［10］康旭阳:《两市成交量连续四日突破 1.5 万亿元,投资者跑步进场,券商 App 再现'宕机'》,http://www. jntimes. cn/jrbd/202007/t20200709_6721938.shtml,访问日期:2020 年 8 月 1 日。

［11］中国政府网:《取消最低注册资本不意味鼓励设立注册资本为一元的公司》,http://www.gov.cn/2014－06/11/content_2698719.htm,访问日期:

2020 年 10 月 8 日。

[12]中国证券监督管理委员会:《关于修改〈证券公司风险控制指标管理办法〉的决定》,http://www.csrc.gov.cn/csrc/c101950/c1048096/content.shtml,访问日期:2020 年 8 月 10 日。

[13]马婧妤:《北京大学光华管理学院创始常务副院长曹凤岐:资本市场 30 年　市场化法治化是不变的改革方向》,《上海证券报》2020 年 11 月 18 日第 005 版。

[14]崔吕萍:《应不应该推出平准基金救市》,《北京商报》2008 年 11 月 10 日第 006 版。

[15]刘尚希:《全面深化改革需导入不确定性思维》,《北京日报》2021 年 11 月 1 日第 010 版。

[16]张钦昱:《证券法用系统性思维完善投资者保护制度》,《证券日报》2020 年 4 月 30 日第 A02 版。

[17]杨宇非:《适当性制度不等于对投资者提供"家长式"保护》,https://www.cs.com.cn/tzjj/tjdh/202006/t20200603_6063293.html,访问日期:2020 年 8 月 10 日。

[18]中国证券投资基金业协会:https://www.amac.org.cn,访问日期:2020 年 8 月 5 日。

[19]袁元:《投资者撑起资本市场这片天　保护其合法权益是第一要务》,《证券日报》2021 年 3 月 27 日第 A01 版。

[20]李剑峰:《以制度为保障 IPO 注册制才能发挥有效性》,《证券日报》2013 年 10 月 17 日第 A03 版。

[21]王飞、麻建林:《美国证券业监管对我国的启示》,《中国城乡金融报》2018 年 7 月 16 日第 A02 版。

[22]叶林:《〈证券法〉专章规定"投资者保护"的得失》,《金融时报》2019 年 7 月 29 日第 010 版。

［23］董小君:《建立有效的金融风险预警机制》,《金融时报》2004 年 11 月 17 日第 3 版。

二、外文类参考文献

［1］Bainbridge S M. Regulating insider trading in the post-fiduciary duty era: equal access or property rights? Research handbook on insider trading. Edward Elgar Publishing, 2013.

［2］Scott K E. Insider trading: rule 10b-5, disclosure and corporate privacy. The Journal of Legal Studies, 1980, 9(4).

［3］McNally W J, Smith B F, Barnes T. The price impacts of open market repurchase trades. Journal of Business Finance & Accounting, 2006, 33(5-6).

［4］Fried J M. Reducing the profitability of corporate insider trading through pretrading disclosure. S. Cal. L. Rev., 1997, 71.

［5］Brandt L, Li H B. Bank discrimination in transition economies: ideology, information, or incentives? Journal of Comparative Economics, 2003, 31 (3).

［6］Bailey W, Li H T, Mao C X, et al. Regulation fair disclosure and earnings information: Market, analyst, and corporate responses. The Journal of Finance, 2003, 58(6).

［7］Ahdieh R B. Law's signal: A cueing theory of law in market transition. S. Cal. L. Rev., 2003, 77.

［8］Banner S. The origin of the New York stock exchange, 1791-1860. The Journal of Legal Studies, 1998, 27(1).

［9］Merrill S L, Moore M L, Boyer A D. Sharper and brighter: Focusing on sanctions at the New York Stock Exchange. NYUJL & Bus., 2006, 3.

［10］ Friedman W I. The Fourteenth Amendment's Public/Private

Distinction Among Securities Regulators in the US Marketplace-Revisited. Ann. Rev. Banking & Fin. L., 2004, 23.

[11] Gowland D H. The regulation of financial markets in the 1990s. Edward Elgar Publishing, 1990.